옛사람들의 희로애락이 담긴 『시경』을 읽기 위해

유가(儒家)의 대표 경전인 『사서삼경(四書三經)』 중에서도 『시경 (詩經)』이 항상 첫 손가락에 꼽혀 온 이유는 무엇 때문이었을까요? 동일하거나 유사한 문화권에 속한 동북아 사람들에게 여러모로 많은 영향을 주었기 때문일 겁니다. 특히 인간이라면 누구나 느끼고 경험하는 사랑 · 증오 · 이별 · 만남 · 평화 · 전쟁 · 부유 · 가난 · 건강 · 질병 · 장수 · 횡사 등에 관한 지혜가 오늘을 사는 우리에게도 유용하기 때문일 겁니다.

특히 3천여 년 전에 살았던 순박한 옛사람들의 생활과 감성을 노래한 시들은 후세 사람들의 마음과 감정에도 많은 영향을 끼친 것으로 보입니다. 그래서 공자께서는 『논어』 「위정편」에서 "시경 삼백여 편은 한마디로 사악(邪惡)함이 없는 것"이라고 했습니다. 예나 지금이나 인간이라면 누구나 내면 깊숙이 꿈틀대는 감성이 있는데, 『시경(詩經)』에는 이러한 사람들의 감정에 따른 속내가 그대로 녹아들어 요즘 유행하고 있는 노랫말로 차용하여도 서정적인 감성을 불러일으키기에 충분하다고 생각됩니다.

『시경(詩經)』은 본래 3천여 편이었다고 전해지는데 공자(孔子)에 의해 총 311편으로 추려졌고, 그중 여섯 편은 내용은 없고 제목만 있어 오늘날 우리가 읊조릴 수 있는 것은 305편이랍니다. 그 구성은 중원의 고대 국가들인 위나라·정나라·진나라·조나라 등의 노랫말인 국풍(國風)과 아(雅)·송(頌) 등으로 짜여 있습니다.

옛사람들의 희로애락이 그대로 담긴 『시경』을 보다 쉽게 읽을 수 있도록 앞서 출간한 '옛글의 향기' 시리즈인 『노자노덕경하상공장구(老子道德經河上公章句)』, 『장자(莊子)-내편(內篇)·외편(外篇)·잡편(雜篇)』, 『대학(大學)·중용(中庸)』, 『논어(論語)』, 『맹자(孟子)』 등과 마찬가지로 쉬운 우리말로 원전을 완역하였기에, 번역문만 읽어도 그 의미를 이해하는 데 어려움이 없을 겁니다. 이 책 역시 각주나 해설 등을 과감히 생략했습니다. 각주와 해설을 읽느라 정작 중요한 원전의 핵심내용을 놓칠 수도 있기 때문이랍니다. 그 대신 원전을 그대로 읽고자 하는 독자를 위해 한자원문을 병행했고, 한자원문을 소리 내어 읽는 음독(音讀)을 선호하는 독자를 위해 한자원문 옆에 한글표기를 병행했습니다.

『시경』을 곁에 두고 옛사람들의 감성을 나지막이 읊조려보는 여유를 갖는 것도 건강한 삶을 위해 필요하리라 생각됩니다.

2021년 9월

휴심재(休心齋)에서 죽곡(竹谷) 최상용(崔桑溶)

제 1 편

국풍
國風

주남(周南)

문왕의 아들 주공이
남쪽 땅에서 채집한 노래

1 물수리(관저關雎)

꾸르륵 꾸르륵 물수리는 황하의 모래톱에서 노닐고, 그걸 지켜
보는 곱고 아리따운 아가씨는 군자의 좋은 배필이로구나!

關關雎鳩(관관저구), 在河之洲(재하지주). 窈窕淑女(요조숙녀), 君子
好逑(군자호구).

들쭉날쭉 마름 풀은 이리저리 흘러들고, 군자는 곱고 아리따운
아가씨를 자나 깨나 찾고 있다네.

參差荇菜(참차행채), 左右流之(좌우류지). 窈窕淑女(요조숙녀), 寤寐
求之(오매구지).

찾아도 찾지 못한 채 자나 깨나 마음속엔 그리움만 가득하여, 이리 뒤척이고 저리 뒤척이고 잠 못 이룬다네.

求之不得(구지부득), 寤寐思服(오매사복). 悠哉悠哉(유재유재), 輾轉反側(전전반측).

들쭉날쭉 마름 풀을 이리저리 헤치며 마름을 따면서, 곱고 아리따운 아가씨와 비파를 타며 사귀고자 한다네.

參差荇菜(참차행채), 左右采之(좌우채지). 窈窕淑女(요조숙녀), 琴瑟友之(금슬우지).

들쭉날쭉 마름 풀은 이리저리 우거지고, 곱고 아리따운 아가씨를 그리워하며 종과 북을 두드리면서 노래를 부른다네.

參差荇菜(참차행채), 左右芼之(좌우모지). 窈窕淑女(요조숙녀), 鐘鼓樂之(종고악지).

2 칡덩굴(갈담葛覃)

칡덩굴이 산골짜기로 뻗어가니 그 잎들도 무성해라.

葛之覃兮(갈지담혜), 施于中谷(시우중곡), 維葉萋萋(유엽처처).

노란색 꾀꼬리가 날아들어 떨기나무에 모여 앉아 지저귀는 소리 아름답다네.

黃鳥于飛(황조우비), 集于灌木(집우관목), 其鳴喈喈(기명개개).

칡덩굴이 산골짜기로 뻗어가니 그 잎들로 빽빽하네.

　葛之覃兮(갈지담혜), 施于中谷(시우중곡), 維葉莫莫(유엽막막).

이것을 잘라다 삶아서 가는 베와 굵은 베로 지어 만든 옷을 입고 좋아하네.

　是刈是濩(시예시확, 濩: 삶을 확), 爲絺爲綌(위치위격), 服之無斁(복지 무두).

사 씨에게 고하여 말하리라! 친정에 돌아간다 말하리라! 더러워진 내 평상복도 빨고,

　言告師氏(언고사씨), 言告言歸(언고언귀), 薄汚我私(박오아사).

내 예복도 깨끗이 빨아야 하는데, 빨아야 할까 말아야 할까! 그래도 부모님께 문안 여쭈러 친정 간다네.

　薄澣我衣(박한아의), 害澣害否(해한해부), 歸寧父母(귀녕부모).

3 도꼬마리 풀(권이卷耳)

뜯고 뜯어도 도꼬마리가 바구니에 가득차지 않네. 아, 내 가슴속에 품은 사람 그리워라! 그래서 도꼬마리 바구니를 큰길가에 놓아둔다네.

　采采卷耳(채채권이), 不盈頃筐(불영경광). 嗟我懷人(차아회인), 置彼周行(치피주행).

저 높디높은 산에 오르려 하지만 내가 탄 말이 지쳤기에, 저 금잔에 술을 따라 이내 시름이나 달래볼까.

陟彼崔嵬(척피최외), 我馬虺隤(아마훼퇴). 我姑酌彼金罍(아고작피금뢰), 維以不永懷(유이불영회).

저 높디높은 언덕에 오르려 하지만 내가 탄 말이 허덕이기에, 저 쇠뿔 잔에 술을 따라 이내 시름이나 달래볼까.

陟彼高岡(척피고강), 我馬玄黃(아마현황). 我姑酌彼兕觥(아고작피시굉), 維以不永傷(유이불영상).

저 바위산을 오르려 했더니만 내가 탄 말이 지쳤고, 마부 또한 발병이 났으니 어찌하면 좋을까 한숨만 나온다네.

陟彼砠矣(척피저의), 我馬瘏矣(아마도의), 我僕痡矣(아부부의), 云何吁矣(운하우의).

4 가지가 아래로 휜 나무(규목樛木)

남산 아래로 휜 나뭇가지에 칡덩굴이 휘감았네. 즐거워라 군자여! 복록에 편안하시네.

南有樛木(남유규목), 葛藟累之(갈류루지). 樂只君子(낙지군자), 福履綏之(복리수지).

남산 아래로 휜 나뭇가지에 칡덩굴이 뒤덮였네. 즐거워라 군자여! 복록이 도와주시네.

南有樛木(남유규목), 葛藟荒之(갈류황지). 樂只君子(낙지군자), 福履將之(복리장지).

남산 아래로 휜 나뭇가지에 칡덩굴이 감겨 있네. 즐거워라 군자여! 복록이 이루어졌구나.

南有樛木(남유규목), 葛藟縈之(갈류영지). 樂只君子(낙지군자), 福履成之(복리성지).

5 메뚜기(종사螽斯)

메뚜기 떼가 날갯짓하며 바글바글 모여드는 걸 보니, 그대 자손은 화목하여 끝없이 번성하리라.

螽斯羽(종사우), 詵詵兮(선선혜). 宜爾子孫(의이자손), 振振兮(진진혜).

메뚜기 떼가 날갯짓하며 붕붕 날아드는 걸 보니, 그대 자손은 화목하여 끝없이 이어지리라.

螽斯羽(종사우), 薨薨兮(훙훙혜). 宜爾子孫(의이자손), 繩繩兮(승승혜).

메뚜기 떼가 날갯짓하며 치르륵 모여드는 걸 보니, 그대 자손은 화목하여 즐겁게 모여들리라.

螽斯羽(종사우), 揖揖兮(읍읍혜). 宜爾子孫(의이자손), 蟄蟄兮(칩칩혜).

6 아름다운 복사꽃(도요桃夭)

작고 고운 복사꽃이 활짝 피어나니 탐스런 꽃이로다. 그 아가씨 시집가면 그 집안이 화목하리라.

桃之夭夭(도지요요), 灼灼其華(작작기화). 之子于歸(지자우귀), 宜其室家(의기실가).

작고 고운 복숭아나무에 주렁주렁 열매 맺네. 그 아가씨 시집가면 그 집안이 화목하리라.

桃之夭夭(도지요요), 有蕡其實(유분기실). 之子于歸(지자우귀), 宜其家室(의기가실).

작고 고운 복숭아나무에 잎이 무성하네. 그 아가씨 시집가면 그 집안사람들 화목하리라.

桃之夭夭(도지요요), 其葉蓁蓁(기엽진진). 之子于歸(지자우귀), 宜其家人(의기가인).

7 토끼그물(토저兔罝)

촘촘한 토끼그물을 고정시키기 위해 쾅쾅 말뚝 박는 소리가 들리네. 용감한 무사들이여! 공작과 후작의 방패이자 성곽이구나.

肅肅兔罝(숙숙토저), 椓之丁丁(탁지정정). 赳赳武夫(규규무부), 公侯干城(공후간성).

촘촘한 토끼그물을 갈림길에 치는구나. 용감한 무사들이여! 공작과 후작의 좋은 짝이라네.

肅肅免罝(숙숙토저), 施於中逵(시어중규). 赳赳武夫(규규무부), 公侯好仇(공후호구).

촘촘한 토끼그물을 숲속에 치는구나. 용감한 무사들이여! 공작과 후작의 심복이로구나.

肅肅免罝(숙숙면저), 施於中林(시어중림). 赳赳武夫(규규무부), 公侯腹心(공후복심).

8 질경이(부이苤苢)

뜯고 또 뜯네, 질경이를! 질경이를 뜯어 보세. 뜯고 뜯은 질경이를 바구니에 담네.

采采苤苢(채채부이), 薄言采之(박언채지). 采采苤苢(채채부이), 薄言有之(박언유지).

뜯고 또 뜯네 질경이를! 질경이를 거두어 보세. 뜯고 또 뜯네 질경이를! 질경이를 집어 따네.

采采苤苢(채채부이), 薄言掇之(박언철지). 采采苤苢(채채부이), 薄言捋之(박언날지).

뜯고 또 뜯네 질경이를! 질경이를 옷섶에 거두어 보세. 뜯고 또 뜯네 질경이를! 뜯은 질경이를 옷 앞자락에 담아두네.

采采芣苢(채채부이), 薄言袺之(박언결지). 采采芣苢(채채부이), 薄言
襭之(박언힐지).

9 한수는 넓고 넓어(한광漢廣)

남쪽에 우뚝 솟은 나무그늘 아래서 쉴 수가 없다네. 한수 가에서
노니는 아리따운 처녀들에게 구애할 수가 없네. 한수가 넓어 헤엄
쳐 갈 수도 없고, 강이 하도 길어 뗏목을 타고 갈 수도 없다네.

南有喬木(남유교목), 不可休息(불가휴식). 漢有游女(한유유녀), 不可
求思(불가구사). 漢之廣矣(한지광의), 不可泳思(불가영사). 江之永矣(강
지영의), 不可方思(불가방사).

쑥쑥 자란 섶 가운데 가시나무를 베어서 저 아가씨 시집갈 때 말
먹이로 주리라. 한수가 넓어 헤엄쳐 갈 수도 없고, 강이 하도 길어
뗏목을 타고 갈 수도 없다네.

翹翹錯薪(교교착신), 言刈其楚(언예기초). 之子于歸(지자우귀), 言秣
其馬(언말기마). 漢之廣矣(한지광의), 不可泳思(불가영사). 江之永矣(강
지영의), 不可方思(불가방사).

쑥쑥 자란 섶 가운데 산쑥 베어다가 저 아가씨 시집갈 때 망아지
먹이로 주리라. 한수가 넓어 헤엄쳐 갈 수도 없고, 강이 하도 길어
뗏목을 타고 갈 수도 없다네.

翹翹錯薪(교교착신), 言刈其蔞(언예기루). 之子于歸(지자우귀), 言秣
其駒(언말기구). 漢之廣矣(한지광의), 不可泳思(불가영사). 江之永矣(강
지영의), 不可方思(불가방사).

10 여수가의 방죽(여분汝墳)

저 여수가의 제방을 따라 나뭇가지 베러 왔다네. 그대는 오지 않
고 허기진 듯 그립구나.

遵彼汝墳(준피여분), 伐其條枚(벌기조매). 未見君子(미견군자), 惄如
調飢(녁여조기).

저 여수가의 제방을 따라 햇가지를 베러 왔다네. 이제야 그대를
보니 나를 버리진 않았군요.

遵彼汝墳(준피여분), 伐其條肄(벌기조이). 旣見君子(기견군자), 不我
遐棄(불아하기).

방어의 꼬리가 붉어지듯 왕실이 불타는 듯하다네. 비록 불타는
듯하지만 부모님 곁을 지키리라.

魴魚赬尾(방어정미), 王室如燬(왕실여훼). 雖則如燬(수즉여훼), 父母
孔邇(부모공이).

11 기린의 발(린지지麟之趾)

기린의 발이여, 번창한 공후의 자제들이여, 아아 기린이여!

麟之趾(린지지), 振振公子(진진공자), 於嗟麟兮(어차린혜).

기린의 이마여, 번창한 공후의 자손들이여, 아아 기린이여!

麟之定(린지정), 振振公姓(진진공성), 於嗟麟兮(어차린혜).

기린의 뿔이여, 번창한 공후의 집안사람들이여, 아아 기린이여!

麟之角(린지각), 振振公族(진진공족), 於嗟麟兮(어차린혜).

소남(召南)

문왕의 아들 소공석이
남쪽에서 모은 노래

12 까치집(작소鵲巢)

까치가 둥지를 트니 비둘기가 와서 산다네. 저 아가씨 시집갈 때 백 대의 수레가 맞이하네.

維鵲有巢(유작유소), 維鳩居之(유구거지). 之子于歸(지자우귀), 百兩御之(백량어지).

까치가 둥지를 트니 비둘기가 차지하네. 저 아가씨 시집갈 때 백 대의 수레가 전송한다네.

維鵲有巢(유작유소), 維鳩方之(유구방지). 之子于歸(지자우귀), 百兩將之(백량장지).

까치가 둥지를 트니 비둘기가 가득 차네. 저 아가씨 시집갈 때 백 대의 수레가 갖추어진다네.

維鵲有巢(유작유소), 維鳩盈之(유구영지). 之子于歸(지자우귀), 百兩成之(백량성지).

13 흰 쑥을 뜯다(채번采蘩)

흰 쑥을 뜯었지요, 연못가와 시냇가에서요. 어디에 쓰냐고요? 공후의 제삿날에 쓴답니다.

于以采蘩(우이채번), 於沼於沚(어소어지). 於以用之(어이용지), 公侯之事(공후지사).

흰 쑥을 뜯었지요, 산골짜기 계곡의 중간쯤에서요. 어디에 쓰냐고요? 공후의 사당에 쓰일 거랍니다.

于以采蘩(우이채번), 於澗之中(어간지중). 於以用之(어이용지), 公侯之宮(공후지궁).

머리를 단정하고 엄숙하게 하고서 종일토록 공후의 사당에 머물렀지요. 머리를 매만지고 조심스레 그곳을 나와 집으로 돌아왔답니다.

被之僮僮(피지동동), 夙夜在公(숙야재공). 被之祁祁(피지기기), 薄言還歸(박언환귀).

14 풀벌레(초충草蟲)

풀벌레 울고 메뚜기 뛰어 놉니다. 당신은 보이질 않으니 우울한 내 마음은 미어집니다. 당신을 본다면 당신을 만난다면 내 마음이 가라앉으련만.

喓喓草蟲(요요초충), 趯趯阜螽(적적부종). 未見君子(미견군자), 憂心忡忡(우심충충). 亦旣見止(역기견지), 亦旣覯止(역기구지), 我心則降(아심즉강).

저 남산에 올라서 고사리를 뜯었답니다. 당신이 보이질 않으니 우울한 내 마음이 미어집니다. 당신을 본다면 당신을 만난다면 내 마음이 기쁘련만.

陟彼南山(척피남산), 言采其蕨(언채기궐). 未見君子(미견군자), 憂心惙惙(우심철철), 亦旣見止(역기견지), 亦旣覯止(역기구지), 我心則說(아심즉열).

저 남산에 올라서 고비를 뜯었답니다. 당신이 보이질 않으니 우울한 내 마음이 서글퍼집니다. 당신을 본다면 당신을 만난다면 내 마음이 평온해지려만.

陟彼南山(척피남산), 言采其薇(언채기미). 未見君子(미견군자), 我心傷悲(아심상비). 亦旣見止(역기견지), 亦旣覯止(역기구지), 我心則夷(아심즉이).

15 개구리밥을 따며(채빈采蘋)

개구리밥은 남쪽 산골짜기 시냇가에서 따고, 마름은 저 길가 도랑물에서 채취한답니다.

于以采蘋(우이채빈), 南澗之濱(남간지빈). 于以采藻(우이채조), 于彼行潦(우피행료).

가득 채취한 마름은 네모난 광주리와 둥근 광주리에 담습니다. 그러고는 세 발 가마와 발 없는 가마솥에 삶는답니다.

于以盛之(우이성지), 維筐及筥(유광급거). 于以湘之(우이상지), 維錡及釜(유기급부).

삶은 마름은 조상의 신위를 모신 종실의 창문 아래에 올려놓는답니다. 누가 맡아 할까요? 가지런하고 단아한 막내딸이 한답니다.

于以奠之(우이전지), 宗室牖下(종실유하). 誰其尸之(수기시지), 有齊季女(유제계녀).

16 아가위나무(감당甘棠)

우거진 아가위나무 자르거나 베지 마라. 소목공인 소백님이 머물렀던 곳이라네.

蔽芾甘棠(폐불감당), 勿剪勿伐(물전물벌), 召伯所茇(소백소롱).

우거진 아가위나무 자르거나 꺾지 마라. 소백님이 쉬셨던 곳이라네.

蔽芾甘棠(폐불감당), 勿剪勿敗(물전물패), 召伯所憩(소백소게).

우거진 아가위나무 자르거나 휘지 마라. 소백님이 즐겨 거닐었던 곳이라네.

蔽芾甘棠(폐불감당), 勿剪勿拜(물전물배), 召伯所說(소백소열).

17 이슬 길(행로行露)

이슬 길에 발이 젖는 게 싫다 하여, 어찌 새벽과 밤에 다니지 않고서야 길에 이슬이 많다고 말하나요!

厭浥行露(염읍행로), 豈不夙夜(기불숙야), 謂行多露(위행다로).

누가 참새에게 부리가 없다고 말했나요. 부리가 없다면 어떻게 우리 지붕을 뚫었을까요. 누가 그대에게 혼인의 예의가 없다고 했나요. 있다면 어찌 나를 소송에 불렀나요. 비록 나를 소송에 불러내도 그대에겐 시집가지 않을래요!

誰謂雀無角(수위작무각), 何以穿我屋(하이천아옥), 誰謂女無家(수위녀무가), 何以速我獄(하이속아옥), 雖速我獄(수속아옥), 室家不足(실가부족)!

누가 쥐에게 어금니가 없다고 말했나요. 없다면 어떻게 우리 담장을 뚫었을까요. 누가 그대에게 혼인의 예절이 없다고 했나요. 있

다면 어찌 나를 소송에 휘말리게 했나요. 아무리 소송해서 날 불러
내도 그대를 따르지 않을래요!

誰謂鼠無牙(수위서무아), 何以穿我墉(하이천아용), 誰謂女無家(수위
녀무가), 何以速我訟(하이속아송), 雖速我訟(수속아송), 亦不女從(역불
녀종)!

18 어린양(고양羔羊)

어린 양가죽에 하얀 실로 다섯 곳에 수놓았다네. 공궁에서 퇴궐
하여 식사를 하는데 그 모습이 의젓하고 의젓하여라.

羔羊之皮(고양지피), 素絲五紽(소사오타). 退食自公(퇴식자공), 委蛇
委蛇(위사위사).

어린 양가죽에 하얀 실로 다섯 솔기를 수놓았다네. 의젓하고 의
젓하여라, 공궁에서 퇴궐하여 식사하는 모습이.

羔羊之革(고양지혁), 素絲五緎(소사오역). 委蛇委蛇(위사위사), 自公
退食(자공퇴식).

어린 양가죽을 꿰맨 자국 하얀 실로 다섯 땀을 수놓았다네. 의젓
하고 의젓하여라, 공궁에서 퇴궐하여 식사하는 모습이.

羔羊之縫(고양지봉), 素絲五緫(소사오총). 委蛇委蛇(위사위사), 退食
自公(퇴식자공).

19 우르릉 천둥소리(은기뢰殷其雷)

우르릉 천둥소리 남산의 남쪽에서 울리네. 어찌 님은 이곳을 떠나 혹여 한가함도 없으신가. 늠름한 그대여, 돌아오라 돌아오시라!

殷其雷(은기뢰), 在南山之陽(재남산지양). 何斯違斯(하사위사), 莫敢或遑(막감혹황). 振振君子(진진군자), 歸哉歸哉(귀재귀재)!

우르릉 천둥소리 남산의 곁에서 울리네. 어찌 님은 이곳을 떠나 혹여 쉴 틈도 없으신가. 늠름한 그대여, 돌아오라 돌아오시라!

殷其雷(은기뢰), 在南山之側(재남산지측). 何斯違斯(하사위사), 莫敢遑息(막감황식). 振振君子(진진군자), 歸哉歸哉(귀재귀재)!

우르릉 천둥소리 남산의 아래쪽에서 울리네. 어찌 님은 이곳을 떠나 혹여 한가히 머물 곳도 없으신가. 늠름한 그대여, 돌아오라 돌아오시라!

殷其雷(은기뢰), 在南山之下(재남산지하). 何斯違斯(하사위사), 莫或遑處(막혹황처). 振振君子(진진군자), 歸哉歸哉(귀재귀재)!

20 매실이 떨어짐(표유매摽有梅)

매실은 떨어지고 그 열매 일곱 개만 남았구나. 나를 찾는 여러 선비들이여, 길일을 택하여 나를 데려가소서.

摽有梅(표유매), 其實七兮(기실칠혜). 求我庶士(구아서사), 迨其吉兮(태기길혜).

매실은 떨어지고 그 열매 세 개만 남았구나. 나를 찾는 선비들이
여, 지금 당장 나를 데려가소서.

摽有梅(표유매), 其實三兮(기실삼혜). 求我庶士(구아서사), 迨其今兮
(태기금혜).

매실은 떨어지고 광주리에 주워 담네. 나를 찾는 여러 선비들이
여, 말만 하고 나를 데려가소서.

摽有梅(표유매), 頃筐墍之(경광기지). 求我庶士(구아서사), 迨其謂之
(태기위지).

21 작은 별(소성小星)

반짝이는 저 작은 별이 동쪽하늘에 세 개 다섯 개가 떠 있네. 엄
숙하고 고요한 새벽길에 나가서 밤낮 공소에만 머무르시니, 이내
운명 참으로 기구하구나!

嘒彼小星(혜피소성), 三五在東(삼오재동). 肅肅宵征(숙숙소정), 夙夜
在公(숙야재공). 寔命不同(식명부동)!

반짝이는 저 작은 별은 삼성과 묘성이라네. 엄숙하고 고요한 새
벽길에 나서며 이불과 홑이불마저 안고 가시니, 이내 운명 참으로
기구하구나!

嘒彼小星(혜피소성), 維參與昴(유참여묘). 肅肅宵征(숙숙소정), 抱衾
與裯(포금여주). 寔命不猶(식명불유)!

22 강의 갈라진 물줄기(강유사江有汜)

저 강에 갈라진 물줄기 있네. 저 아가씨 시집간다네. 나를 버리고 간다네. 아마 나중에는 후회할 거야.

江有汜(강유사), 之子歸(지자귀), 不我以(불아이). 不我以(불아이). 其後也悔(기후야회).

저 강에 물 가르는 모래톱이 있네. 저 아가씨 시집간다네. 나와 함께하지도 않고 간다네. 나와 함께하지 않았으니 아마도 나중에는 친정으로 돌아갈 거야.

江有渚(강유저), 之子歸(지자귀), 不我與(불아여). 不我與(불아여). 其後也處(기후야처).

저 강에는 옆으로 흐르는 샛강이 있네. 저 아가씨 시집간다네. 내 잘못은 아니라네. 내 잘못은 아니라서 휘파람 불며 노래하네.

江有沱(강유타), 之子歸(지자귀), 不我過(불아과). 不我過(불아과). 其嘯也歌(기소야가).

23 죽은 노루(사균死麕)

들판에 죽은 노루 있어 흰 띠풀로 감싸 주었네. 봄바람 난 아가씨가 멋진 사내를 유혹하네.

野有死麕(야유사균), 白茅包之(백모포지). 有女懷春(유녀회춘), 吉士誘之(길사유지).

숲에는 떡갈나무가 있고 들판에는 죽은 사슴이 있네. 순수하게
흰 띠풀로만 묶어 주니, 백옥같이 아름다운 아가씨가 거기 서 있네.

林有樸樕(임유박속), 野有死鹿(야유사록). 白茅純束(백모순속), 有女
如玉(유녀여옥).

가만가만 천천히 하세요. 내 앞치마 건드리지 마시고요. 제발 삽
살개가 짖지 않게 하세요.

舒而脫脫兮(서이탈탈혜), 無感我帨兮(무감아세혜), 無使尨也吠(무사
방야폐).

24 어찌 저리 고울까요(하피농의何彼襛矣)

어찌 저리 고울까요, 산앵두나무 꽃이라네. 어찌 저리 기품이 있
나요, 공주님의 수레는.

何彼襛矣(하피농의), 唐棣之華(당체지화). 曷不肅雍(갈불숙옹), 王姬
之車(왕희지거).

어찌 저리 고울까요, 복사꽃 오얏꽃 같아라. 평왕(문왕)의 손녀딸
이 제나라 제후의 아들에게 시집간다네.

何彼襛矣(하피농의), 華如桃李(화여도리). 平王之孫(평왕지손), 齊侯
之子(제후지자).

낚싯줄은 무슨 줄인가, 저 낚싯줄은 굵은 명주실이라네. 제나라

제후의 아들에게 평왕의 손녀딸이 시집간다네.

其釣維何(기조유하), 維絲伊緡(유사이민). 齊侯之子(제후지자), 平王之孫(평왕지손).

25 추우(추우騶虞)

저 무성한 갈대밭에서 노니는 암퇘지 다섯 마리 화살 한 대로 잡네. 아아, 추우여!

彼茁者葭(피줄자가), 壹發五豝(일발오파), 於嗟乎騶虞(어차호추우)!

저 무성한 쑥대밭에서 노니는 새끼 돼지 다섯 마리 화살 한 대로 잡네. 아아, 추우*여!

彼茁者蓬(피줄자봉), 壹發五豵(일발오종), 於嗟乎騶虞(어차호추우)!

※ 추우(騶虞): 흰 바탕에 검은 무늬가 있으며 살아 있는 것은 먹지 않는 어진 짐승을 말한다.

패풍(邶風)

패나라의 노래

26 잣나무 배(백주柏舟)

두둥실 잣나무 배가 물결 따라 흘러가네. 근심하며 잠 못 이루니 가슴 아픈 걱정 있는 듯하지만, 내게 술이 없어도 그로써 희롱하고 노닌다네.

泛彼柏舟(범피백주), 亦泛其流(역범기류). 耿耿不寐(경경불매), 如有隱憂(여유은우). 微我無酒(미아무주), 以敖以游(이오이유).

내 마음 거울이 아니니 비추어 보여 줄 수도 없고, 형제가 있다지만 의지할 수가 없네. 찾아가 하소연해 봐야 형제들에게 노여움만 살 테지.

我心匪鑒(아심비감), 不可以茹(불가이여). 亦有兄弟(역유형제), 不可

以據(불가이거). 薄言往訴(박언왕소), 逢彼之怒(봉피지노).

내 마음 돌이 아니니 굴리지도 못하네. 내 마음 돗자리가 아니니 돌돌 말 수가 없네. 위엄 있는 거동이 엄숙하여 흠잡을 수가 없다네.

我心匪石(아심비석), 不可轉也(불가전야). 我心匪席(아심비석), 不可卷也(불가권야). 威儀棣棣(위의체체), 不可選也(불가선야).

근심스런 마음 초조하니 하찮은 무리마저 화를 낸다네. 쓰라린 일 이미 많았고 받은 모욕도 적지 않았다네. 가만히 생각하다 잠 깨어 가슴만 쥐어뜯는다네.

憂心悄悄(우심초초), 慍於群小(온어군소). 覯閔旣多(구민기다), 受侮不少(수모불소). 靜言思之(정언사지), 寤辟有摽(오벽유표).

해와 달이시여, 어찌 서로 번갈아 이지러지시나. 마음의 우울함이여, 때 묻은 옷과 같네. 가만 생각하니 떨쳐 날아가지도 못했다네.

日居月諸(일거월저), 胡迭而微(호질이미). 心之憂矣(심지우의), 如匪浣衣(여비완의). 靜言思之(정언사지), 不能奮飛(불능분비).

27 녹색 저고리(녹의綠衣)

녹색 저고리여! 녹색 저고리에 황색 속옷이네. 마음의 우울함은 언제나 그치려나!

綠兮衣兮(녹혜의혜), 綠衣黃裳(녹의황과). 心之憂矣(심지우의), 曷維

其已(갈유기이)!

녹색 저고리여! 녹색 저고리에 황색 치마라네. 마음의 시름은 언제나 잊히려나!

綠兮衣兮(녹혜의혜), 綠衣黃裳(녹의황상). 心之憂矣(심지우의), 曷維其亡(갈유기망)!

녹색 실이여! 그대가 물들였네. 나는 옛 사람 생각하여 허물없게 하겠네!

綠兮絲兮(녹혜사혜), 女所治兮(여소치혜). 我思古人(아사고인), 俾無訧兮(비무우혜)!

모시옷 베옷에 바람마저 차갑구나! 나는 옛 사람 생각하며 진실로 내 마음 달래네!

絺兮綌兮(치혜격혜), 凄其以風(처기이풍). 我思古人(아사고인), 實獲我心(실획아심)!

28 제비(연연燕燕)

제비들이 날아가네, 삐죽삐죽 깃을 달고 연못으로 날아가네. 저 아가씨 시집갈 때 먼 들로 나가 전송하네. 바라보다 보이지 않자, 비가 오듯 눈물이 흐르네.

燕燕于飛(연연우비), 差池其羽(차지기우). 之子于歸(지자우귀), 遠送

於野(원송어야). 瞻望弗及(첨망불급), 泣涕如雨(읍체여우).

제비들이 날아가네, 올라갔다 내려갔다 난다네. 저 아가씨 시집 갈 때 멀리 나가 전송하네. 바라보다 보이지 않자, 우두커니 서서 울고 있네.

燕燕于飛(연연우비), 頡之頏之(힐지항지). 之子于歸(지자우귀), 遠於 將之(원어장지). 瞻望弗及(첨망불급), 佇立以泣(저립이읍).

제비들이 날아가네, 위아래서 지저귀네. 저 아가씨 시집갈 때 멀리 남쪽에 나가 전송하네. 바라보다 보이지 않자, 내 마음 실로 괴롭네.

燕燕于飛(연연우비), 下上其音(하상기음). 之子于歸(지자우귀), 遠送 於南(원송어남). 瞻望弗及(첨망불급), 實勞我心(실로아심).

둘째 누이는 착실하고 그 마음씨가 깊었다네. 따뜻하고 은혜로 워 그 몸가짐도 정숙하고 조신하였고, 아버님 생각해서 늘 나를 도 왔다네.

仲氏任只(중씨임지), 其心塞淵(기심색연). 終溫且惠(종온차혜), 淑慎 其身(숙신기신). 先君之思(선군지사), 以勖寡人(이욱과인).

29 해와 달(일월日月)

해와 달이 머물며 아래 세상을 비추는구나. 이와 같은 그 사람이

가시는 곳 옛날 그곳이 아니라네. 어디 정해 두신 곳 있으신지, 어찌 나를 돌아보지도 않는가.

日居月諸(일거월저), 照臨下土(조림하토). 乃如之人兮(내여지인혜), 逝不古處(서불고처), 胡能有定(호능유정), 寧不我顧(영불아고).

해와 달이 머물며 아래 세상을 덮어주는구나. 이와 같은 그 사람이 가시는 곳 서로 좋아하지도 않는구나. 어디 정해 두신 곳 있으신지, 차라리 나에게 보답도 하지 마세요.

日居月諸(일거월저), 下土是冒(하토시모). 乃如之人兮(내여지인혜), 逝不相好(서불상호). 胡能有定(호능유정), 寧不我報(영불아보).

해와 달이 오늘도 동쪽 하늘로부터 떠오르네. 이와 같은 그 사람이 따뜻한 말 한마디 없네. 어디 정해 두신 곳 있으신지, 나로 하여금 잊을 수 있게 해주소서.

日居月諸(일거월저), 出自東方(출자동방). 乃如之人兮(내여지인혜), 德音無良(덕음무량). 胡能有定(호능유정), 俾也可忘(비야가망).

해와 달이 오늘도 동쪽 하늘로부터 떠오르네. 아버님 어머님, 그 사람이 끝까지 나를 돌보지는 않겠대요. 어디 정해 두신 곳 있으신지, 내게 보답한다고 말도 걸지 않네요.

日居月諸(일거월저), 東方自出(동방자출). 父兮母兮(부혜모혜), 畜我不卒(축아부졸). 胡能有定(호능유정), 報我不述(보아불술).

30 온 종일 바람 불고(종풍終風)

온 종일 바람 불고 햇볕 사나워도 그이는 나를 돌아보곤 비웃으며 희롱하고 거만하게 놀려대니, 내 마음속 깊이 서글퍼지네.

終風且暴(종풍차폭), 顧我則笑(고아즉소), 謔浪笑敖(학랑소오), 中心是悼(중심시도).

온 종일 바람 불고 흙비 날려도 한 번쯤 올 것 같더니만 가지도 오지도 않으니, 내 생각만 아득해지는구나.

終風且霾(종풍차매), 惠然肯來(혜연긍래), 莫往莫來(막왕막래), 悠悠我思(유유아사).

온 종일 바람 불고 구름 끼고 음산하더니 하루도 지나지 않아 다시 음산해지네. 자다 깨어서 잠 못 이루고 그가 한 말 되돌아보니 재채기만 나오네.

終風且曀(종풍차에), 不日有曀(불일유에). 寤言不寐(오언불매), 願言則嚔(원언즉체).

온 종일 음산하고 음산하더니 우르릉 우르릉 우렛소리 들리네. 자다 깨어서 잠 못 이루고 그가 한 말 되돌아보니 가슴속 회한이 밀려오네.

曀曀其陰(에에기음), 虺虺其雷(훼훼기뢰). 寤言不寐(오언불매), 願言則懷(원언즉회).

31 북을 울리다(격고擊鼓)

둥둥둥 북과 종소리 울리면 병장기 들고 뛰어나갔네. 나라 위해 흙으로 성을 쌓는데 나만 홀로 남쪽 가서 싸워야 한다네.

擊鼓其鏜(격고기당), 踴躍用兵(용약용병). 土國城漕(토국성조), 我獨南行(아독남행).

손자중 장군을 따라 진나라와 송나라를 평정하러 가네. 나를 집으로 돌려보내지 않으니 우울한 마음에 근심만 깊어지네.

從孫子仲(종손자중), 平陳與宋(평진여송). 不我以歸(불아이귀), 憂心有忡(우심유충).

이곳저곳 머물다가 말마저 잃어버렸으니, 어디에서 찾을까나 숲속 아래를 헤맨다네.

爰居爰處(원거원처), 爰喪其馬(원상기마), 於以求之(어이구지), 於林之下(어림지하).

죽든 살든 그대와 했던 약속 이루리라. 그대의 손을 잡고 백년해로하리라고.

死生契闊(사생계활), 與子成說(여자성설). 執子之手(집자지수), 與子偕老(여자해로).

아아! 오래 못 만났는데 나와 함께 살지 못하겠다네. 아아! 그대와 함께한 약속들 우리 함께 펴지 못한다네.

於嗟闊兮(어차활혜), 不我活兮(불아활혜). 於嗟洵兮(어차순혜), 不我
信兮(불아신혜).

32 남쪽에서 불어오는 바람(남풍南風)

남쪽에서 개선군처럼 불어오는 온화한 바람, 저 대추나무 속까
지 뒤흔드네. 대추나무 속가지들은 간드러지고 어머님의 노고는
여전히 크다네.

凱風自南(개풍자남), 吹彼棘心(취피극심). 棘心夭夭(극심요요), 母氏
劬勞(모씨구노).

남쪽에서 개선군처럼 불어오는 온화한 바람, 저 대추나무 숲을
뒤흔드네. 어머님은 매우 훌륭하시지만 나는 착하고 어진 사람이
되지 못했네.

凱風自南(개풍자남), 吹彼棘薪(취피극신). 母氏聖善(모씨성선), 我無
令人(아무령인).

여기 차가운 샘물이 준읍(浚邑)의 아래에 있는데, 아들 일곱이 있
지만 어머님의 노고는 여전하시다네.

爰有寒泉(원유한천), 在浚之下(재준지하). 有子七人(유자칠인), 母氏
勞苦(모씨노고).

곱디고운 꾀꼬리가 어여쁜 소리로 지저귀는데, 아들 일곱이 있

으면서도 어머님 마음 하나 위로하지 못한다네.

睍睆黃鳥(현환황조), 載好其音(재호기음). 有子七人(유자칠인), 莫慰母心(막위모심).

33 장끼(웅치雄雉)

장끼가 날아가네, 푸드득 푸드득 날개를 치며. 나의 그리움이 스스로를 속이고 그이만을 험지로 보냈다네.

雄雉于飛(웅치우비), 泄泄其羽(예예기우, 泄: 날갯짓하다 예). 我之懷矣(아지회의), 自詒伊阻(자이이조).

장끼가 날아가네, 오르락내리락 울어대네. 일 벌이는 그대가 진실로 내 마음 괴롭힌다네.

雄雉于飛(웅치우비), 下上其音(하상기음). 展矣君子(전의군자), 實勞我心(실로아심).

저 해와 달을 쳐다보니 내 근심만 깊어가네. 먼 길 떠나면서 어찌 자주 온다 말하셨나요.

瞻彼日月(첨피일월), 悠悠我思(유유아사). 道之云遠(도지운원), 曷云能來(갈운능래).

세상 사내들이여, 덕을 행할 줄 모르는가! 질투하지도 구애하지도 않으니 어찌 순진하지 않으리오.

百爾君子(백이군자), 不知德行(부지덕행). 不忮不求(불기불구), 何用 不臧(하용부장).

34 박의 쓴 잎(포유고엽匏有苦葉)

박에는 쓴 잎사귀 있고, 나루터에는 깊은 곳 있다네. 깊으면 옷 입은 채 건너고 얕으면 옷 걷고 건넌다네.

匏有苦葉(포유고엽), 濟有深涉(제유심섭). 深則厲(심즉려), 淺則揭(천 즉게).

나루터에는 물이 넘쳐 출렁거리고 암꿩인 까투리가 울어댄다네. 나루터에 물이 출렁대도 수레의 굴대는 젖지 아니하고, 까투리 울 어대며 수꿩인 장끼를 찾네.

有瀰濟盈(유미제영), 有鷕雉鳴(유요치명). 濟盈不濡軌(제영불유궤), 雉鳴求其牡(치명구기모).

기럭기럭 울어대는 기러기들 해가 떠오르며 아침이 시작되네. 사내가 아내를 데려오려면 얼음 얼기 전에 해야 한다네.

雍雍鳴雁(옹옹명안), 旭日始旦(욱일시단). 士如歸妻(사여귀처), 迨冰 未泮(태빙미반).

뱃사공은 어서 오라 손짓하고 남들은 타는데 나는 타지 않네. 남들 은 타는데 내가 타지 않는 것은 오직 내 짝을 기다리기 때문이라네.

招招舟子(초초주자), 人涉卬否(인섭앙부). 不涉卬否(불섭앙부), 卬須我友(앙수아우).

35 골바람(곡풍谷風)

산들산들 골바람 불어오더니 어느새 날 흐리고 비가 내리네. 애써서 마음 모아 함께 살다가 이리도 화를 내니 너무하네요. 순무를 뽑고 무를 뽑을 땐 밑동만 필요한 게 아니랍니다. 사랑의 약속 어기지 않는다면야 죽도록 그대와 함께하련만.

習習谷風(습습곡풍), 以陰以雨(이음이우). 黽勉同心(민면동심), 不宜有怒(불의유노). 采葑采菲(채봉채비), 無以下體(무이하체). 德音莫違(덕음막위), 及爾同死(급이동사).

길을 가도 느릿느릿 가는 건 마음속 깊은 한이 있어서라네. 멀리는 아니더라도 문밖이라도 바래다주지. 그 누가 씀바귀를 쓰다고 하였던가. 내게는 냉이와 같이 달기만 하다네. 그대는 신혼잔치를 형같이 아우같이 좋아하네.

行道遲遲(행도지지), 中心有違(중심유위). 不遠伊邇(불원이이), 薄送我畿(박송아기). 誰謂荼苦(수위도고), 其甘如薺(기감여제). 宴爾新婚(연이신혼), 如兄如弟(여형여제).

경수가 위수 때문에 흐려 보이지만 경수에도 맑디맑은 물가가 있다네. 그대는 신혼잔치 때 나를 거들떠보지도 않았다네. 내가 놓은 어살에는 가지도 말고 내가 놓은 통발일랑 들추지 말아요. 하기야 집에서도 쫓겨났으니 뒷일을 걱정한들 무엇하랴.

涇以渭濁(경이위탁), 湜湜其沚(식식기지). 宴爾新婚(연이신혼), 不我屑以(불아설이). 毋逝我梁(무서아량), 毋發我笱(무발아구). 我躬不閱(아궁불열), 遑恤我后(황휼아후).

깊은 물 건널 때는 뗏목을 타거나 조각배를 탔지요. 얕은 물 건널 때는 수영으로 헤엄쳐 갔지요. 살림살이 있건 없건 힘써 구했지요. 이웃들이 어려운 일 당하면 있는 힘껏 도와주었다네.

就其深矣(취기심의), 方之舟之(방지주지). 就其淺矣(취기천의), 泳之游之(영지유지). 何有何亡(하유하망), 黽勉求之(민면구지). 凡民有喪(범민유상), 匍匐救之(포복구지).

나를 위해 주지 않고 도리어 원수처럼 여겼다네. 나의 정성 물리치니 팔리지 않은 물건 같은 내 신세여. 예전에 어렵고 가난했을 땐 그대와 함께 고생했건만, 이제 겨우 살 만하니 나를 마치 독벌레처럼 대하네.

不我能畜(불아능축), 反以我爲仇(반이아위구). 旣阻我德(기조아덕), 賈用不售(가용불수). 昔育恐育鞫(석육공육국), 及爾顚覆(급이전복). 旣生旣育(기생기육), 比予於毒(비여어독).

내가 맛있는 채소를 저장해 두는 건 추운 겨울을 나기 위함이라네. 그대 신혼재미 빠지고 나를 어려울 때만 찾는가요. 사납게도 무섭게도 나를 고생만 시키더니, 그 옛날이 생각나지 않나요? 내게 와서 편히 쉬던 그때가!

我有旨蓄(아유지축), 亦以御冬(역이어동). 宴爾新婚(연이신혼), 以我 御窮(이아어궁). 有洸有潰(유광유궤), 旣詒我肄(기이아이). 不念昔者(불 념석자), 伊余來塈(이여래기).

36 여위어가네(식미式微)

여위고 여위어 가는데, 어찌 돌아가지 않는가. 그대 자신을 위하 는 것 아니면 어찌 차가운 이슬 속에서 살리오!

式微式微(식미식미), 胡不歸(호불귀), 微君之故(미군지고), 胡爲乎中 露(호위호중로)!

여위고 여위어 가는데, 어찌 돌아가지 않는가. 그대 자신을 위하 는 것 아니면 어찌 진흙 속에서 살리오!

式微式微(식미식미), 胡不歸(호불귀), 微君之躬(미군지궁), 胡爲乎泥 中(호위호니중)!

37 높은 언덕(모구旄丘)

높은 언덕의 칡덩굴이여, 어쩌면 저리도 마디가 길어졌을까. 아 저씨 아저씨들이여, 어찌 그리 세월만 보내시는가!

旄丘之葛兮(모구지갈혜), 何誕之節兮(하탄지절혜). 叔兮伯兮(숙혜백혜), 何多日也(하다일야)!

어찌 그곳에 머무르시는지, 반드시 도와줄 나라 있으리라! 어찌
면 그리 오래 걸리나! 반드시 까닭이 있으리라!
何其處也(하기처야), 必有與也(필유여야)! 何其久也(하기구야)! 必有
以也(필유이야)!

여우가죽 갓옷이 다 헤져도 수레는 동쪽으로 가지 않는구나. 아
저씨 아저씨들이여, 그대들의 마음이 나와는 같지 아니한가.
狐裘蒙戎(호구몽융), 匪車不東(비차부동). 叔兮伯兮(숙혜백혜), 靡所
與同(미소여동).

초라하고 보잘것없는 이리저리 떠도는 사람들이구나. 아저씨 아
저씨들이여, 옷소매로 귀를 막고 있구나.
瑣兮尾兮(쇄혜미혜), 流離之子(유리지자). 叔兮伯兮(숙혜백혜), 褎如
充耳(수여충이).

38 성대하여라(간혜簡兮)

성대하고 성대하여라. 이제 막 모든 게 어우러진 만무 춤을 추려
하네. 해는 높아 중천인데, 맨 앞줄로 나섰다네.
簡兮簡兮(간혜간혜), 方將萬舞(방장만무). 日之方中(일지방중), 在前
上處(재전상처).

당당한 저 사람들 공작의 뜰에서 만무를 추네. 힘은 넘쳐 호랑이 같고 말고삐는 실을 다루듯이 다룬다네.

碩人俁俁(석인우우), 公庭萬舞(공정만무). 有力如虎(유력여호), 執轡如組(집비여조).

왼손에는 피리를 잡고 오른손엔 꿩 깃을 잡았네. 붉게 상기된 얼굴의 공작께서는 술잔을 내밀라고 말한다네.

左手執籥(좌수집약), 右手秉翟(우수병적). 赫如渥赭(혁여악자), 公言錫爵(공언석작).

산에는 개암나무, 진펄에는 감초풀이 우거졌네. 누구와의 운우지정을 그리워하는가, 서쪽에 사는 어여쁜 여인이라네. 저 어여쁜 여인이여, 서쪽에 사는 여인이라네.

山有榛(산유진), 隰有苓(습유령). 云誰之思(운수지사), 西方美人(서방미인). 彼美人兮(피미인혜), 西方之人兮(서방지인혜).

39 샘물(천수泉水)

졸졸졸 흐르는 저 샘물도 기수로 흘러든다네. 위나라가 그리워서 생각하지 않는 날이 없다네. 저 어여쁜 여동생들과 함께할 일 의논한다네.

毖彼泉水(비피천수), 亦流於淇(역류어기). 有懷於衛(유회어위), 靡日不思(미일불사). 孌彼諸姬(연피제희), 聊與之謀(요여지모).

자 땅으로 나가서 잠을 자고 예 땅에서 송별주를 마셨다네. 여자가 시집가면 부모형제 멀어지네. 나는 고모님께 문안 여쭙고 마침내는 큰 언니와도 만났다네.

　出宿於姊(출숙어자), 飮餞於禰(음전어예). 女子有行(여자유행), 遠父母兄弟(원부모형제). 問我諸姑(문아제고), 遂及伯姊(수급백자).

간 땅으로 나가서 잠을 자고 언 땅에서 송별주를 마셨다네. 기름 치고 빗장 꽂아 수레 돌려 언 땅을 휘돌아 가면 단숨에 위나라에 이르고 나쁜 일도 없으련만.

　出宿於干(출숙어간), 飮餞於言(음전어언). 載脂載舝(재지재할), 還車言邁(환차언매). 遄臻於衛(천진어위), 不瑕有害(불하유해).

나는 비천을 생각하며 길게 숨을 몰아쉬네. 수와 조 땅을 생각하니 내 마음 아득해라. 수레 타고 나가 노닐며 이내 시름 달래나 볼까나.

　我思肥泉(아사비천), 玆之永嘆(자지영탄). 思須與漕(사수여조), 我心悠悠(아심유유). 駕言出遊(가언출유), 以寫我憂(이사아우).

40 북문(북문北門)

북문을 나서자니 우울한 마음 끝이 없구나. 늘 살림이 가난하여 보잘것없으니 나의 어려움을 누가 알랴. 아서라! 그만두자! 실제로는 하늘이 하는 일인데 말해 무엇하겠는가!

出自北門(출자북문), 憂心殷殷(우심은은). 終寠且貧(종구차빈), 莫知我艱(막지아간). 已焉哉(이언재)! 天實爲之(천실위지), 謂之何哉(위지하재)!

왕실의 일들이 나에게 몰려들거늘 정사도 줄곧 내게 쌓여드는구나. 내가 밖에서 들어오면 집안사람들이 번갈아가며 내게 핀잔만 주는구나. 아서라! 그만두자! 실제로는 하늘이 하는 일인데 말해 무엇하겠는가!

王事適我(왕사적아), 政事一埤益我(정사일비익아). 我入自外(아입자외), 室人交遍謫我(실인교편적아). 已焉哉(이언재)! 天實爲之(천실위지), 謂之何哉(위지하재)!

왕실의 일들이 나에게 몰려들거늘 정사도 줄곧 내게 남겨지는구나. 내가 밖에서 들어오면 집안사람들이 번갈아가며 내게 억압만 주는구나. 아서라! 그만두자! 실제로는 하늘이 하는 일인데 말해 무엇하겠는가!

王事敦我(왕사돈아), 政事一埤遺我(정사일비유아). 我入自外(아입자외), 室人交遍摧我(실인교편최아). 已焉哉(이언재)! 天實爲之(천실위지), 謂之何哉(위지하재)!

41 북풍(북풍北風)

북쪽에서 불어오는 바람은 차갑고 눈비마저 펑펑 내린다네. 자애로움으로 나를 좋아하는 이와 손을 잡고 함께 가리라. 머뭇거릴 시간이 없다네, 어서 빨리 서두르세!

北風其涼(북풍기량), 雨雪其雱(우설기방). 惠而好我(혜이호아), 攜手同行(휴수동행). 其虛其邪(기허기사), 旣亟只且(기극지차)!

북쪽에서 불어오는 바람은 세차고 눈비마저 펑펑 내린다네. 자애로움으로 나를 좋아하는 이와 손을 잡고 함께 가리라. 머뭇거릴 시간이 없다네, 어서 빨리 서두르세!

北風其喈(북풍기개), 雨雪其霏(우설기비). 惠而好我(혜이호아), 攜手同歸(휴수동귀). 其虛其邪(기허기사), 旣亟只且(기극지차)!

붉지 않다고 여우 아니며 검지 않다고 까마귀 아니랴. 자애로움으로 나를 좋아하는 이와 손을 잡고 함께 돌아가리라. 머뭇거릴 시간이 없다네, 어서 빨리 서두르세!

莫赤匪狐(막적비호), 莫黑匪烏(막흑비오). 惠而好我(혜이호아), 攜手同車(휴수동거). 其虛其邪(기허기사), 旣亟只且(기극지차)!

42 정숙한 아가씨(정녀靜女)

정숙한 아가씨가 예쁘기도 한데 성 모퉁이에서 나를 기다린다 하네. 사랑하면서도 보지 못하니 머리만 긁적이며 서성인다네.

靜女其姝(정녀기주), 俟我於城隅(사아어성우). 愛而不見(애이불견), 搔首踟躕(소수지주).

정숙한 아가씨가 곱기도 한데 붉은 칠한 붓을 가져다주네. 붉은 붓 빨갛게 빛나기도 하지만 그 아가씨의 아름다움이 더 기쁘고 기쁘다네.

靜女其孌(정녀기련), 貽我彤管(이아동관). 彤管有煒(동관유위), 說懌女美(열역녀미).

들판에서 뽑아다 준 삘기 참으로 예쁘고 기이하구나. 삘기 네가 그렇게 예쁘기보다는 아름다운 아가씨가 주어서라네.

自牧歸荑(자목귀이), 洵美且異(순미차이). 匪女之爲美(비녀지위미), 美人之貽(미인지이).

43 새로 지은 누각(신대新臺)

새로 지은 누각이 선명하기도 한데 황하의 물결도 넘실거리네. 젊고 고운 아가씨에게 구애하러 찾아왔더니 늙고 병든 곱사등이가 기다린다네.

新臺有泚(신대유체, 泚: 맑을 체), 河水瀰瀰(하수미미). 燕婉之求(연완지구), 籧篨不鮮(거저불선).

새로 지은 누각이 높기도 한데 황하의 물결도 출렁거리네. 젊고 고운 아가씨에게 구애하러 찾아왔더니 늙고 병든 곱사등이는 죽지도 않았네.

新臺有洒(신대유최, 洒: 험할 최), 河水浼浼(하수매매). 燕婉之求(연완

지구), 蘧篨不殄(거저부진).

물고기를 잡으려고 쳐놓은 그물에 걸린 것은 기러기라네. 젊고 고운 아가씨에게 구애하러 찾아왔더니 늙고 병든 곱사등이를 얻었다네.

魚網之設(어망지설), 鴻則離之(홍즉리지). 燕婉之求(연완지구), 得此戚施(득차척이, 戚施: 곱사등이).

44 두 아들이 탄 배(이자승주二子乘舟)

두 아들이 배를 타고 가니 두둥실 떠가는 풍경이 보이네. 아이들 그리워 생각해 보면 가슴 깊이 안타까움 가득하다네.

二子乘舟(이자승주), 泛泛其景(범범기경). 願言思子(원언사자), 中心養養(중심양양)!

두 아들이 배를 타고 가니 두둥실 흘러서 멀어져 가네. 아이들 그리워 생각해 보면 해코지나 당하지 않았을까 걱정된다네!

二子乘舟(이자승주), 泛泛其逝(범범기서). 願言思子(원언사자), 不瑕有害(불하유해).

용풍(鄘風)

용나라의 노래

45 잣나무 배(백주柏舟)

저기 잣나무 배가 황하 가운데 떠 있구나. 저 두 갈래 다팔머리 늘어뜨린 사내가 오직 진실한 내 짝이라네. 죽을지언정 다른 마음 품지 않을래요. 어머님은 하늘과 같으신데 어찌 사람 마음을 헤아리지 못하실까요.

泛彼柏舟(범피백주), 在彼中河(재피중하). 髧彼兩髦(담피량모), 實維我儀(실유아의). 之死矢靡它(지사시미타). 母也天只(모야천지), 不諒人只(불량인지)!

저기 잣나무 배가 황하의 물가에 떠 있구나. 저 두 갈래 다팔머리 늘어뜨린 사내가 오직 진실한 내 짝이라네. 죽을지언정 다른 마음

품지 않을래요. 어머님은 하늘과 같으신데 어찌 사람 마음을 헤아
리지 못하실까요.

泛彼柏舟(범피백주), 在彼河側(재피하측). 髧彼兩髦(담피량모), 實維
我特(실유아특). 之死矢靡慝(지사시미특). 母也天只(모야천지), 不諒人
只(불량인지)!

46 담장을 뒤덮은 남가새(장유자牆有茨)

담장 뒤덮은 남가새 쓸어 없앨 수가 없다네. 집안에서 일어난 일
이라 말할 수 없다네. 말한다면 말만 추해진다네.

牆有茨(장유자), 不可掃也(불가소야). 中冓之言(중구지언), 不可道也
(불가도야). 所可道也(소가도야), 言之醜也(언지추야).

담장 뒤덮은 남가새 없앨 수가 없다네. 집안에서 일어난 일이라
자세하게 말할 수 없다네. 자세하게 말할 수 있다 해도 말만 길어
진다네.

牆有茨(장유자), 不可襄也(불가양야). 中冓之言(중구지언), 不可詳也
(불가상야). 所可詳也(소가상야), 言之長也(언지장야).

담장 뒤덮은 남가새 묶어버릴 수가 없다네. 집안에서 일어난 일
이라 떠들어댈 수가 없다네. 떠들어댈 수야 있지만 말만 수치스러
워진다네.

牆有茨(장유자), 不可束也(불가속야). 中冓之言(중구지언), 不可讀也

(불가독야). 所可讀也(소가독야), 言之辱也(언지욕야).

47 님과의 해로(군자해로君子偕老)

님과 백년해로하려고 머리꾸미개에 여섯 개의 비녀를 꾸몄다네. 그 모습 의젓하고 점잖아서 산 같고 황하 같다네. 상아로 꾸민 복장이 저리도 잘 어울리는데, 그대가 정숙하지 못함은 어째서인가요.

君子偕老(군자해로), 副笄六珈(부계육가). 委委佗佗(위위타타), 如山如河(여산여하). 象服是宜(상복시의). 子之不淑(자지불숙), 云如之何(운여지하).

옥빛처럼 곱고도 곱구나, 그분의 꿩 깃옷. 검은 머리 구름 같으니 다리(가발)가 필요 없다네. 옥으로 만든 귀막이와 상아로 만든 머리 빗치개에 이마가 넓고도 희구나. 어찌 그리 하늘 같고, 어찌 그리도 상제 같을까!

玼兮玼兮(자혜자혜), 其之翟也(기지적야). 鬒髮如雲(진발여운), 不屑髢也(불설체야). 玉之瑱也(옥지진야), 象之掃也(상지체야). 揚且之晳也(양차지석야). 胡然而天也(호연이천야). 胡然而帝也(호연이제야)!

곱고도 곱구나, 황후의 비단 전의(展衣)로구나. 저 곱고도 가는 갈포 위에 덧입으니 여름 속적삼이라네. 그대의 맑음이 드날리니 얼굴 또한 드날리네. 전의 입은 사람이여, 나라의 아름다운 사람이라네!

瑳兮瑳兮(차혜차혜), 其之展也(기지전야). 蒙彼縐絺(몽피추치), 是紲
袢也(시설번야). 子之清揚(자지청양), 揚且之顔也(양차지안야). 展如之
人兮(전여지인혜), 邦之媛也(방지원야)!

48 뽕밭에서(상중桑中)

새삼 덩굴을 뜯으러 매 마을로 갔답니다. 누구를 생각하며 갔을
까요? 강 씨 집안의 어여쁜 큰딸이랍니다. 내가 만나자고 한 곳이
뽕나무 밭이라서 상궁에서 나를 맞이하였고 기수 강변에서 날 전
송했다네.

爰采唐矣(원채당의), 沬之鄉矣(매지향의). 云誰之思(운수지사), 美孟
姜矣(미맹강의). 期我乎桑中(기아호상중), 要我乎上宮(요아호상궁), 送
我乎淇之上矣(송아호기지상의).

보리를 베러 매 마을의 북쪽으로 갔답니다. 누구를 생각하며 갔
을까요? 익 씨 집안의 어여쁜 큰딸이랍니다. 내가 만나자고 한 곳
이 뽕나무 밭이라서 상궁에서 나를 맞이하였고 기수 강변에서 날
전송했다네.

爰采麥矣(원채맥의), 沬之北矣(매지북의). 云誰之思(운수지사), 美孟
弋矣(미맹익의). 期我乎桑中(기아호상중), 要我乎上宮(요아호상궁), 送
我乎淇之上矣(송아호기지상의).

순무를 뽑으러 매 마을의 동쪽으로 갔답니다. 누구를 생각하며

갔을까요? 용 씨 집안의 어여쁜 큰딸이랍니다. 내가 만나자고 한 곳이 뽕나무 밭이라서 상궁에서 나를 맞이하였고 기수 강변에서 날 전송했다네.

爰采葑矣(원채봉의), 沬之東矣(매지동의). 云誰之思(운수지사), 美孟 庸矣(미맹용의). 期我乎桑中(기아호상중), 要我乎上宮(요아호상궁), 送 我乎淇之上矣(송아호기지상의).

49 메추리는 쌍쌍이 날고(순지분분鶉之奔奔)

메추리는 쌍쌍이 날고 까치도 짝지어 나네. 선량하지 못한 사람, 내 형이라고 해야 하나!

鶉之奔奔(순지분분), 鵲之彊彊(작지강강). 人之無良(인지무량), 我以 爲兄(아이위형).

까치는 짝지어 날고 메추리는 쌍쌍이 나네. 선량하지 못한 사람 내 임금이라 해야 하나!

鵲之彊彊(작지강강), 鶉之奔奔(순지분분). 人之無良(인지무량), 我以 爲君(아이위군)!

50 정성이 밤하늘 가운데 떴을 때(정지방중定之方中)

붙박이별 정성(定星)이 밤하늘 가운데 떴을 때 초구에 궁을 지었 다네. 해 그림자로 방향을 재고 초구에 집을 지었다네. 개암나무와 밤나무, 가래나무, 오동나무, 옻나무를 심었다네. 나중에 베어서 거문고와 비파를 만들리라.

定之方中(정지방중), 作於楚宮(작어초궁). 揆之以日(규지이일), 作於楚室(작어초실). 樹之榛栗(수지진률), 椅桐梓漆(의동재칠), 爰伐琴瑟(원벌금슬).

저기 옛터에 올라 초구를 바라보네. 초구와 당읍을 바라보고 큰 산과 언덕을 보았다네. 내려와 뽕밭을 살펴보고 거북점을 쳐보니 길하다 하면서 끝내는 참으로 좋다고 했다네.

升彼虛矣(승피허의), 以望楚矣(이망초의). 望楚與堂(망초여당), 景山與京(경산여경). 降觀於桑(강관어상), 卜云其吉(복운기길), 終然允臧(종연윤장).

단비가 이미 내렸거늘 관리에게 명령하여 별 보일 때 수레를 내어 뽕밭에 머문다네. 뿐만 아니라 그 사람은 마음이 착실하고 깊기도 한데 큰 암말도 삼천 필이나 된다네.

靈雨旣零(영우기령), 命彼倌人(명피관인), 星言夙駕(성언숙가), 說于桑田(세우상전). 匪直也人(비직야인), 秉心塞淵(병심색연), 騋牝三千(내빈삼천).

51 무지개(체동蝃蝀)

동쪽 하늘에 뜬 무지개를 감히 손가락질할 수 없다네. 여자가 한

번 시집가면 부모형제를 멀리 떠난다네.

蝃蝀在東(체동재동), 莫之敢指(막지감지). 女子有行(여자유행), 遠父母兄弟(원부모형제).

아침 서쪽 하늘에 무지개 뜨면 아침 내내 비가 온다네. 여자가 한 번 시집가면 부모형제를 멀리 떠난다네.

朝隮於西(조제어서), 崇朝其雨(숭조기우). 女子有行(여자유행), 遠兄弟父母(원형제부모).

이와 같이 생각하는 사람은 결혼만을 생각하고 있다네. 그러나 크게 믿음이 가질 않으니 천명을 알지 못하는구나.

乃如之人也(내여지인야), 懷婚姻也(회혼인야). 大無信也(대무신야), 不知命也(부지명야).

52 쥐를 보아라(상서相鼠)

쥐를 보아도 가죽이 있거늘 사람으로서 체통이 없구나. 사람으로서 체통이 없으면 죽지 않고 무엇을 하려는가.

相鼠有皮(상서유피), 人而無儀(인이무의). 人而無儀(인이무의), 不死何爲(불사하위).

쥐를 보아도 이빨이 있거늘 사람으로서 절제함이 없구나. 사람으로서 절제함이 없으면 죽지 않고 무엇을 기다리는가.

相鼠有齒(상서유치), 人而無止(인이무지). 人而無止(인이무지), 不死何俟(불사하사).

쥐를 보아도 몸통이 있거늘 사람으로서 예의가 없구나. 사람으로서 예의가 없으면 어찌하여 빨리 죽지 않는가.

相鼠有體(상서유체), 人而無禮(인이무례). 人而無禮(인이무례), 胡不遄死(호불천사).

53 깃대(간모干旄)

우뚝하게 솟은 장대에 쇠꼬리 털을 매단 깃발이 위나라 준읍의 교외에서 나부끼네. 흰 명주실로 만든 깃술을 달고 좋은 말 네 필이 끄는 수레가 거기에 있네. 거기에 탄 저 훌륭한 사람에겐 무엇으로 보답해야 하나.

子子干旄(혈혈간모), 在浚之郊(재준지교). 素絲紕之(소사비지), 良馬四之(양마사지). 彼姝者子(피주자자), 何以畀之(하이비지).

우뚝하게 솟은 장대에 새매를 그린 깃발이 위나라 준읍의 중앙에서 나부끼네. 흰 명주실로 짠 깃술을 달고 좋은 말 다섯 필이 끄는 수레가 거기에 있네. 거기에 탄 저 훌륭한 사람에겐 무엇을 드려야 할까나.

子子干旟(혈혈간여), 在浚之都(재준지도). 素絲組之(소사조지), 良馬五之(양마오지). 彼姝者子(피주자자), 何以予之(하이여지).

우뚝하게 솟은 장대에 꿩 깃을 단 깃발이 위나라 준읍의 성문에 나부끼네. 흰 명주실로 짠 깃술을 달고 좋은 말 여섯 필이 끄는 수레가 거기에 있네. 거기에 탄 저 훌륭한 사람에겐 무엇을 고백해야 할까나.

子子干旄(혈혈간정), 在浚之城(재준지성). 素絲祝之(소사축지), 良馬六之(양마육지). 彼姝者子(피주자자), 何以告之(하이고지).

54 수레를 몰고(재치載馳)

수레를 몰아 달리고 달려 돌아가서 위나라 임금을 위로하리라. 멀리멀리 말을 달려 조읍에 이르러 말한다네. 대부는 산 넘고 물 건너련만, 이내 근심 그지없네.

載馳載驅(재치재구), 歸唁衛侯(귀언위후). 驅馬悠悠(구마유유), 言至於漕(언지어조). 大夫跋涉(대부발섭), 我心則憂(아심즉우).

이미 나를 기꺼워하진 않겠지만, 내 되돌려 갈 수가 없다네. 그대들이 좋게 보지 않겠지만 내 생각도 멀리 있지 않다네.

旣不我嘉(기불아가), 不能旋反(불능선반). 視爾不臧(시이부장), 我思不遠(아사불원).

이미 나를 기꺼워하진 않겠지만, 내 되돌려 건너갈 수가 없다네. 그대들이 좋게 보지 않겠지만 내 생각까지는 막을 수 없다네.

旣不我嘉(기불아가), 不能旋濟(불능선제). 視爾不臧(시이부장), 我思

不閟(아사불비).

저 언덕에 올라 마음 달랠 패모라도 캐어볼까 한다네. 여자들은
공연히 근심이 많다지만 각각 이유가 있어서라네. 허나라 사람들
이 나를 탓하지만 어리석고 경망스러운 짓이라네.

陟彼阿丘(척피아구), 言采其蝱(언채기맹). 女子善懷(여자선회), 亦各
有行(역각유행). 許人尤之(허인우지), 眾穉且狂(중치차광).

내가 지나온 저 들판에 보리가 무성하다네. 큰 나라에 구원을 요
청하려 해도 누구에게 의지하고 누구에게 구원을 청해야 할까. 대
부와 군자들이여, 내게 허물 있다고 탓하지 마시오. 그대들의 생각
이 많아도 내가 하는 것만은 못하리라.

我行其野(아행기야), 芃芃其麥(봉봉기맥). 控于大邦(공우대방), 誰因
誰極(수인수극). 大夫君子(대부군자), 無我有尤(무아유우). 百爾所思(백
이소사), 不如我所之(불여아소지).

위풍(衛風)

위나라의 노래

55 기수의 물굽이(기오淇奧)

저 기수의 물굽이를 바라보니 푸른 대나무가 무성하구나. 저 문채 나는 군자여! 잘라낸 듯 쪼아낸 듯 가는 듯 장중하고 당당하시며 빛나고 의젓하시네. 저 문채 나는 군자를 끝내 잊을 수가 없다네.

瞻彼淇奧(첨피기오), 綠竹猗猗(녹죽의의). 有匪君子(유비군자), 如切如磋(여절여차), 如琢如磨(여탁여마), 瑟兮僩兮(슬혜한혜), 赫兮咺兮(혁혜훤혜). 有匪君子(유비군자), 終不可諼兮(종불가훤혜).

저 기수의 물굽이를 바라보니 초록빛 대나무가 성성하고 푸르구나. 저 문채 나는 군자여! 귀막이 옥돌로 하고 두건의 고깔과 어울려 별과 같아 장중하고 당당하시며 빛나고 의젓하시네. 저 문채 나는 군자를 끝내 잊을 수가 없다네.

瞻彼淇奧(첨피기오), 綠竹靑靑(녹죽청청). 有匪君子(유비군자), 充耳琇瑩(충이수형), 會弁如星(회변여성), 瑟兮僴兮(슬혜한혜), 赫兮咺兮(혁혜훤혜). 有匪君子(유비군자), 終不可諼兮(종불가훤혜).

저 기수의 물굽이를 바라보니 초록빛 대나무가 울창하구나. 저 문채 나는 군자여! 황금인 듯 주석인 듯 벽옥인 듯 너그럽고 여유롭게 수레 위에 기대셨네. 농담도 잘하시지만 지나치진 않으시다네.

瞻彼淇奧(첨피기오), 綠竹如簀(녹죽여책). 有匪君子(유비군자), 如金如錫(여금여석), 如圭如璧(여규여벽), 寬兮綽兮(관혜작혜), 猗重較兮(의중교혜). 善戲謔兮(선희학혜), 不爲虐兮(불위학혜).

56 오두막집(고반考槃)

산골 여울 가에 오두막집 지으니 어진 은자의 너그러운 마음이네. 홀로 자나 깨나 하는 말은 즐거움을 영원히 못 잊겠다고.

考槃在澗(고반재간), 碩人之寬(석인지관). 獨寐寤言(독매오언), 永矢弗諼(영시불훤).

언덕에 오두막집 지으니 어진 은자의 크나크신 마음이라네. 홀로 자나 깨나 하는 노래를 영원히 못 떠나겠다고.

考槃在阿(고반재아), 碩人之薖(석인지과). 獨寐寤歌(독매오가), 永矢

弗過(영시불과).

　높다란 평지에 오두막집 지으니 어진 은자가 머문 곳이라네. 홀로 자나 깨나 머무르는 숙소를 영원히 남에게 말하지 않겠다네.

　考槃在陸(고반재륙), 碩人之軸(석인지축). 獨寐寤宿(독매오숙), 永矢弗告(영시불고).

57 아름다운 사람(석인碩人)

　저 아름다운 사람, 키도 크고 날씬한데다 비단옷에 겉옷을 입으셨네. 제나라 제후의 따님이요, 위나라 제후의 부인이고, 제나라 태자의 누님이요, 형나라 제후의 이모이며, 담나라 제후가 형부시라네.

　碩人其頎(석인기기), 衣錦褧衣(의금경의). 齊侯之子(제후지자), 衛侯之妻(위후지처). 東宮之妹(동궁지매), 邢侯之姨(형후지이), 譚公維私(담공유사).

　손은 부드러운 삘기(띠)처럼 하얗고, 살결은 엉긴 기름처럼 보드랍고, 목은 나무굼벵이처럼 희고, 이빨은 박속같이 하얗지요. 매미 같은 이마에 나방 같은 눈썹, 씽긋 웃으니 보조개가 패고, 아름다운 눈이 예쁘기도 하구나.

　手如柔荑(수여유이), 膚如凝脂(부여응지), 領如蝤蠐(영여추제), 齒如瓠犀(치여호서), 螓首蛾眉(진수아미), 巧笑倩兮(교소천혜), 美目盼兮(미목반혜).

저 아름다운 사람, 키도 크고 늘씬한데다 도성 밖에 사신다네. 수레를 끄는 네 마리 수말은 건장도 하고, 붉은 재갈이 아름답기도 하여라. 꿩 깃으로 장식한 수레를 타고 간다네. 대부들이여, 일찍 퇴궐하여 우리 임금 수고롭게 하지 말아다오.

碩人敖敖(석인오오), 說於農郊(설어농교). 四牡有驕(사모유교), 朱幩鑣鑣(주분표표). 翟茀以朝(적불이조). 大夫夙退(대부숙퇴), 無使君勞(무사군로).

황하는 넘실대며, 북으로 콸콸 흐르네. 휙휙 그물을 던지면 잉어와 붕어가 파닥거리고, 강가엔 갈대가 우거졌다네. 따라온 여인들 곱기도 하고 수행관원들 늠름도 하구나.

河水洋洋(하수양양), 北流活活(북류활활). 施罛濊濊(시고예예), 鱣鮪發發(전유발발). 葭菼揭揭(가담게게), 庶姜孽孽(서강얼얼), 庶士有朅(서사유걸).

58 백성(氓民)

타지에서 온 덜떨어진 남자는 베를 안고 실과 바꾸려 한다네. 실과 바꾸려는 것이 아니라 슬며시 나를 꾀러 왔다네. 그 남자 전송하러 기수를 건너 돈구까지 갔다네. 내가 기약을 어긴 게 아니라 그대에게 좋은 중매쟁이가 없어서라네. 그대는 노여워 말고 가을에 다시 만나기로 기약하세요.

氓之蚩蚩(맹지치치), 抱布貿絲(포포무사). 匪來貿絲(비래무사), 來即

我謀(내즉아모). 送子涉淇(송자섭기), 至於頓丘(지어돈구). 匪我愆期(비아건기), 子無良媒(자무량매). 將子無怒(장자무노), 秋以爲期(추이위기).

저 높은 담장을 타고 올라가 그대가 있는 복관을 바라보았네. 그래도 보이지 않아 눈물만 뚝뚝 흘렸다오. 지난번 복관에서 그대 보았을 때 웃으면서 말했지요. 그대 거북점, 시초점 쳐보아서 점괘에 흉한 말 없거든 수레를 몰고 와서 나의 혼수감 옮겨 가세요.

乘彼垝垣(승피궤원), 以望復關(이망복관). 不見復關(불견복관), 泣涕漣漣(읍체련련). 旣見復關(기견복관), 載笑載言(재소재언). 爾卜爾筮(이복이서), 體無咎言(체무구언). 以爾車來(이이차래), 以我賄遷(이아회천).

뽕나무 잎사귀 아직 지지 않아 그 잎사귀 부드럽고 싱싱하다네. 아아! 비둘기들아, 오디를 따먹지 말아다오. 아아! 여인네들이여, 제발 남정네들하고 놀아나지 말아다오. 남자가 놀아나는 것은 오히려 할 말이 있다지만 여자가 놀아나는 것은 핑계도 댈 수 없다네.

桑之未落(상지미락), 其葉沃若(기엽옥약). 於嗟鳩兮(어차구혜)! 無食桑葚(무식상심). 於嗟女兮(어차녀혜)! 無與士耽(무여사탐). 士之耽兮(사지탐혜), 猶可說也(유가설야). 女之耽兮(여지탐혜), 不可說也(불가설야).

뽕나무 잎사귀 떨어질 때는 그 잎들 누렇게 떨어진다네. 내가 그대에게 시집간 뒤로 삼 년이나 가난하게 굶주렸다네. 기수가 넘실넘실 흘러넘쳐 수레의 휘장을 적시었다네. 여자가 무슨 잘못을 한 게 아니라 남자가 행실이 바르지 않다네. 남자가 마음이 지극함도 없이 이랬다저랬다 변덕을 부린다네.

桑之落矣(상지낙의), 其黃而隕(기황이운). 自我徂爾(자아조이), 三歲
食貧(삼세식빈). 淇水湯湯(기수탕탕), 漸車帷裳(점차유상). 女也不爽(여
야불상), 士貳其行(사이기행). 士也罔極(사야망극), 二三其德(이삼기덕).

삼 년 동안 그대의 아내가 되어 집안일로 방에 쓰러지도록 고생
했다네. 새벽에 일어나 밤늦게 잤으니 아침엔 쓰러지곤 했다네. 언
약이 이미 이루어지고 나니 난폭하기까지 하다네. 형제들은 그런
줄 알지 못하고 나만 보면 희희덕대며 웃기만 한다네. 가만히 언약
을 생각해 보니 내 신세가 절로 서글퍼진다네.

三歲爲婦(삼세위부), 靡室勞矣(미실로의). 夙興夜寐(숙흥야매), 靡有
朝矣(미유조의). 言旣遂矣(언기수의), 至於暴矣(지어폭의). 兄弟不知(형
제부지), 咥其笑矣(질기소의). 靜言思之(정언사지), 躬自悼矣(궁자도의).

그대와 백년해로하려 했더니 늙어서 나를 이토록 원망케 하나
요. 기수에는 낭떠러지가 있고 습지에는 물가가 있다네. 총각시절
즐거울 적엔 웃으며 편안히 언약하였다네. 그 맹세를 단단히 믿었
는데 이렇게 배반할 줄은 생각도 못했다네. 이를 배반할 줄 생각지
도 못했으니, 이 또한 이미 끝나버렸다네.

及爾偕老(급이해로), 老使我怨(노사아원). 淇則有岸(기즉유안), 隰則
有泮(습즉유반). 總角之宴(총각지연), 言笑晏晏(언소안안), 信誓旦旦(신
서단단), 不思其反(불사기반). 反是不思(반시불사), 亦已焉哉(역이언재)!

59 낚싯대(죽간竹竿)

길고 가는 낚싯대로 기수에서 고기를 낚는다네. 어찌 그대 생각 나지 않을까만 멀어서 가지 못한다네.

籊籊竹竿(적적죽간), 以釣於淇(이조어기). 豈不爾思(기불이사), 遠莫 致之(원막치지).

기수의 원천은 왼쪽에 있고 기수는 오른쪽에 있다네. 여자가 시 집가면 부모형제와 멀어진다네.

泉源在左(천원재좌), 淇水在右(기수재우). 女子有行(여자유행), 遠兄 弟父母(원형제부모).

기수는 오른쪽에 있고 그 원천은 왼쪽에 있다네. 예쁜 미소의 아 름다움에 패옥을 차고 나긋나긋 걷기도 했다네.

淇水在右(기수재우), 泉源在左(천원재좌). 巧笑之瑳(교소지차), 佩玉 之儺(패옥지나).

기수는 유유히 흐르고 전나무 노를 저어 소나무 배를 타네. 나가 놀자 말하며 그로써 나의 시름 씻으리라.

淇水滺滺(기수유유), 檜楫松舟(회즙송주). 駕言出遊(가언출유), 以寫 我憂(이사아우).

60 박주가리(환란芄蘭)

박주가리 줄기와도 같은 어린아이가 성인용 뿔송곳을 찼다네.
비록 뿔송곳을 찼다지만 나를 알아보지도 못하네. 늘어진 듯 처진
듯 드리운 띠가 흔들거리네.

芄蘭之支(환란지지), 童子佩觿(동자패휴). 雖則佩觿(수즉패휴), 能不
我知(능불아지). 容兮遂兮(용혜수혜), 垂帶悸兮(수대계혜).

박주가리 잎사귀 같은 어린아이가 성인용 깍지를 꼈다네. 비록
깍지를 꼈다지만 나를 이기진 못한다네. 늘어진 듯 처진 듯 드리운
띠가 흔들거리네.

芄蘭之葉(환란지엽), 童子佩韘(동자패섭). 雖則佩韘(수즉패섭), 能不
我甲(능불아갑). 容兮遂兮(용혜수혜), 垂帶悸兮(수대계혜).

61 드넓은 황하(하광河廣)

그 누가 황하를 드넓다 하는가, 하나의 갈대로도 건너가는데. 그
누가 송나라가 멀다고 하는가, 내가 발돋움하면 보이는데.

誰謂河廣(수위하광), 一葦杭之(일위항지). 誰謂宋遠(수위송원), 跂予
望之(기여망지).

그 누가 황하를 드넓다 하는가, 조그마한 배 하나도 띄우지 못
하는걸. 그 누가 송나라가 멀다고 하는가, 아침 한나절도 안 걸릴
텐데.

誰謂河廣(수위하광), 曾不容刀(증불용도). 誰謂宋遠(수위송원), 曾不崇朝(증불숭조).

62 그대여(백혜伯兮)

그대는 씩씩하니 나라의 영웅호걸이라네. 그대는 창을 움켜쥐고 군왕을 위해 앞장서네.

伯兮朅兮(백혜흘혜, 朅: 헌걸찰 흘) , 邦之桀兮(방지걸혜). 伯也執殳(백야집수), 爲王前驅(위왕전구).

그대가 동쪽으로 간 뒤 내 머리카락은 나부끼는 쑥대 같네. 어찌 머리 감고 기름 바르지 못하랴만 누구를 위해 단장하리오.

自伯之東(자백지동), 首如飛蓬(수여비봉). 豈無膏沐(기무고목), 誰適爲容(수적위용)!

비 내릴 듯 비 내릴 듯하더니만 쨍쨍 햇빛이 나네. 그대와의 언약을 가슴에 품은 채 님이 그리워서 머리 아픈 것도 마음으로 감내한다네.

其雨其雨(기우기우), 杲杲出日(고고출일). 願言思伯(원언사백), 甘心首疾(감심수질).

어떻게든 원추리(망우초)를 얻어 뒤뜰에다 심어볼까 한다네. 그대와의 언약을 가슴에 품은 채 그대가 그리워 내 마음 괴롭다네.

焉得諼草(언득훤초), 言樹之背(언수지배). 願言思伯(원언사백), 使我
心痗(사아심매).

63 여우(유호有狐)

여우가 느긋하게 어슬렁거리며 저 기수의 다리 위를 걷고 있다네.
내 마음속 근심은 그대에게 마땅히 입을 바지가 없다는 것이라네.
有狐綏綏(유호수수), 在彼淇梁(재피기량). 心之憂矣(심지우의), 之子
無裳(지자무상).

여우가 느긋하게 어슬렁거리며 저 기수의 얕은 물가를 걷고 있다
네. 내 마음속 근심은 그대에게 허리에 두를 띠가 없다는 것이라네.
有狐綏綏(유호수수), 在彼淇厲(재피기려). 心之憂矣(심지우의), 之子
無帶(지자무대).

여우가 느긋하게 어슬렁거리며 저 기수의 곁을 걷고 있다네. 내
마음속 근심은 그대에게 입을 옷 한 벌이 없다는 것이라네.
有狐綏綏(유호수수), 在彼淇側(재피기측). 心之憂矣(심지우의), 之子
無服(지자무복).

64 모과(목과木瓜)

나에게 모과를 던져 주시니 아름다운 패옥을 보답했다네. 답례

가 아니라 길이길이 사이좋게 지내보자는 것이었다네.

　投我以木瓜(투아이목과), 報之以瓊琚(보지이경거). 匪報也(비보야), 永以爲好也(영이위호야)!

　나에게 복숭아를 던져 주시니 아름다운 옥구슬을 보답했다네. 답례가 아니라 길이길이 사이좋게 지내보자는 것이었다네.

　投我以木桃(투아이목도), 報之以瓊瑤(보지이경요). 匪報也(비보야), 永以爲好也(영이위호야)!

　나에게 자두(오얏)를 던져 주시니 아름다운 옥돌을 보답했다네. 답례가 아니라 길이길이 사이좋게 지내보자는 것이었다네.

　投我以木李(투아이목리), 報之以瓊玖(보지이경구). 匪報也(비보야), 永以爲好也(영이위호야)!

왕풍(王風)

왕나라의 노래

65 기장(서리黍離)

　저 기장 이삭이 우거지고 저 피도 새싹이 돋아났네. 가는 길 머뭇
거리니 마음 또한 둘 곳이 없다네. 나를 아는 사람이야 마음이 서
글퍼서라지만 날 모르는 사람은 무언가 찾으려는 줄 안다네. 아득
하고 아득한 하늘이여, 이렇게 만든 사람이 누구인가요?

　彼黍離離(피서리리), 彼稷之苗(피직지묘). 行邁靡靡(행매미미), 中心
搖搖(중심요요). 知我者(지아자), 謂我心憂(위아심우), 不知我者(부지아
자), 謂我何求(위아하구). 悠悠蒼天(유유창천), 此何人哉(차하인재)?

　저 기장 이삭이 우거지고 저 피도 이삭이 패어 있다네. 가는 길
머뭇거리니 마음속에선 취한 듯 비틀거리네. 나를 아는 사람이야

마음이 서글퍼서라지만 날 모르는 사람은 무언가 찾으려는 줄 안다네. 아득하고 아득한 하늘이여, 이렇게 만든 사람이 누구인가요?

彼黍離離(피서리리), 彼稷之穗(피직지수). 行邁靡靡(행매미미), 中心如醉(중심여취). 知我者(지아자), 謂我心憂(위아심우), 不知我者(부지아자), 謂我何求(위아하구). 悠悠蒼天(유유창천), 此何人哉(차하인재)?

저 기장 이삭이 우거지고 저 피도 열매를 맺었다네. 가는 길 머뭇거리니 마음 또한 목이 메일 듯 답답하다네. 나를 아는 사람이야 마음이 서글퍼서라지만 날 모르는 사람은 무언가 찾으려는 줄 안다네. 아득하고 아득한 하늘이여, 이렇게 만든 사람이 누구인가요?

彼黍離離(피서리리), 彼稷之實(피직지실). 行邁靡靡(행매미미), 中心如噎(중심여일). 知我者(지아자), 謂我心憂(위아심우), 不知我者(부지아자), 謂我何求(위아하구). 悠悠蒼天(유유창천), 此何人哉(차하인재)?

66 부역 나간 그대(군자어역君子於役)

그대는 부역 나갔지만 언제 돌아올지 그 기약을 알 수 없네. 언제나 오시려나? 닭은 횃대에 깃들고 날이 저물면 양과 소도 우리로 돌아온다네. 부역 나간 그대를 어찌 그리워하지 않으리오.

君子於役(군자어역), 不知其期(부지기기). 曷至哉(갈지재)? 雞棲於塒(계서어시). 日之夕矣(일지석의), 羊牛下來(양우하래). 君子於役(군자어역), 如之何勿思(여지하물사)!

그대는 부역 나갔지만 몇 날인지 몇 달인지 알 수 없네. 언제쯤 오시려나? 닭은 횃대에 깃들고 날이 저물면 양과 소도 우리로 모여든다네. 부역 나간 그대가 진정 굶주리거나 목마르지 않으시기를 빕니다.

君子於役(군자어역), 不日不月(불일불월). 曷其有佸(갈기유괄)? 雞棲於桀(계서어걸). 日之夕矣(일지석의), 羊牛下括(양우하괄). 君子於役(군자어역), 苟無饑渴(구무기갈).

67 그대의 즐거움(군자양양君子陽陽)

그대는 즐거워하며 왼손에는 생황 잡고 오른손으론 나를 방으로 부르네. 아아, 즐겁기도 해라!

君子陽陽(군자양양), 左執簧(좌집황), 右招我由房(우초아유방), 其樂只且(기낙지차)!

그대는 즐거워하며 왼손에는 부채 잡고 오른손으론 나를 춤판으로 부르네. 아아, 즐겁기도 해라!

君子陶陶(군자도도), 左執翿(좌집도), 右招我由敖(우초아유오), 其樂只且(기낙지차)!

68 솟구쳐 흐르는 물살(양지수揚之水)

솟구쳐 흐르는 물살에도 묶은 나뭇단은 안 쓸려가네. 저 고국에 있는 그대들, 그대들은 나와 함께 변방 신 땅에서 수자리를 서지 않는구나. 그리워라! 그리워라! 어느 달에나 나는 고향으로 돌아갈까!

揚之水(양지수), 不流束薪(불류속신). 彼其之子(피기지자), 不與我戍申(불여아수신). 懷哉懷哉(회재회재), 曷月予還歸哉(갈월여환귀재)!

솟구쳐 흐르는 물살에도 묶은 싸리단은 안 쓸려가네. 저 고국에 있는 그대들, 그대들은 나와 함께 변방 보 땅에서 수자리를 서지 않는구나. 그리워라! 그리워라! 어느 달에나 나는 고향으로 돌아갈까!

揚之水(양지수), 不流束楚(불류속초). 彼其之子(피기지자), 不與我戍甫(불여아수보). 懷哉懷哉(회재회재), 曷月予還歸哉(갈월여환귀재)!

솟구쳐 흐르는 물살에도 묶은 갯버들단은 안 쓸려가네. 저 고국에 있는 그대들, 그대들은 나와 함께 변방 허 땅에서 수자리를 서지 않는구나. 그리워라! 그리워라! 어느 달에나 나는 고향으로 돌아갈까!

揚之水(양지수), 不流束蒲(불류속포). 彼其之子(피기지자), 不與我戍許(불여아수허). 懷哉懷哉(회재회재), 曷月予還歸哉(갈월여환귀재)!

69 골짜기의 익모초(중곡유퇴中谷有蓷)

골짜기의 익모초가 시들어 말랐다네. 버림받은 저 여자는 분개한 듯 한숨만 쉬고 있네. 한숨만 쉬고 있네. 그때 만난 그 남자의 처지는 괴롭고 고생스러워 했었지.

中谷有蓷(중곡유퇴), 暵其乾矣(한기건의). 有女仳離(유녀비리), 慨其
矣(개기의). 慨其矣(개기의), 遇人之艱難矣(우인지간난의).

골짜기의 익모초가 시들어 늘어졌네. 버림받은 저 여자는 휘파
람만 길게 부네. 휘파람만 길게 부네. 그때 만난 그 남자의 처지는
좋지 않았다네.

中谷有蓷(중곡유퇴), 暵其脩矣(한기수의). 有女仳離(유녀비리), 條其
嘯矣(조기소의). 條其嘯矣(조기소의), 遇人之不淑矣(우인지불숙의).

골짜기의 익모초가 시든 채 젖어 있네. 버림받은 저 여자는 훌쩍
훌쩍 울고 있네. 훌쩍훌쩍 운들, 이제 와서 무슨 소용 있으랴.

中谷有蓷(중곡유퇴), 暵其濕矣(한기습의). 有女仳離(유녀비리), 啜其
泣矣(철기읍의). 啜其泣矣(철기읍의), 何嗟及矣(하차급의).

70 토끼(토원兔爰)

토끼는 여유롭게 깡충깡충 뛰노는데 꿩은 그물에 걸렸다네. 내
가 태어난 초반에는 오히려 아무 일 없었는데 내 인생의 후반에는
온갖 근심만 닥쳐오네. 차라리 잠들어 일어나 움직이지 않았으면
좋으련만.

有兔爰爰(유토원원), 雉離於羅(치리어라). 我生之初(아생지초), 尙無位
(상무위), 我生之後(아생지후), 逢此百罹(봉차백리). 尙寐無吪(상매무와).

토끼는 여유롭게 깡충깡충 뛰노는데 꿩은 그물에 걸렸다네. 내가 태어난 초반에는 오히려 아무 일 없었는데 내 인생의 후반에는 온갖 근심만 닥쳐오네. 차라리 잠들어 깨지나 않았으면 좋으련만.

有兎爰爰(유토원원), 雉離於罦(치리어부). 我生之初(아생지초), 尙無造(상무조), 我生之後(아생지후), 逢此百憂(봉차백우). 尙寐無覺(상매무각).

토끼는 여유롭게 깡충깡충 뛰노는데 꿩은 새그물에 걸렸다네. 내가 태어난 초반에는 오히려 할 일이 없었는데 내 인생의 후반에는 온갖 흉한 일만 닥쳐오네. 차라리 잠들어 듣지나 않았으면 좋으련만.

有兎爰爰(유토원원), 雉離於罿(치리어동). 我生之初(아생지초), 尙無庸(상무용), 我生之後(아생지후), 逢此百凶(봉차백흉). 尙寐無聰(상매무총).

71 칡덩굴(갈류葛藟)

끊임없이 치렁치렁 칡덩굴이 황하의 물가에 자라고 있다네. 마침내 형제들을 멀리 떠나 남을 아버지라 부른다네. 남을 아버지라 불러도 나를 돌아보지도 않네.

綿綿葛藟(면면갈류), 在河之滸(재하지호). 終遠兄弟(종원형제), 謂他人父(위타인부). 謂他人父(위타인부), 亦莫我顧(역막아고)!

끊임없이 치렁치렁 칡덩굴이 황하의 물가에 자라고 있다네. 마침내 형제들을 멀리 떠나 남을 어머니라 부른다네. 남을 어머니라 불러도 나를 사랑해 주질 않네.

　綿綿葛藟(면면갈류), 在河之涘(재하지사). 終遠兄弟(종원형제), 謂他
人母(위타인모). 謂他人母(위타인모), 亦莫我有(역막아유)!

　끊임없이 치렁치렁 칡덩굴이 황하의 물가에 자라고 있다네. 마
침내 형제들을 멀리 떠나 남을 형이라 부른다네. 남을 형이라 불러
도 나를 걱정해 주질 않네.

　綿綿葛藟(면면갈류), 在河之漘(재하지순). 終遠兄弟(종원형제), 謂他
人昆(위타인곤). 謂他人昆(위타인곤), 亦莫我聞(역막아문)!

72 칡을 캐다(채갈采葛)

　저기 칡이나 캐러 갈까나! 그대를 하루만 보지 못해도 석 달이나
된 듯하네!

　彼采葛兮(피채갈혜), 一日不見(일일불견), 如三月兮(여삼월혜)!

　저기 맑은대쑥이나 캐러 갈까나! 그대를 하루만 보지 못해도 가
을이 세 번이나 지난 듯하네!

　彼采蕭兮(피채소혜), 一日不見(일일불견), 如三秋兮(여삼추혜)!

　저기 약쑥이나 캐러 갈까나! 그대를 하루만 보지 못해도 삼 년이
나 지난 듯하네!

　彼采艾兮(피채애혜), 一日不見(일일불견), 如三歲兮(여삼세혜)!

73 큰 수레(대거大車)

큰 수레 덜컹거리며 가니 수행하는 관원들의 관복이 물억새처럼 푸르다네. 어찌 그대가 그립지 않으리오만, 저 사람들이 무서워 감히 가질 못하겠네.

大車檻檻(대거함함), 毳衣如菼(취의여담). 豈不爾思(기불이사)? 畏子不敢(외자불감).

큰 수레 덜컹거리며 가니 수행하는 관원들의 관복이 붉은 홍옥과 같다네. 어찌 그대가 그립지 않으리오만, 저 사람들이 무서워 감히 달려가질 못하겠네.

大車啍啍(대거톤톤), 毳衣如璊(취의여문), 豈不爾思(기불이사)? 畏子不奔(외자불분).

살아서는 집을 따로 둘지언정 죽어서는 한 무덤에 같이 묻히리라. 그대 내가 한 말 믿기지 않는다면 저 하늘의 밝은 해를 두고 맹세하리라.

穀則異室(곡즉이실), 死則同穴(사즉동혈). 謂予不信(위여불신), 有如皦日(유여교일).

74 언덕의 삼밭(구중유마丘中有麻)

언덕 위에 삼밭이 있으니 저 유 씨 자차의 것이라네. 저 유 씨 자차시여, 바라건대 즐거운 마음으로 오세요.

丘中有麻(구중유마), 彼留子嗟(피류자차). 彼留子嗟(피류자차), 將其
來施施(장기래시시).

언덕 위에 보리밭 있으니 저 유 씨 자국의 것이라네. 저 유 씨 자
국이시여, 바라건대 오셔서 맛있게 드세요.
丘中有麥(구중유맥), 彼留子國(피류자국). 彼留子國(피류자국), 將其
來食(장기래식).

언덕 위에 오얏나무 있으니 저 유 씨 그대의 것이라네. 저 유 씨
그대는 나에게 검은 패옥을 선물하였다네.
丘中有李(구중유리), 彼留之子(피류지자). 彼留之子(피류지자), 貽我
佩玖(이아패구).

정풍(鄭風)

정나라의 노래

75 검은 옷(치의緇衣)

검은 비단옷이 잘도 맞네. 해지면 내 또다시 지어 드리리라. 그대 나랏일 보러 나가셨다가 돌아오시면 쌀밥지어 올리리라.

緇衣之宜兮(치의지의혜), 敝予又改爲兮(폐여우개위혜). 適子之館兮(적자지관혜). 還予授子之粲兮(환여수자지찬혜).

검은 비단옷이 좋기도 하여라. 해지면 내 또다시 지어 드리리라. 그대 나랏일 보러 나가셨다가 돌아오시면 쌀밥지어 올리리라.

緇衣之好兮(치의지호혜), 敝予又改造兮(폐여우개조혜). 適子之館兮(적자지관혜), 還予授子之粲兮(환여수자지찬혜).

검은 비단옷이 크기도 하여라. 해지면 내 또다시 지어 드리리라. 그대 나랏일 보러 나가셨다가 돌아오시면 쌀밥지어 올리리라.

緇衣之席兮(치의지석혜), 敝予又改作兮(폐여우개작혜). 適子之館兮(적자지관혜), 還予授子之粲兮(환여수자지찬혜).

76 둘째 아드님(장중자將仲子)

제발 둘째 아드님이시여! 우리 마을을 넘어오지 마세요. 내가 심은 버드나무 꺾지 마세요. 어찌 버드나무가 아까워서겠소. 우리 부모님이 두렵답니다. 둘째 아드님 그립지마는 부모님 말씀 또한 두렵답니다.

將仲子兮(장중자혜), 無踰我里(무유아리), 無折我樹杞(무절아수기). 豈敢愛之(기감애지), 畏我父母(외아부모). 仲可懷也(중가회야), 父母之言(부모지언), 亦可畏也(역가외야).

제발 둘째 아드님이시여! 우리 집 담장을 넘어오지 마세요. 내가 심은 뽕나무 꺾지 마세요. 어찌 뽕나무가 아까워서겠소. 우리 집 여러 오빠들이 두렵답니다. 둘째 아드님 그립지마는 여러 오빠들 말씀 또한 두렵답니다.

將仲子兮(장중자혜), 無踰我牆(무유아장), 無折我樹桑(무절아수상). 豈敢愛之(기감애지), 畏我諸兄(외아제형). 仲可懷也(중가회야), 諸兄之言(제형지언), 亦可畏也(역가외야).

제발 둘째 아드님이시여! 우리 집 정원을 넘어오지 마세요. 내가
심은 박달나무 꺾지 마세요. 어찌 박달나무가 아까워서겠소. 다른
사람들 말들이 두렵답니다. 둘째 아드님 그립지마는 다른 사람들
말 또한 두렵답니다.

將仲子兮(장중자혜), 無逾我園(무유아원), 無折我樹檀(무절아수단).
豈敢愛之(기감애지), 畏人之多言(외인지다언). 仲可懷也(중가회야), 人
之多言(인지다언), 亦可畏也(역가외야).

77 공숙단이 사냥 나가다(숙우전叔于田)

공숙단(장공莊公의 아우) 그대가 사냥 나가니 거리에는 사람 하나
없네. 어찌 사람이 없으랴마는 그대와 같이 아름답고 어진 사람 없
어서라네.

叔于田(숙우전), 巷無居人(항무거인). 豈無居人(기무거인), 不如叔也
(불여숙야). 洵美且仁(순미차인).

그대가 사냥 나가니 거리에는 술 마시는 사람 하나 없네. 어찌 술
마시는 사람이 없으랴마는 그대와 같이 아름답고 좋은 사람이 없
기 때문이라네.

叔於狩(숙어수), 巷無飮酒(항무음주). 豈無飮酒(기무음주), 不如叔也
(불여숙야). 洵美且好(순미차호).

그대가 들판에 나가니 거리에는 말 타는 사람 하나 없네. 어찌 말

타는 사람이 없으랴마는 그대와 같이 아름답고 씩씩한 사람이 없기 때문이라네.

叔適野(숙적야), 巷無服馬(항무복마). 豈無服馬(기무복마), 不如叔也(불여숙야). 洵美且武(순미차무).

78 공숙단이 사냥 나가다(대숙우전大叔于田)

공숙단 그대가 사냥 나가니 네 필 말이 수레를 끄네. 고삐 잡기를 실끈 잡듯 능란하고, 양편의 곁말은 춤추듯 달린다네. 그대가 풀숲을 살피니, 횃불을 일제히 들어 올리네. 맨손으로 호랑이를 잡아 임금님께 바친다네. 그대여, 자주 하지 마소서. 그대가 다칠까봐 걱정된답니다.

大叔于田(대숙우전), 乘乘馬(승승마). 執轡如組(집비여조), 兩驂如舞(양참여무). 叔在藪(숙재수), 火烈具擧(화렬구거). 袒裼暴虎(단석폭호), 獻於公所(헌어공소). 將叔勿狃(장숙물뉴), 戒其傷女(계기상녀).

그대가 사냥 나가니 네 필 누런 말이 수레를 끄네. 두 필 복마는 앞에서 끌고, 두 마리의 곁말이 뒤따라가네. 그대가 숲을 살피니, 횃불이 일제히 타오르네. 그대는 활 잘 쏘고 말도 잘 몬다네. 달리다가 말을 멈추고, 멈추었다 다시 달리네.

叔于田(숙우전), 乘乘黃(승승황). 兩服上襄(양복상양), 兩驂雁行(양참안행). 叔在藪(숙재수), 火烈具揚(화렬구양). 叔善射忌(숙선사기), 又良御忌(우량어기). 抑磬控忌(억경공기), 抑縱送忌(억종송기).

그대가 사냥 나가니 네 필 얼룩말이 수레를 끄네. 멍에를 한 두 필 말 나란히 가고, 양옆의 곁말이 뒤따라가네. 그대가 숲을 살피니, 횃불이 환하게 타오른다네. 그대는 천천히 말을 몰고 활쏘기도 뜸해지네. 화살통 허리에서 풀어 놓고는, 활도 활집에 넣는다네.

叔于田(숙우전), 乘乘鴇(승승보). 兩服齊首(양복제수), 兩驂如手(양참여수). 叔在藪(숙재수), 火烈具阜(화렬구부). 叔馬慢忌(숙마만기), 叔發罕忌(숙발한기), 抑釋掤忌(억석붕기), 抑鬯弓忌(억창궁기).

79 청읍 사람(청인淸人)

청읍 사람이 팽 땅에 주둔하고 있는데, 갑옷 입힌 네 필 말 씩씩도 하여라. 두 자루 창에 장식 겹쳐 매고는, 황하의 물가를 날아가듯 돌아다니네.

清人在彭(청인재팽), 駟介旁旁(사개방방). 二矛重英(이모중영), 河上乎翺翔(하상호고상).

청읍 사람이 소 땅에 주둔하고 있는데, 갑옷 입힌 네 필 말 늠름하기도 하여라. 두 자루 창에 꿩 깃 겹쳐 매고는, 황하의 물가를 슬슬 거닐고 있구나.

清人在消(청인재소), 駟介麃麃(사개포포). 二矛重喬(이모중교), 河上乎逍遙(하상호소요).

청읍 사람이 축 땅에 주둔하고 있는데, 갑옷 입힌 네 필 말 즐겁기도 하여라. 왼쪽 손으론 병사를 지휘하고, 오른쪽 손으론 화살을 뽑아 쏘니, 중앙군들이 환호작약하며 좋아한다네.

清人在軸(청인재축), 駟介陶陶(사개도도). 左旋右抽(좌선우추), 中軍作好(중군작호).

80 염소갖옷(고구羔裘)

매끄러운 염소갖옷이 참으로 부드럽고 아름답네. 저와 같은 사람은 명령을 전달해도 변치 않으리.

羔裘如濡(고구여유), 洵直且侯(순직차후). 彼其之子(피기지자), 捨命不渝(사명불투).

염소갖옷에 표범가죽으로 선을 두르니 늠름한 무용 힘이 넘치네. 저와 같은 사람은 나랏일을 맡겨도 곧게 하리라.

羔裘豹飾(고구표식), 孔武有力(공무유력). 彼其之子(피기지자), 邦之司直(방지사직).

염소갖옷 산뜻하고 고운데 세 번 꿰맨 흰 실 자국 선명도 하구나. 저와 같은 사람은 나라의 훌륭한 인재라네.

羔裘晏兮(고구안혜), 三英粲兮(삼영찬혜). 彼其之子(피기지자), 邦之彦兮(방지언혜).

81 큰길을 따라가다(준대로遵大路)

큰길을 따라가며 그대의 옷소매를 부여잡네. 그대여, 날 미워하지 마시고 옛정을 빨리 잊지도 마세요.

遵大路兮(준대로혜), 摻執子之袪兮(섬집자지거혜). 無我惡兮(무아오혜), 不寁故也(부잠고야)!

큰길을 따라가며 그대의 두 손을 부여잡네. 그대여, 날 추하다 하지 마시고 좋았던 기억을 빨리 잊지도 마세요.

遵大路兮(준대로혜), 摻執子之手兮(섬집자지수혜). 無我魗兮(무아수혜), 不寁好也(부잠호야)!

82 여자가 닭이 운다 하나(여왈계명女曰雞鳴)

여자가 닭이 운다 하나 사내는 아직 아침이 아니라 하네. 그대여, 일어나 어둠을 보세요. 샛별이 반짝이고 있어요. 제발 빙빙 날아다니는 오리와 기러기를 주살로 잡아오세요.

女曰雞鳴(여왈계명), 士曰昧旦(사왈매단). 子興視夜(자흥시야), 明星有爛(명성유란). 將翶將翔(장고장상), 弋鳧與雁(익부여안).

주살로 잡아오시면 그대에게 안주 만들어 드릴게요. 안주와 곁들여 술잔을 기울이며 그대와 함께 백년해로해요. 거문고와 비파가 어우러져 있으니 고요히 좋지 않은 날이 없어요.

弋言加之(익언가지), 與子宜之(여자의지). 宜言飲酒(의언음주), 與子

偕老(여자해로). 琴瑟在御(금슬재어), 莫不靜好(막부정호).

그대가 알고 오신다면 온갖 패옥 드리지요. 그대가 알고서 따라
주신다면 온갖 패옥 들고 문안 여쭙겠습니다. 그대가 알고서 좋아
하신다면 온갖 패옥으로 보답하지요.

知子之來之(지자지래지), 雜佩以贈之(잡패이증지). 知子之順之(지자
지순지), 雜佩以問之(잡패이문지). 知子之好之(지자지호지), 雜佩以報
之(잡패이보지).

83 그대와 수레를 함께 타며(유녀동거有女同車)

그대와 수레를 함께 타며 얼굴을 보니, 아름다운 무궁화 꽃 같네.
몸매는 물 찬 제비와도 같고, 허리에 찬 옥들이 아름답네. 저 아름
다운 강 씨네 맏딸이시여! 참으로 아름답고도 어여쁘구나.

有女同車(유녀동거), 顔如舜華(안여순화). 將翺將翔(장고장상), 佩玉
瓊琚(패옥경거). 彼美孟姜(피미맹강), 洵美且都(순미차도).

그대와 수레를 함께 타며 얼굴을 보니, 아름다운 무궁화 꽃부리
같네. 몸매는 물 찬 제비와도 같고, 허리에 찬 옥들이 부딪히는 소
리 쟁쟁거리네. 저 아름다운 강 씨네 맏딸이시여! 그대의 좋은 평
판 잊지 못하리라.

有女同行(유녀동행), 顔如舜英(안여순영). 將翺將翔(장고장상), 佩玉
將將(패옥장장). 彼美孟姜(피미맹강), 德音不忘(덕음불망).

84 산에 있는 부소(산유부소山有扶蘇)

산에는 부소(산 앵두나무)가 서 있고, 연못 습지에는 연꽃이 피어 있네. 자도(정나라의 미남)는 보이지 않고, 정신 나간 미치광이만 보인다네.

山有扶蘇(산유부소), 隰有荷華(습유하화). 不見子都(불견자도), 乃見狂且(내견광차).

산에는 우뚝 솟은 소나무가 서 있고, 연못 습지에는 유룡(털여뀌)만이 자라네. 자충과 같은 미남자는 보이지 않고, 하필 간사하고 속임수 많은 그대를 만났구나.

山有喬松(산유교송), 隰有游龍(습유유룡), 不見子充(불견자충), 乃見狡童(내견교동).

85 마른 잎(탁혜蘀兮)

마른 잎이여, 마른 잎이여! 바람이 불면 너도 떨어지리라. 숙부나 백부와도 같은 관리들이여! 내가 앞에서 이끌면 그대들은 따르라.

蘀兮蘀兮(탁혜탁혜), 風其吹女(풍기취녀). 叔兮伯兮(숙혜백혜), 倡予和女(창여화녀).

마른 잎이여, 마른 잎이여! 바람이 불면 너도 날아가리라. 숙부나 백부와도 같은 관리들이여! 내가 앞에서 이끌면 그대들은 성취하리라.

蘀兮蘀兮(탁혜탁혜), 風其漂女(풍기표녀). 叔兮伯兮(숙혜백혜), 倡予
要女(창여요녀).

86 교활한 녀석(교동狡童)

저 교활한 녀석이 나와는 말도 하지 않네. 아무려면 저 녀석 때문
에 내가 밥도 먹지 못하랴.

彼狡童兮(피교동혜), 不與我言兮(불여아언혜). 維子之故(유자지고),
使我不能餐兮(사아불능찬혜).

저 교활한 녀석이 나와는 밥도 먹지 않네. 아무려면 저 녀석 때문
에 내가 편히 쉬지도 못하랴.

彼狡童兮(피교동혜), 不與我食兮(불여아식혜). 維子之故(유자지고),
使我不能息兮(사아불능식혜).

87 치마를 걷고(건상褰裳)

그대가 나를 사랑하고 그리워하면, 치마를 걷고 진수라도 건너
리라. 그대가 날 사랑하지 않는다면, 어찌 다른 사람이 없겠는가.
저 어리석은 녀석이 제멋대로구나.

子惠思我(자혜사아), 褰裳涉溱(건상섭진). 子不我思(자불아사), 豈無
他人(기무타인), 狂童之狂也且(광동지광야차)!

그대가 나를 사랑하고 그리워하면, 치마를 걷고 유수라도 건너
리라. 그대가 날 사랑하지 않는다면, 어찌 다른 사내가 없겠는가.
저 어리석은 녀석이 제멋대로구나.

　子惠思我(자혜사아), 褰裳涉洧(건상섭유). 子不我思(자불아사), 豈無
他士(기무타사), 狂童之狂也且(광동지광야차)!

88 잘생김(봉丰)

늠름한 그대여, 나를 거리에서 기다렸거늘, 왜 아니 따라갔나 후
회가 되네요.

　子之丰兮(자지봉혜), 俟我乎巷兮(사아호항혜), 悔予不送兮(회여불송혜).

늠름한 그대여, 나를 사당에서 기다렸거늘, 왜 아니 따라갔나 후
회가 되네요.

　子之昌兮(자지창혜), 俟我乎堂兮(사아호당혜), 悔予不將兮(회여부장혜).

비단 저고리에 겉저고리 덧입고, 비단 치마에 겉치마를 덧입었
으니, 숙부여, 백부여! 수레를 몰고 나와 함께 가세요.

　衣錦褧衣(의금경의), 裳錦褧裳(상금경상). 叔兮伯兮(숙혜백혜), 駕予
與行(가여여행).

비단 치마에 겉치마를 덧입고 비단 저고리에 겉저고리 덧입었으
니, 숙부여, 백부여! 수레를 몰고 나와 함께 가세요.

裳錦褧裳(상금경상), 衣錦褧衣(의금경의). 叔兮伯兮(숙혜백혜), 駕予
與歸(가여여귀).

89 동문 밖 공터(동문지선東門之墠)

동문 밖 넓은 공터 그 비탈에, 꼭두서니 풀 자란다네. 그 집이야
가깝다지만, 그 사람은 너무나 멀리 있다네.

東門之墠(동문지선), 茹藘在阪(여려재판). 其室則邇(기실즉이), 其人
甚遠(기인심원).

동문 밖 밤나무 숲에, 집들이 쭉 늘어서 있다네. 어찌 그대 생각
하지 않겠건만, 그대가 내게 오지 않을 뿐이라네.

東門之栗(동문지율), 有踐家室(유천가실). 豈不爾思(기불이사), 子不
我即(자불아즉)!

90 비바람(풍우風雨)

비바람 소리는 처량하고, 꼬끼오 닭울음소리가 들리는구나. 이미
그대를 만나 보았으니, 어찌 내 마음 화평하지 않으리오.

風雨凄凄(풍우처처), 雞鳴喈喈(계명개개). 旣見君子(기견군자), 云胡
不夷(운호불이).

비바람 소리는 쓸쓸하고, 꼬끼오 닭울음소리가 들리는구나. 이미

그대를 만나 보았으니, 어찌 이내 시름 가시지 않으리오.

風雨瀟瀟(풍우소소), 雞鳴膠膠(계명교교). 旣見君子(기견군자), 云胡
不瘳(운호불추).

비바람 불어 날은 어스름하고, 닭울음소리가 그치지 않는구나.
이미 그대를 만나 보았으니, 어찌 이내 마음 기쁘지 않으리오.

風雨如晦(풍우여회), 雞鳴不已(계명불이). 旣見君子(기견군자), 云胡
不喜(운호불희).

91 그대의 옷깃(자금子衿)

푸르고 푸른 그대의 옷깃이여, 아득하고 아득한 내 마음이여! 내
가 비록 만나러 가지 않았다고, 그대는 어찌하여 소식마저 끊는단
말인가!

靑靑子衿(청청자금), 悠悠我心(유유아심). 縱我不往(종아불왕), 子寧
不嗣音(자녕불사음).

푸르고 푸른 그대의 패옥이여, 아득하고 아득한 내 그리움이여!
내가 비록 만나러 가지 않았다고, 그대는 어찌하여 오지도 않는단
말인가!

靑靑子佩(청청자패), 悠悠我思(유유아사). 縱我不往(종아불왕), 子寧
不來(자녕불래).

이리저리 선 누각에 올라, 오가는 이들을 바라보네. 하루라도 그대를 만나지 못하면, 석 달이나 된 듯하다네.

挑兮達兮(도혜달혜), 在城闕兮(재성궐혜). 一日不見(일일불견), 如三月兮(여삼월혜).

92 흐르는 물(양지수揚之水)

느릿느릿 일렁이는 물살이, 묶은 싸리나무 단도 흘려보내지 못하네. 우린 형제가 적어 너와 나 둘뿐이네. 남의 말을 믿지 말라. 그들은 실제로 널 속이리라.

揚之水(양지수), 不流束楚(불류속초). 終鮮兄弟(종선형제), 維予與女(유여여녀). 無信人之言(무신인지언), 人實誑女(인실광녀).

느릿느릿 일렁이는 물살이 묶은 나뭇단도 흘려보내지 못하네. 우린 형제가 적어 너와 나 둘뿐이네. 남의 말을 믿지 말라. 그들은 실제로 믿을 수 없느니라.

揚之水(양지수), 不流束薪(불류속신). 終鮮兄弟(종선형제), 維予二人(유여이인). 無信人之言(무신인지언), 人實不信(인실불신).

93 동문을 나서니(출기동문出其東門)

저기 동문을 나서니, 여인들이 구름처럼 많구나. 비록 구름과 같이 많다지만 내 마음은 그들에게 있지 않다네. 흰옷에 쑥색 수건 쓴 여인만이 애오라지 날 즐겁게 한다네.

　出其東門(출기동문), 有女如雲(유녀여운). 雖則如雲(수즉여운), 匪我思存(비아사존). 縞衣綦巾(호의기건), 聊樂我員(요낙아원).

　저기 성문 밖 나서니, 여인들 예쁘기가 띠 꽃과 같네. 비록 띠 꽃과 같이 예쁘다지만 내 마음은 그들에게 있지 않다네. 흰옷에 붉은 수건 쓴 여인만이 애오라지 즐거움을 줄만 하다네.

　出其闉闍(출기인도), 有女如荼(유녀여도). 雖則如荼(수즉여도), 匪我思且(비아사차). 縞衣茹藘(호의여려), 聊可與娛(요가여오).

94 들판의 덩굴풀(야유만초野有蔓草)

　들판의 덩굴풀에 이슬방울 많이도 맺혀 있네. 저 아름다운 사람은 눈매가 맑고도 곱구나. 우연히 이곳에서 서로 만나니, 내가 그토록 원했던 것이었다네.

　野有蔓草(야유만초), 零露漙兮(영로단혜). 有美一人(유미일인), 清揚婉兮(청양완혜). 邂逅相遇(해후상우), 適我願兮(적아원혜).

　들판의 덩굴풀에 이슬방울 촉촉이 젖어 있네. 저 아름다운 사람은 눈매가 맑고도 곱구나. 우연히 이곳에서 서로 만나니, 그대와 함께 즐거워한다네.

　野有蔓草(야유만초), 零露瀼瀼(영로양양). 有美一人(유미일인), 婉如清揚(완여청양). 邂逅相遇(해후상우), 與子偕臧(여자해장).

95 진수와 유수(진유溱洧)

진수와 유수에 봄물이 넘실거리니, 사내와 여자가 난초를 들고 있네. 여자가 구경 가자 졸라대니, 사내는 이미 보았다 하네. 나랑 한 번 더 가보자고 여자가 추근거리며, 유수 건너 저쪽은 참으로 넓고 즐겁다고 그러네. 사내와 여자는 서로 히히덕거리며, 작약 꽃을 꺾어서 주었다네.

溱與洧(진여유), 方渙渙兮(방환환혜). 士與女(사여녀), 方秉蕑兮(방병간혜). 女曰觀乎(여왈관호), 士曰旣且(사왈기차). 且往觀乎(차왕관호), 洧之外(유지외), 洵訏於且樂(순우어차낙). 維士與女(유사여녀), 伊其相謔(이기상학), 贈之以勺藥(증지이작약).

진수와 유수가 깊고 맑거늘, 사내와 여자들이 많이도 모였네. 여자가 구경 가자 졸라대니, 사내는 이미 보았다고 하네. 나랑 한 번 더 가보자고 여자가 추근거리며, 유수 건너 저쪽은 참으로 넓고 즐겁다고 그러네. 사내와 여자는 서로 히히덕거리며, 작약 꽃을 꺾어서 주었다네.

溱與洧(진여유), 瀏其淸矣(유기청의). 士與女(사여녀), 殷其盈矣(은기영의). 女曰觀乎(여왈관호), 士曰旣且(사왈기차). 且往觀乎(차왕관호), 洧之外(유지외), 洵訏於且樂(순우어차낙). 維士與女(유사여녀), 伊其將謔(이기장학), 贈之以勺藥(증지이작약).

제풍(齊風)

제나라의 노래

96 닭 울음소리(계명雞鳴)

'닭이 벌써 우는 걸 보니 조정에 신하들이 이미 다 모였습니다'
라고 하였더니, '닭이 운 게 아니라 쉬파리 소리니라'라고 하더라.

　雞旣鳴矣(계기명의), 朝旣盈矣(조기영의). 匪雞則鳴(비계즉명), 蒼蠅
之聲(창승지성).

'동이 벌써 터오는 걸 보니 조회가 한창이겠네요'라고 하였더니,
'동이 터오는 게 아니라 달빛이겠지'라고 하더라.

　東方明矣(동방명의), 朝旣昌矣(조기창의). 匪東方則明(비동방즉명),
月出之光(월출지광).

벌레가 윙윙 날아다녀도 그대와 함께 단꿈 꾸고 싶지만, 조회 이미 끝나 다들 돌아가거늘, 행여 나 때문에 그대가 미움 받지 않았으면 한다네.

蟲飛薨薨(충비흥흥), 甘與子同夢(감여자동몽). 會且歸矣(회차귀의), 無庶予子憎(무서여자증).

97 날쌤(還환)

그대는 날쌔기도 해 노산의 산골짜기에서 만났었지. 우린 둘이 나란히 수레를 몰아 두 마리의 큰 짐승을 쫓았는데, 그댄 나에게 읍을 하며 아주 날쌔다 하였었지.

子之還兮(자지환혜), 遭我乎狃之間兮(조아호뉴지간혜). 竝驅從兩肩兮(병구종량견혜), 揖我謂我儇兮(읍아위아현혜).

그대는 멋지기도 해 노산의 길에서 만났었지. 우린 둘이 나란히 수레를 몰아 두 마리의 숫 짐승을 쫓았는데, 그댄 나에게 읍을 하며 아주 좋다고 하였었지.

子之茂兮(자지무혜), 遭我乎狃之道兮(조아호뉴지도혜). 竝驅從兩牡兮(병구종량모혜), 揖我謂我好兮(읍아위아호혜).

그대는 풍채가 훤하기도 해 노산의 남쪽에서 만났었지. 우린 둘이 나란히 수레를 몰아 두 마리의 이리를 쫓았는데, 그댄 나에게 읍을 하며 아주 잘한다고 하였었지.

子之昌兮(자지창혜), 遭我乎狃之陽兮(조아호뉴지양혜). 竝驅從兩狼兮(병구종량랑혜), 揖我謂我臧兮(읍아위아장혜).

나를 문간에서 기다리시는데, 귀막이는 흰 실로 하였고, 그 위에 꽃무늬 옥돌로 꾸미셨네요.
　俟我於著乎而(사아어저호이), 充耳以素乎而(충이이소호이), 尚之以瓊華乎而(상지이경화호이).

나를 뜰에서 기다리시는데, 귀막이는 푸른 실로 하였고, 그 위에 밝은 옥돌로 꾸미셨네요.
　俟我於庭乎而(사아어정호이), 充耳以靑乎而(충이이청호이), 尚之以瓊瑩乎而(상지이경형호이).

나를 마루에서 기다리시는데, 귀막이는 노란 실로 하였고, 그 위에 꽃부리 옥돌로 꾸미셨네요.
　俟我於堂乎而(사아어당호이), 充耳以黃乎而(충이이황호이), 尚之以瓊英乎而(상지이경영호이).

동녘에 해가 뜨니, 저 아름다운 여인이 내 방에 있다네. 내 방에 있는 건 나를 따라왔기 때문이라네.

東方之日兮(동방지일혜), 彼姝者子(피주자자), 在我室兮(재아실혜).
在我室兮(재아실혜), 履我即兮(이아즉혜).

동녘에 달이 뜨니, 저 아름다운 여인이 내 집안에 있다네. 내 집안에 와서는 내가 가는 곳만 따라다닌다네.

東方之月兮(동방지월혜), 彼姝者子(피주자자), 在我闥兮(재아달혜).
在我闥兮(재아달혜), 履我發兮(이아발혜).

100 아직 동도 트기 전에(동방미명東方未明)

아직 동도 트기 전인데, 저고리와 바지를 바꿔 입었다네. 엎어지고 넘어지는 건, 임금님이 불러서라네.

東方未明(동방미명), 顚倒衣裳(전도의상). 顚之倒之(전지도지), 自公召之(자공소지).

아직 동도 트기 전인데, 바지와 저고리를 바꿔 입었다네. 엎어지고 넘어지는 건, 임금님이 급한 명령을 내려서라네.

東方未晞(동방미희), 顚倒裳衣(전도상의). 倒之顚之(도지전지), 自公令之(자공령지).

버드나무 가지 꺾어 채마밭에 울타리 치면, 미친 사람도 조심한다네. 아침과 저녁도 구별하지 못하면서, 이른 아침에 날이 저물어도 부르는구나.

折柳樊圃(절류번포), 狂夫瞿瞿(광부구구). 不能辰夜(불능진야), 不夙
則莫(불숙즉모, 莫: 저물 모).

101 남산(남산南山)

남산은 높고 높은데, 숫여우가 어슬렁거리고 있다네. 노나라 가
는 길이 평탄하니, 제나라 아가씨가 시집을 갔다네. 이미 시집간
여자를 어찌 또 가슴에 품고 있단 말인가.

南山崔崔(남산최최), 雄狐綏綏(웅호수수). 魯道有蕩(노도유탕), 齊子
由歸(제자유귀). 旣曰歸止(기왈귀지), 曷又懷止(갈우회지).

칡 신 다섯 켤레는 짝이 있고, 갓끈은 두 가닥이 한 쌍이라네. 노
나라 가는 길이 평탄하니, 제나라 아가씨 이 길을 따라갔다네. 이
미 시집간 그 여자를 어찌 또 뒤쫓아 간단 말인가.

葛屨五兩(갈구오량), 冠綏雙止(관유쌍지). 魯道有蕩(노도유탕), 齊子
庸止(제자용지). 旣曰庸止(기왈용지), 曷又從止(갈우종지).

삼을 심을 땐 어찌 해야 하나, 가로로 세로로 이랑을 내야 한다
네. 장가들 땐 어떻게 해야 하나, 반드시 부모님께 아뢰야 한다네.
이미 아뢰고서 얻었거늘 어찌 또 어렵게만 하는가.

蓺麻如之何(예마여지하), 衡從其畝(형종기무). 取妻如之何(취처여지
하), 必告父母(필고부모). 旣曰告止(기왈고지), 曷又鞠止(갈우국지).

장작을 패려면 어떻게 해야 하나, 도끼가 아니면 쪼갤 수 없다네. 장가를 들려면 어찌해야 하나, 중매 아니면 얻을 수 없다네. 이미 중매 놓아 얻었거늘 어찌 또 내버려두는가.

析薪如之何(석신여지하), 匪斧不克(비부불극). 取妻如之何(취처여지하), 匪媒不得(비매부득). 旣曰得止(기왈득지), 曷又極止(갈우극지).

102 넓은 밭(보전甫田)

넓은 밭을 갈지 마오, 강아지풀만 무성하리. 멀리 떠난 사람 그리워 마오, 마음만 애태우며 근심하리.

無田甫田(무전보전), 維莠驕驕(유유교교). 無思遠人(무사원인), 勞心忉忉(노심도도).

넓은 밭을 갈지 마오, 강아지풀만 빽빽하리. 멀리 떠난 사람 그리워 마오, 마음만 애태우며 괴로우리.

無田甫田(무전보전), 維莠桀桀(유유걸걸). 無思遠人(무사원인), 勞心怛怛(노심달달).

예쁘고도 아름다운 두 갈래 떠꺼머리 딴 총각이라네. 얼마간 만나지 못했더니만 벌써 관 쓴 어른이 되었다네.

婉兮孌兮(완혜련혜), 總角丱兮(총각관혜). 未幾見兮(미기견혜), 突而弁兮(돌이변혜).

103 사냥개 방울(노령盧令)

사냥개 방울소리 딸랑딸랑, 그 사람 아름답고 어질기도 하지.

盧令令(노령령), 其人美且仁(기인미차인).

사냥개의 겹 목걸이, 그 사람 아름다운데 구레나룻도 멋지다네.

盧重環(노중환), 其人美且鬈(기인미차권).

사냥개 겹 사슬 목걸이 달랑달랑, 그 사람 아름답고 재주도 많다네.

盧重鋂(노중매), 其人美且偲(기인미차시).

104 낡은 통발(폐구敝笱)

낡은 통발 어살에 있으니, 잡힌 물고기는 방어와 환어라네. 제나라의 아가씨 시집을 가니, 따라가는 사람 구름처럼 많다네.

敝笱在梁(폐구재량), 其魚魴鰥(기어방환). 齊子歸止(제자귀지), 其從如雲(기종여운).

낡은 통발 어살에 있으니, 잡힌 물고기는 방어와 연어라네. 제나라의 아가씨 시집을 가니, 따라가는 사람 비처럼 많다네.

敝笱在梁(폐구재량), 其魚魴鱮(기어방서). 齊子歸止(제자귀지), 其從如雨(기종여우).

낡은 통발 어살에 있으니, 물고기들이 느긋하게 드나든다네. 제나라의 아가씨 시집을 가니, 따라가는 사람 물처럼 많다네.

敝笱在梁(폐구재량), 其魚唯唯(기어유유). 齊子歸止(제자귀지), 其從如水(기종여수).

105 수레를 몰아(재구載驅)

수레를 몰아 달리는 소리 달그락 달그락, 대자리 발에 휘장이 붉기도 해라. 노나라 길이 평탄도 하니, 제나라 아가씨 아침저녁으로 오가는구나.

載驅薄薄(재구박박), 簟茀朱鞹(심불주곽). 魯道有蕩(노도유탕), 齊子發夕(제자발석).

네 필 검정말은 늠름하고, 늘어진 고삐는 치렁치렁하구나. 노나라 길이 평탄도 하니, 제나라 아가씨 맘 편히 노니는구나.

四驪濟濟(사려제제), 垂轡濔濔(수비니니). 魯道有蕩(노도유탕), 齊子豈弟(제자기제).

문수는 넘실넘실 거리고, 길가는 사람들은 많고도 많구나. 노나라 길이 평탄도 하니, 제나라 아가씨 빙글빙글 돌아다니는구나.

汶水湯湯(문수탕탕), 行人彭彭(행인팽팽). 魯道有蕩(노도유탕), 齊子翱翔(제자고상).

문수는 도도하게 흘러가고, 길가는 사람들은 와글와글 많기도 하구나. 노나라 길이 평탄도 하니, 제나라 아가씨 마음껏 노니는구나.

汶水滔滔(문수도도), 行人儦儦(행인표표). 魯道有蕩(노도유탕), 齊了游敖(제료유오).

106 멋진 사람(의차猗嗟)

아아! 아름답구나, 헌걸차서 키도 크다네. 그 이마 밝고, 아름다운 눈을 치켜뜨는구나. 정도 있게 걸어 나와, 활쏘기도 잘하는구나.

猗嗟昌兮(의차창혜), 頎而長兮(기이장혜). 抑若揚兮(억약양혜), 美目揚兮(미목양혜). 巧趨蹌兮(교추창혜), 射則臧兮(사즉장혜).

아아! 명예롭기도 하고, 아름다운 눈은 맑기도 하다네. 그 몸가짐은 의젓하고, 종일토록 활을 쏘아도, 과녁을 벗어나지 않네. 정말로 우리 조카일세.

猗嗟名兮(의차명혜), 美目清兮(미목청혜). 儀既成兮(의기성혜), 終日射侯(종일사후), 不出正兮(불출정혜), 展我甥兮(전아생혜).

아아! 아름답고 맑은 눈에, 그윽하기도 하구나. 춤을 추면 무리에서 으뜸이고, 활을 쏘면 과녁을 뚫는다네. 네 개의 화살 정곡을 맞히니, 난리를 막을 사람이라네.

猗嗟孌兮(의차련혜), 清揚婉兮(청양완혜). 舞則選兮(무즉선혜), 射則貫兮(사즉관혜), 四矢反兮(사시반혜), 以御亂兮(이어난혜).

위풍(魏風)

위나라의 노래

107 칡 신(갈구葛屨)

성기게 얽은 칡 신으로도 서리 밟을 수 있고, 곱고 고운 섬섬옥수로는 바지를 꿰맬 수 있으니, 허리에도 매달고 옷깃에도 매달아 좋아하는 사람에게 입히리라.

糾糾葛屨(규규갈구), 可以履霜(가이리상), 摻摻女手(섬섬녀수), 可以縫裳(가이봉상), 要之襋之(요지극지), 好人服之(호인복지).

좋아하는 사람 점잖게도 왼편으로 비껴 몸을 돌리는데 빗치개도 차셨다네. 다만 마음이 조급하고 급한지라 이 때문에 남들에게 헐뜯기는구나.

好人提提(호인제제), 宛然左辟(완연좌벽), 佩其象揥(패기상체). 維是

褊心(유시편심), 是以爲刺(시이위자).

저 분수가의 진펄에서 푸성귀를 뜯는다네. 저기 우리 님은 아름답기 그지없다네. 아름답기 그지없지만 귀족들과는 너무도 다르시다네.

彼汾沮洳(피분저여), 言采其莫(언채기막). 彼其之子(피기지자), 美無度(미무도). 美無度(미무도), 殊異乎公路(수이호공로).

저 분수가의 한쪽에서 뽕잎을 따고 있다네. 저기 우리 님은 아름답기가 꽃부리와 같다네. 아름답기가 꽃부리 같지만 귀족들과는 너무도 다르시다네.

彼汾一方(피분일방), 言采其桑(언채기상). 彼其之子(피기지자), 美如英(미여영). 美如英(미여영), 殊異乎公行(수이호공행).

저 분수가 한 모퉁이에서 쇠귀나물 뜯고 있다네. 저기 우리 님은 아름답기가 옥과 같다네. 아름답기가 옥과 같지만 귀족들과는 너무도 다르시다네.

彼汾一曲(피분일곡), 言采其藚(언채기속). 彼其之子(피기지자), 美如玉(미여옥). 美如玉(미여옥), 殊異乎公族(수이호공족).

109 동산의 복숭아(원유도園有桃)

동산에 복숭아나무 있으니 그 열매 먹을 만하다네. 마음에 일렁이는 시름에 나는 노래 부르고 읊조린다네. 나를 모르는 사람들은 나를 교만하다고 말한다네. 저 사람이 옳거늘 그대는 '어찌 그러한가'라고 하니, 마음에 이는 시름 그 누가 알아주리오. 그 누가 알아주리오만 차라리 생각을 말아야지.

園有桃(원유도), 其實之殽(기실지효). 心之憂矣(심지우의), 我歌且謠(아가차요). 不知我者(부지아자), 謂我士也驕(위아사야교). 彼人是哉(피인시재), 子曰何其(자왈하기), 心之憂矣(심지우의), 其誰知之(기수지지), 其誰知之(기수지지), 蓋亦勿思(개역물사).

동산에 대추나무 있으니 그 열매 먹을 만하다네. 마음에 일렁이는 시름에 나는 잠시 도성이나 거닐어 볼까나. 나를 모르는 사람들은 나를 방자하다고 말한다네. 저 사람이 옳거늘 그대는 '어찌 그러한가'라고 하니, 마음에 이는 시름 그 누가 알아주리오. 그 누가 알아주리오만 차라리 생각을 말아야지.

園有棘(원유극), 其實之食(기실지식). 心之憂矣(심지우의), 聊以行國(요이행국). 不知我者(부지아자), 謂我士也罔極(위아사야망극). 彼人是哉(피인시재), 子曰何其(자왈하기), 心之憂矣(심지우의), 其誰知之(기수지지), 其誰知之(기수지지), 蓋亦勿思(개역물사).

110 민둥산에 올라(척호陟岵)

저 민둥산에 올라가서 아버님 계신 곳 바라보네. 아버님 말씀하시길 '아아! 내 아들 부역 나가서 밤낮으로 쉴 틈이 없겠지. 부디 몸조심하다가 거기에 머물지 말고 무사히 돌아와다오'라고 하셨다네.

陟彼岵兮(척피호혜), 瞻望父兮(첨망부혜). 父曰嗟予子行役(부왈차여자행역), 夙夜無已(숙야무이). 上愼旃哉(상신전재), 猶來無止(유래무지).

저 우거진 산에 올라가서 어머님 계신 곳 바라보네. 어머님 말씀하시길 '아아! 내 막내아들 부역 나가서 밤낮으로 잠도 못 자겠지. 부디 몸조심하다가 거기에서 버려지지 말고 무사히 돌아와다오'라고 하셨다네.

陟彼屺兮(척피기혜), 瞻望母兮(첨망모혜). 母曰嗟予季行役(모왈차여계행역), 夙夜無寐(숙야무매). 上愼旃哉(상신전재), 猶來無棄(유래무기).

저 산등성이에 올라가서 우리 형님 계신 곳 바라보네. 형님 말씀하시길 '아아! 내 아우 부역 나가서 밤낮으로 사람들과 어울리겠네. 부디 몸조심하다가 제발 죽지 말고 무사히 돌아와다오'라고 하셨다네.

陟彼岡兮(척피강혜), 瞻望兄兮(첨망형혜). 兄曰嗟予弟行役(형왈차여제행역), 夙夜必偕(숙야필해). 上愼旃哉(상신전재), 猶來無死(유래무사).

111 천 평 넓이의 땅(십무지간十畝之間)

천 평 넓이의 밭 사이에, 뽕 따는 사람 한가롭고 한가로우니, 나 그대와 함께 돌아가리라.

十畝之間兮(십무지간혜), 桑者閑閑兮(상자한한혜), 行與子還兮(행여 자환혜).

천 평 넓이의 밭 근처는, 뽕 따는 사람 한가로이 지내는 곳이니, 나 그대와 함께 그리로 갈까나.

十畝之外兮(십무지외혜), 桑者泄泄兮(상자설설혜), 行與子逝兮(행여 자서혜).

112 박달나무를 베다(벌단伐檀)

꽝꽝 박달나무 베어다가 황하의 기슭에 쌓아두었다네. 황하의 물길은 푸르고 잔물결이 부드럽게 일렁인다네. 심지도 않고 거두지도 않으면서 어떻게 벼 삼백 호의 곡식을 쌓아둔단 말인가. 수렵도 하지 않으면서 어떻게 뜰에다 담비를 매달아 놓나. 저 군자는 일하지 않고는 먹지도 않는다네.

坎坎伐檀兮(감감벌단혜), 置之河之干兮(치지하지간혜). 河水清且漣猗(하수청차련의). 不稼不穡(불가불색), 胡取禾三百廛兮(호취화삼백전혜), 不狩不獵(불수불렵), 胡瞻爾庭有縣貆兮(호첨이정유현훤혜), 彼君子兮(피군자혜), 不素餐兮(불소찬혜).

꽝꽝 수레바퀴용 나무를 베어다가 황하의 언저리에 쌓아두었다네. 황하의 물길은 푸르고 곧고 부드럽게 흐른다네. 심지도 않고 거두지도 않으면서 어떻게 벼 삼백억 다발의 곡식을 쌓아둔단 말인가. 수렵도 하지 않으면서 어떻게 뜰에다 수소를 매달아 놓나. 저 군자는 일하지 않고는 먹지도 않는다네.

坎坎伐輻兮(감감벌복혜), 置之河之側兮(치지하지측혜). 河水淸且直猗(하수청차직의). 不稼不穡(불가불색), 胡取禾三百億兮(호취화삼백억혜), 不狩不獵(불수불렵), 胡瞻爾庭有縣特兮(호첨이정유현특혜), 彼君子兮(피군자혜), 不素食兮(불소식혜).

꽝꽝 수레바퀴용 나무를 베어다가 황하의 물가에 쌓아두었다네. 황하의 물길은 푸르고 돌고 돌아 흐른다네. 심지도 않고 거두지도 않으면서 어떻게 벼 삼백 섬의 곡식을 창고에 쌓아둔단 말인가. 수렵도 하지 않으면서 어떻게 뜰에다 메추라기를 매달아 놓나. 저 군자는 일하지 않고는 먹지도 않는다네.

坎坎伐輪兮(감감벌륜혜), 置之河之漘兮(치지하지순혜). 河水淸且淪猗(하수청차륜의). 不稼不穡(불가불색), 胡取禾三百囷兮(호취화삼백균혜), 不狩不獵(불수불렵), 胡瞻爾庭有縣鶉兮(호첨이정유현순혜), 彼君子兮(피군자혜), 不素飧兮(불소손혜).

113 큰 쥐(석서碩鼠)

큰 쥐야, 큰 쥐야, 우리 기장 먹지 마라. 삼 년 동안 너를 위해 주었거늘 나를 돌보지도 않는구나. 이제 너를 떠나 저 낙원으로 가리라. 낙원이여, 낙원이여! 여기서 내 살 곳을 얻으리라.

碩鼠碩鼠(석서석서), 無食我黍(무식아서), 三歲貫女(삼세관녀), 莫我肯顧(막아긍고). 逝將去女(서장거녀), 適彼樂土(적피낙토). 樂土樂土(낙토낙토), 爰得我所(원득아소).

큰 쥐야, 큰 쥐야, 우리 보리 먹지 마라. 삼 년 동안 너를 위해 주었거늘 나를 위해 은덕도 베풀지 않는구나. 이제 너를 떠나 저 즐거운 나라로 가리라. 낙국이여, 낙국이여! 거기서 곧게 살리라.

碩鼠碩鼠(석서석서), 無食我麥(무식아맥), 三歲貫女(삼세관녀), 莫我肯德(막아긍덕). 逝將去女(서장거녀), 適彼樂國(적피낙국). 樂國樂國(낙국낙국), 爰得我直(원득아직).

큰 쥐야, 큰 쥐야, 우리 곡식 먹지 마라. 삼 년 동안 너를 위해 주었거늘 나를 위해 애쓰지도 않는구나. 이제 너를 떠나 저 즐거운 들판으로 가리라. 낙교여, 낙교여! 거기서 누구를 위해 길게 길게 소리치랴.

碩鼠碩鼠(석서석서) , 無食我苗(무식아묘), 三歲貫女(삼세관녀) , 莫我肯勞(막아긍로). 逝將去女(서장거녀), 適彼樂郊(적피낙교). 樂郊樂郊(낙교낙교), 誰之永號(수지영호).

당풍(唐風)
당나라의 노래

114 귀뚜라미(실솔蟋蟀)

귀뚜라미가 대청마루에서 우니 마침내 한 해가 저물어간다네. 지금 아니 즐긴다면 세월은 덧없이 흘러가리. 너무 지나치게 즐기지만 말고 집안일도 생각해야 한다네. 즐김을 좋아하되 너무 지나치지 않도록 해야지, 훌륭한 선비는 늘 조심한다네.

蟋蟀在堂(실솔재당), 歲聿其莫(세율기막). 今我不樂(금아불낙), 日月其除(일월기제). 無已大康(무이대강), 職思其居(직사기거). 好樂無荒(호낙무황), 良士瞿瞿(양사구구).

귀뚜라미가 대청마루에서 우니 벌써 한 해가 가는구나. 지금 아니 즐긴다면 세월은 멀리 가버린다네. 너무 편안히만 있지 말고 집

밖 일도 생각해야 한다네. 즐김을 좋아하되 너무 지나치지 않도록
해야지, 훌륭한 선비는 늘 부지런하다네.

蟋蟀在堂(실솔재당), 歲聿其逝(세율기서). 今我不樂(금아불낙), 日月
其邁(일월기매). 無已大康(무이대강), 職思其外(직사기외). 好樂無荒(호
낙무황), 良士蹶蹶(양사궐궐).

귀뚜라미가 대청마루에서 우니 짐수레 쓸 일이 없다네. 지금 아
니 즐긴다면 세월은 그냥 묻혀 버린다네. 너무 편안히만 있지 말고
어려운 일도 생각해야 한다네. 즐김을 좋아하되 너무 지나치지 않
도록 해야지, 훌륭한 선비는 늘 마음 편히 착한 일을 즐긴다네.

蟋蟀在堂(실솔재당), 役車其休(역거기휴). 今我不樂(금아불낙), 日月
其慆(일월기도). 無以大康(무이대강), 職思其憂(직사기우). 好樂無荒(호
낙무황), 良士休休(양사휴휴).

115 산에 있는 느릅나무(산유추山有樞)

산에는 느릅나무 있고 진펄에도 흰 느릅나무 있다네. 그대에게
저고리와 바지 있어도 끌거나 끌어 입지도 않는다네. 그대에게 수
레와 말이 있어도 타지도 않고 몰지도 않으니 그러다가 죽어버린
다면 다른 사람만 쾌재를 부릴 거라네.

山有樞(산유추), 隰有榆(습유유). 子有衣裳(자유의상), 弗曳弗婁(불
예불루). 子有車馬(자유거마), 弗馳弗驅(불치불구). 宛其死矣(완기사의),
他人是愉(타인시유).

산에는 붉(옻)나무 있고 진펄에는 감탕나무 있다네. 그대는 뜰 안에 있으면서도 물을 뿌리거나 쓸지도 않는다네. 그대는 종과 북이 있으면서도 두드리거나 치지도 않으니 그러다가 죽어버린다면 다른 사람이 차지하리라.

山有栲(산유고), 隰有杻(습유유). 子有廷內(자유정내), 弗灑弗掃(불쇄불소). 子有鐘鼓(자유종고), 弗鼓弗考(불고불고). 宛其死矣(완기사의), 他人是保(타인시보).

산에는 옻나무 있고 진펄에는 밤나무 있다네. 그대는 술과 밥이 있으면서도 어찌하여 날마다 비파 타면서 기뻐하고 즐기면서 종일토록 지내지 아니하는가. 그러다가 죽어버린다면 다른 사람이 그곳을 거처로 삼으리라.

山有漆(산유칠), 隰有栗(습유률). 子有酒食(자유주식), 何不日鼓瑟(하불일고슬), 且以喜樂(차이희락), 且以永日(차이영일). 宛其死矣(완기사의), 他人入室(타인입실).

116 흐르는 물(양지수揚之水)

콸콸 흐르는 저 물속에 흰 돌이 더욱 도드라지네. 흰옷에 붉게 수놓은 깃을 달고 그대를 따라 곡옥(曲沃) 땅으로 가리라. 이미 그대를 보았으니 어찌 즐겁지 않으리오.

揚之水(양지수), 白石鑿鑿(백석착착). 素衣朱襮(소의주박), 從子於沃(종자어옥). 旣見君子(기견군자), 云何不樂(운하불락).

콸콸 흐르는 저 물속에 흰 돌이 더욱 깨끗하다네. 흰옷에 붉게 수 놓은 비단을 입고 그대를 따라 곡(鵠) 땅으로 가리라. 이미 그대를 보았으니 무엇을 근심하리오.

揚之水(양지수), 白石皓皓(백석호호). 素衣朱綉(소의주수), 從子於鵠(종자어곡). 旣見君子(기견군자), 云何其憂(운하기우).

콸콸 흐르는 저 물속에 흰 돌이 더욱 맑고 맑게 보인다네. 나도 그대가 명을 받았음을 들었지만 차마 남들에게는 말 못하겠네.

揚之水(양지수), 白石粼粼(백석린린). 我聞有命(아문유명), 不敢以告人(불감이고인).

117 산초나무(초료椒聊)

산초나무 열매가 알알이 맺혀 익어 한 되도 넘는다네. 저기 우리 님은 크고 강대하여 적수가 없다네. 산초나무가지 길게도 뻗는구나.

椒聊之實(초료지실), 蕃衍盈升(번연영승). 彼其之子(피기지자), 碩大無朋(석대무붕). 椒聊且(초료차), 遠條且(원조차).

산초나무 열매가 알알이 맺혀 익어 한 움큼도 넘는다네. 저기 우리 님은 크고 강대하면서도 진실하다네. 산초나무가지가 길게도 뻗는구나.

椒聊之實(초료지실), 蕃衍盈匊(번연영국). 彼其之子(피기지자), 碩大且篤(석대차독). 椒聊且(초료차), 遠條且(원조차).

118 단단히 묶다(주무綢繆)

나뭇단을 단단히 묶고 나니 벌써 삼성이 하늘에 떴다네. 오늘밤은 무슨 밤인가 하니 이 좋은 사람 만나게 되었다네, 그대 그대여! 이 좋은 사람을 어찌 하오리까!

綢繆束薪(주무속신), 三星在天(삼성재천). 今夕何夕(금석하석), 見此良人(견차량인), 子兮子兮(자혜자혜), 如此良人何(여차량인하).

꼴단을 단단히 묶고 나니 벌써 삼성이 동편하늘에 떴다네. 오늘밤은 무슨 밤인가 하니 이 좋은 사람 우연히 만나게 되었다네, 그대 그대여! 이 좋은 사람과의 우연한 만남을 어찌 하오리까!

綢繆束芻(주무속추), 三星在隅(삼성재우). 今夕何夕(금석하석), 見此邂逅(견차해후), 子兮子兮(자혜자혜), 如此邂逅何(여차해후하).

가시나무 단을 단단히 묶고 나니 벌써 삼성이 문지방 가에 떴다네. 오늘밤은 무슨 밤인가 하니 이 밝은 사람 만나게 되었다네, 그대 그대여! 이 밝은 사람과의 만남을 어찌 하오리까!

綢繆束楚(주무속초), 三星在戶(삼성재호). 今夕何夕(금석하석), 見此粲者(견차찬자), 子兮子兮(자혜자혜), 如此粲者何(여차찬자하).

119 우뚝 선 팥배나무(체두杕杜)

우뚝 선 팥배나무 그 잎사귀들 무성하다네. 혼자서 쓸쓸히 가니 어찌 다른 사람이 없겠느냐만 내 부모만 하랴. 아아! 길가는 사람들이여, 어찌 나와 나란히 가지 않는가. 형제도 없는 사람을 어찌하여 도와주지 않는단 말인가!

有杕之杜(유체지두), 其葉湑湑(기엽서서). 獨行踽踽(독행우우), 豈無他人(기무타인), 不如我同父(불여아동부). 嗟行之人(차행지인), 胡不比焉(호불비언), 人無兄弟(인무형제), 胡不佽焉(호불차언).

우뚝 선 팥배나무 그 잎사귀들 우거졌다네. 혼자서 외로이 가니 어찌 다른 사람이 없겠느냐만 내 동기만 하랴. 아아! 길가는 사람들이여, 어찌 나와 나란히 가지 않는가. 형제도 없는 사람을 어찌하여 도와주지 않는단 말인가!

有杕之杜(유체지두), 其葉菁菁(기엽정정). 獨行睘睘(독행경경), 豈無他人(기무타인), 不如我同姓(불여아동성). 嗟行之人(차행지인), 胡不比焉(호불비언), 人無兄弟(인무형제), 胡不佽焉(호불차언).

120 새끼 양 갖옷(고구羔裘)

새끼 양 갖옷에 표범가죽 소매 옷 입고 우리 백성들을 거만스럽게도 부리네. 어찌 다른 사람 없으랴마는 오직 옛정 때문에 그대로 일하지.

羔裘豹祛(고구표거), 自我人居居(자아인거거). 豈無他人(기무타인), 維子之故(유자지고).

새끼 양 갖옷에 표범가죽 소매 옷 입고 우리 백성들을 지독하게

도 부리네. 어찌 다른 사람 없으랴마는 오직 옛 호감 때문에 그대
로 일하지.

羔裘豹襃(고구표유), 自我人究究(자아인구구). 豈無他人(기무타인),
維子之好(유자지호).

121 너새의 날갯짓(보우鴇羽)

푸드득 너새가 날갯짓하며 가지 무성한 상수리나무숲에 모여드
네. 나랏일에 쉴 짬이 없어 피와 기장조차 심지 못하였으니 부모님
은 누굴 믿고 사실까! 아득하고 아득한 푸르른 하늘이여, 집에는
언제나 돌아갈까나.

肅肅鴇羽(숙숙보우), 集於苞栩(집어포허). 王事靡盬(왕사미고), 不能
藝稷黍(불능예직서). 父母何怙(부모하호), 悠悠蒼天(유유창천), 曷其有
所(갈기유소).

푸드득 너새가 날갯짓하며 가지 무성한 가시나무 덤불에 모여드
네. 나랏일에 쉴 짬이 없어 피와 기장조차 심지 못하였으니 부모님
은 무얼 드시고 사실까! 아득하고 아득한 푸르른 하늘이여, 이 어
려움 언제나 그칠 수 있을까나.

肅肅鴇翼(숙숙보익), 集於苞棘(집어포극). 王事靡盬(왕사미고), 不能
藝黍稷(불능예서직). 父母何食(부모하식), 悠悠蒼天(유유창천), 曷其有
極(갈기유극).

푸드득 너새가 날갯짓하며 가지 무성한 뽕나무 숲에 모여드네. 나랏일에 쉴 짬이 없어 벼와 수수도 심지 못하였으니 부모님은 무얼 맛보시며 사실까! 아득하고 아득한 푸르른 하늘이여, 언제나 고향집에 항상 머물 수 있을까나.

蕭蕭鴇行(숙숙보행), 集於苞桑(집어포상), 王事靡盬(왕사미고), 不能藝稻粱(불능예도량). 父母何嘗(부모하상), 悠悠蒼天(유유창천), 曷其有常(갈기유상).

122 옷이 없음(무의無衣)

어찌 제후가 입는 일곱 무늬 옷이 없으랴마는 그대가 주신 옷만큼 편안하고 아름답지 않아서라네.

豈曰無衣七兮(기왈무의칠혜), 不如子之衣(불여자지의), 安且吉兮(안차길혜).

어찌 제후가 입는 여섯 무늬 옷이 없으랴마는 그대가 주신 옷만큼 편안하고 따뜻하지 않아서라네.

豈曰無衣六兮(기왈무의육혜), 不如子之衣(불여자지의), 安且燠兮(안차욱혜).

123 우뚝 선 팥배나무(유체지두有杕之杜)

우뚝 선 팥배나무 길 왼편에서 자라는구나. 저 군자는 기꺼이 나를 만나러 오시려나. 마음속으로 좋아하지만 어찌해야 그와 함께 마시고 먹을 수 있을까나.

有杕之杜(유체지두), 生於道左(생어도좌). 彼君子兮(피군자혜), 噬肯適我(서긍적아), 中心好之(중심호지), 曷飮食之(갈음식지).

우뚝 선 팥배나무 길 주위에서 자라는구나. 저 군자는 기꺼이 내게 와서 놀아주시려나. 마음속으로 좋아하지만 어찌해야 그와 함께 마시고 먹을 수 있을까나.

有杕之杜(유체지두), 生於道周(생어도주). 彼君子兮(피군자혜), 噬肯來游(서긍래유), 中心好之(중심호지), 曷飮食之(갈음식지).

124 칡이 나다(갈생葛生)

칡이 자라 가시나무를 뒤덮고 들판으로 뻗어간다네. 나의 아름다운 사람이 여기에 죽어 묻혀 있으니 앞으로 누구와 더불어 살아갈까나.

葛生蒙楚(갈생몽초), 蘞蔓於野(염만어야). 予美亡此(여미망차), 誰與獨處(수여독처).

칡이 자라 가시나무를 뒤덮고 무덤으로 뻗어간다네. 나의 아름다운 사람이 여기에 죽어 묻혀 있으니 앞으로 누구와 더불어 쉴까나.

葛生蒙棘(갈생몽극), 蘞蔓於域(염만어역). 予美亡此(여미망차), 誰與獨息(수여독식).

뿔 베개는 아름답고 비단 이불은 곱디곱다네. 나의 아름다운 사람이 여기에 죽어 묻혀 있으니 앞으로 누구와 더불어 아침을 맞이할까나.

角枕粲兮(각침찬혜), 錦衾爛兮(금금란혜). 予美亡此(여미망차), 誰與獨旦(수여독단).

여름의 낮은 길고도 길고 겨울의 밤은 길고도 길구나. 백 년 뒤에라도 그 무덤가로 돌아가리라.

夏之日(하지일), 冬之夜(동지야). 百歲之後(백세지후), 歸於其居(귀어기거).

겨울의 밤은 길고도 길고 여름의 낮은 길고도 길구나. 백 년 뒤에라도 그 무덤가로 돌아가리라.

冬之夜(동지야), 夏之日(하지일). 百歲之後(백세지후), 歸於其室(귀어기실).

125 감초를 캔다네(채령采苓)

감초를 캐네, 감초를 캔다네. 백이숙제가 살던 수양산 꼭대기에 서라네. 다른 사람들이 하는 말들일랑 진실로 믿지 말게나. 그것을 버려두고 버려두어 진실로 그렇다고 여겨주지 않는다면 다른 사람 하는 말들이 어찌 먹혀들겠나.

采苓采苓(채령채령), 首陽之巔(수양지전). 人之爲言(인지위언), 苟亦

無信(구역무신). 舍旃舍旃(사전사전), 苟亦無然(구역무연). 人之爲言(인지위언), 胡得焉(호득언).

쓴바귀를 캐네, 쓴바귀를 캔다네. 백이숙제가 살던 수양산 꼭대기에서라네. 다른 사람들이 하는 말들일랑 진실로 맞장구를 치지 말게나. 그것을 버려두고 버려두어 진실로 그렇다고 여겨주지 않는다면 다른 사람 하는 말들이 어찌 먹혀들겠나.

采苦采苦(채고채고), 首陽之下(수양지하). 人之爲言(인지위언), 苟亦無與(구역무여). 舍旃舍旃(사전사전), 苟亦無然(구역무연). 人之爲言(인지위언), 胡得焉(호득언).

순무를 캐네, 순무를 캔다네. 백이숙제가 살던 수양산 동쪽에서라네. 다른 사람들이 하는 말들일랑 진실로 따르지 말게나. 그것을 버려두고 버려두어 진실로 그렇다고 여겨주지 않는다면 다른 사람 하는 말들이 어찌 먹혀들겠나.

采葑采葑(채봉채봉), 首陽之東(수양지동). 人之為言(인지위언), 苟亦無從(구역무종). 舍旃舍旃(사전사전), 苟亦無然(구역무연). 人之爲言(인지위언), 胡得焉(호득언).

진풍(秦風)
진나라의 노래

126 수레 소리(거린車鄰)

　수레는 덜컹거리고 끄는 말의 이마엔 흰 점이 있다네. 그대를 아직 만나지는 못했지만 시중이 마중 나왔다네.

　有車鄰鄰(유거린린), 有馬白顚(유마백전). 未見君子(미견군자), 寺人之令(사인지령).

　언덕에는 옻나무가 있고 습지엔 밤나무가 서 있다네. 이미 그대를 만나고서 함께 앉아 비파를 탄다네. 지금 아니 즐긴다면 세월은 흘러가 늙어가리.

　阪有漆(판유칠), 隰有栗(습유률). 旣見君子(기견군자), 竝坐鼓瑟(병좌고슬). 今者不樂(금자불락), 逝者其耋(서자기질).

언덕에는 뽕나무가 있고 습지엔 버드나무가 서 있다네. 이미 그
대를 만나고서 함께 앉아 생황을 분다네. 지금 아니 즐긴다면 세월
은 흘러가 죽음에 이르리라.

阪有桑(판유상), 隰有楊(습유양). 旣見君子(기견군자), 竝坐鼓簧(병좌
고황). 今者不樂(금자불락), 逝者其亡(서자기망).

127 네 필 구렁말(사철駟驖)

네 필 구렁말(밤색 털빛을 한 말) 매우 크고 여섯 줄 말고삐를 손에
잡았다네. 그대를 사랑하는 사람들이 그댈 따라 사냥 나섰다네.

駟驖孔阜(사철공부), 六轡在手(육비재수). 公之媚子(공지미자), 從公
於狩(종공어수).

때맞추어 몰이꾼들이 수컷 사슴을 몰아오니 수컷 사슴 살찌고
크기도 해라. 그대는 왼쪽으로 몰라 하시고 화살을 뽑아 쏠 때마다
잡는구나.

奉時辰牡(봉시진모), 辰牡孔碩(진모공석). 公曰左之(공왈좌지), 舍拔
則獲(사발즉획).

사냥을 끝내고 북쪽 동산에 노니실 때 네 필 말들도 한가로이 쉬
고 있다네. 그대는 가벼운 수레에 방울 단 재갈 물리고 크고 작은
사냥개 싣고 떠난다네.

游於北園(유어북원), 四馬旣閑(사마기한). 輶車鑾鑣(유차란표), 載獫

歇驕(재험헐교).

128 작은 병거(소융小戎)

전투용 수레인 작은 병거는 뒤턱이 낮고 가로 댄 멍에를 가죽으로 다섯 번 감았다네. 바깥 끈은 고리에 넣고 안 끈은 말 가슴 앞막이 널 가죽 끈 매고 백금 고리로 이었다네. 무늬 놓은 방석과 큰 수레바퀴통을 철총이와 왼발흰말이 끈다네. 그대를 생각하니 따스하기가 옥과 같구나. 오랑캐 땅 판잣집에 머무르시니 내 마음이 불편하다네.

小戎俴收(소융천수), 五楘梁輈(오목량주). 游環脅驅(유환협구), 陰靷鋈續(음인옥속). 文茵暢轂(문인창곡), 駕我騏(가아기). 言念君子(언념군자), 溫其如玉(온기여옥). 在其板屋(재기판옥), 亂我心曲(난아심곡).

네 필 수말 크고 씩씩하니 여섯 가닥 고삐는 손아귀에 쥐었다네. 누런 말과 검은 말은 중앙에 서고 공골 말과 가라말은 양 곁에 섰으니, 용무늬 방패 한 쌍을 앞세우고 고리가 있는 속 고삐는 백금으로 도금하였다네. 그대를 생각하면 온화한 그 모습 그 고을에 있으니, 이제 언제 오실까마는 어찌 나는 그대가 이리도 그리울까나.

四牡孔阜(사모공부), 六轡在手(육비재수). 騏騮是中(기류시중), 騧驪是驂(왜려시참). 龍盾之合(용순지합), 鋈以觼軜(옥이결납). 言念君子(언념군자), 溫其在邑(온기재읍). 方何為期(방하위기), 胡然我念之(호연아념지).

얇은 갑옷 입힌 네 필 말 잘 어울리고 세모난 창의 창고달은 백금으로 도금하였다네. 무늬 새긴 방패는 아름답고 활집은 호피가죽으로 만들었으며 쇠로 만든 가슴걸이에 두 개의 활을 활집에 넣고 도지개는 대나무 끈으로 묶었다네. 그대를 생각하면 자다가도 벌떡 일어난다네. 온화하고 어지신 그대여, 사랑의 말씀 내 가슴에 쌓여 있다오.

俴駟孔群(천사공군), 厹矛鋈錞(구모옥순). 蒙伐有苑(몽벌유원), 虎韔鏤膺(호창루응). 交韔二弓(교창이궁), 竹閉緄縢(죽폐곤등). 言念君子(언념군자), 載寢載興(재침재흥). 厭厭良人(염염량인), 秩秩德音(질질덕음).

129 갈대(겸가蒹葭)

갈대가 푸르고 푸른데 하얀 이슬이 서리되었다네. 내가 말한 그이는 물가 저쪽에 살고 있으니, 물길을 거슬러 그이를 만나려 해도 길은 험하고 멀기만 하다네. 물길을 거슬러 헤엄쳐 가려 해도, 그이는 여전히 물 가운데 있다네.

蒹葭蒼蒼(겸가창창), 白露為霜(백로위상). 所謂伊人(소위이인), 在水一方(재수일방), 溯洄從之(소회종지), 道阻且長(도조차장). 溯游從之(소유종지), 宛在水中央(완재수중앙).

갈대가 무성한데 하얀 이슬은 아직 마르지 않았다네. 내가 말한 그이는 물가 저쪽에 살고 있으니, 물길을 거슬러 그이를 만나려 해도 길은 험하고 너무 가파르다네. 물길을 거슬러 헤엄쳐 가려 해도, 그이는 여전히 물 가운데 모래톱에 있다네.

蒹葭萋萋(겸가처처), 白露未晞(백로미희). 所謂伊人(소위이인), 在水之湄(재수지미). 溯洄從之(소회종지), 道阻且躋(도조차제). 溯游從之(소유종지), 宛在水中坻(완재수중지).

갈대가 우거졌는데 하얀 이슬은 아직 그치지 않았다네. 내가 말한 그이는 물가 저쪽에 살고 있으니, 물길을 거슬러 그이를 만나려 해도 길은 험하고 너무 가파르다네. 물길을 거슬러 헤엄쳐 가려 해도, 그이는 여전히 물 가운데 있다네.

蒹葭采采(겸가채채), 白露未已(백로미이). 所謂伊人(소위이인), 在水之涘(재수지사). 溯洄從之(소회종지), 道阻且右(도조차우). 溯游從之(소유종지), 宛在水中沚(완재수중지).

130 종남산(종남終南)

종남산엔 무엇이 있나요? 유자나무와 매화나무가 있다네. 그대 오실 적에 비단옷에 여우갖옷 입으셨지. 붉고 윤기 도는 그대 얼굴 우리 님다우시구나.

終南何有(종남하유), 有條有梅(유조유매). 君子至止(군자지지), 錦衣狐裘(금의호구). 顏如渥丹(안여악단), 其君也哉(기군야재).

종남산엔 무엇이 있나요? 구기자나무와 팥배나무가 있다네. 그대 오실 적에 수놓은 저고리에 비단 수놓은 바지 입으셨지. 허리에 찬 패옥 소리 쟁강쟁강 귓가에 맴돌고, 오래 사시는 모습 생각하며 잊지 않으리라.

終南何有(종남하유), 有紀有堂(유기유당). 君子至止(군자지지), 黻衣 繡裳(불의수상). 佩玉將將(패옥장장), 壽考不忘(수고불망).

131 꾀꼬리(황조黃鳥)

꾀꼴꾀꼴 꾀꼬리가 대추나무에 앉아 있다네. 누가 목공을 따라 죽었는가 하니 자거 엄식이라네. 이 엄식이라는 분은 백 사람 중에서도 특별한 분이라네. 무덤을 파 순장시킬 땐 두려움에 벌벌 떨리셨겠지. 저 푸르른 하늘이여! 어찌하여 착한 사람을 죽이다니, 할 수만 있다면 백 사람으로라도 그분을 대신하련만.

交交黃鳥(교교황조), 止於棘(지어극). 誰從穆公(수종목공), 子車奄息 (자거엄식). 維此奄息(유차엄식), 百夫之特(백부지특). 臨其穴(임기혈), 惴惴其栗(췌췌기률). 彼蒼者天(피창자천), 殲我良人(섬아량인), 如可贖 兮(여가속혜), 人百其身(인백기신).

꾀꼴꾀꼴 꾀꼬리가 뽕나무에 앉아 있다네. 누가 목공을 따라 죽었는가 하니 자거 중행이라네. 이 중행이라는 분은 백 사람도 당해내겠지만, 무덤을 파 순장시킬 땐 두려움에 벌벌 떨리셨겠지. 저 푸르른 하늘이여! 어찌하여 착한 사람을 죽이다니, 할 수만 있다면 백 사람으로라도 그분을 대신하련만.

交交黃鳥(교교황조), 止於桑(지어상). 誰從穆公(수종목공), 子車仲行

(자거중행). 維此仲行(유차중행), 百夫之防(백부지방). 臨其穴(임기혈), 惴惴其栗(췌췌기률). 彼蒼者天(피창자천), 殲我良人(섬아량인), 如可贖兮(여가속혜), 人百其身(인백기신).

꾀꼴꾀꼴 꾀꼬리가 가시나무에 앉아 있다네. 누가 목공을 따라 죽었는가 하니 자거 침호라네. 이 침호라는 분은 백 사람도 당해내겠지만, 무덤을 파 순장시킬 땐 두려움에 벌벌 떨리셨겠지. 저 푸르른 하늘이여! 어찌하여 착한 사람을 죽이다니, 할 수만 있다면 백 사람으로라도 그분을 대신하련만.

交交黃鳥(교교황조), 止於楚(지어초). 誰從穆公(수종목공), 子車針虎(자거침호). 維此針虎(유차침호), 百夫之御(백부지어). 臨其穴(임기혈), 惴惴其栗(췌췌기률). 彼蒼者天(피창자천), 殲我良人(섬아량인), 如可贖兮(여가속혜), 人百其身(인백기신).

132 새매(신풍晨風)

저 새매가 재빠르게 날아 울창한 저 북쪽 숲으로 사라지네. 아직 그대를 뵙지 못해 이내 시름 그지없다네. 어찌하리, 어찌하리! 날 이리 까마득히 잊으셨단 말인가.

鴥彼晨風(율피신풍), 鬱彼北林(울피북림). 未見君子(미견군자), 憂心欽欽(우심흠흠). 如何如何(여하여하), 忘我實多(망아실다).

산에는 무성한 상수리나무, 습지에는 가래나무가 서 있다네. 아직 그대를 뵙지 못해 이내 시름 그지없다네. 어찌하리, 어찌하리!
날 이리 까마득히 잊으셨단 말인가.

山有苞櫟(산유포력), 隰有六駁(습유육박). 未見君子(미견군자), 憂心
靡樂(우심미락). 如何如何(여하여하), 忘我實多(망아실다).

산에는 무성한 산앵두나무, 습지에는 돌배나무가 서 있다네. 아
직 그대를 뵙지 못해 이내 시름 술에 취한 듯하니, 어찌하리, 어찌
하리! 날 이리 까마득히 잊으셨단 말인가.

山有苞棣(산유포체), 隰有樹檖(습유수수). 未見君子(미견군자), 憂心
如醉(우심여취). 如何如何(여하여하), 忘我實多(망아실다).

133 옷이 없음(무의無衣)

어찌 옷이 없어서 그대와 같은 솜옷을 입었겠는가. 왕께서 군사
를 일으키신다면 나는 길고 짧은 창을 수리하여 그대와 함께 원수
를 무찌르리라.

豈曰無衣(기왈무의), 與子同袍(여자동포). 王於興師(왕어흥사), 修我
戈矛(수아과모). 與子同仇(여자동구).

어찌 옷이 없어서 그대와 같은 속옷을 입었겠는가. 왕께서 군사
를 일으키신다면 나는 길고 짧은 창을 수리하여 그대와 함께 일어
나리라.

豈曰無衣(기왈무의), 與子同澤(여자동택). 王於興師(왕어흥사), 修我

矛戟(수아모극). 與子偕作(여자해작).

　어찌 옷이 없어서 그대와 같은 바지를 입었겠는가. 왕께서 군사를 일으키신다면 나는 갑옷과 병장기를 수리하여 그대와 함께 떠나리라.
　豈曰無衣(기왈무의), 與子同裳(여자동상). 王於興師(왕어흥사), 修我甲兵(수아갑병). 與子偕行(여자해행).

134 위수의 북쪽(위양渭陽)

　나는 외삼촌을 배웅하러 위수의 북쪽까지 왔다네. 무엇을 드릴 거냐고 묻는다면 제후가 타는 수레와 누런 말 네 필이라네.
　我送舅氏(아송구씨), 曰至渭陽(왈지위양). 何以贈之(하이증지), 路車乘黃(노차승황).

　나는 외삼촌을 배웅하려니 벌써부터 내 그리움이 아득해진다네. 무엇을 드릴 거냐고 묻는다면 옥돌과 패옥이라네.
　我送舅氏(아송구씨), 悠悠我思(유유아사). 何以贈之(하이증지), 瓊瑰玉佩(경괴옥패).

135 처음처럼(권여權輿)

　처음엔 나에게 크고 넓은 집에 살게 하더니만 지금은 매 끼니 때

마다 남길 것도 없다네. 아아! 처음처럼 융숭한 대접 이어지지도
않는구나.

於我乎(어아호), 夏屋渠渠(하옥거거), 今也每食無餘(금야매식무여).
於嗟乎(어차호), 不承權輿(불승권여).

처음엔 나에게 매 끼니 때마다 진수성찬 차려주더니만 지금은
매 끼니 때마다 배도 부르지 않다네. 아아! 처음처럼 융숭한 대접
이어지지도 않는구나.

於我乎(어아호), 每食四簋(매식사궤), 今也每食不飽(금야매식불포).
於嗟乎(어차호), 不承權輿(불승권여).

진풍(陳風)
진나라의 노래

136 완구 땅(완구宛丘)

그대는 질탕하게도 완구 땅 위에서 논다네. 정말로 정분이야 나 겠지만 우러러볼 건 없다네.

子之湯兮(자지탕혜), 宛丘之上兮(완구지상혜). 洵有情兮(순유정혜), 而無望兮(이무망혜).

둥둥둥 북을 두드리며 완구 땅 아래서 논다네. 겨울도 여름도 상 관없이 백로 깃을 꽂고서 춤을 추는구나.

坎其擊鼓(감기격고), 宛丘之下(완구지하). 無冬無夏(무동무하), 值其 鷺羽(치기로우).

둥둥둥 질항아리를 두들기며 완구 땅 길가에서 논다네. 겨울도 여름도 상관없이 백로 일산을 들고서 춤을 추는구나.

坎其擊缶(감기격부), 宛丘之道(완구지도). 無冬無夏(무동무하), 值其鷺翿(치기로도).

137 동문의 흰 느릅나무(동문지분東門之枌)

동문에는 흰 느릅나무가 완구 땅에는 상수리나무가 우거져 있다네. 자중 씨의 따님이 그 아래서 춤을 춘다네.

東門之枌(동문지분), 宛丘之栩(완구지허). 子仲之子(자중지자), 婆娑其下(파사기하).

길한 아침 골라잡아 남쪽 언덕 찾았다네. 삼베길쌈 내버려두고 장터에서 춤을 춘다네.

穀旦於差(곡단어차), 南方之原(남방지원). 不績其麻(부적기마), 市也婆娑(시야파사).

좋은 아침 날 찾아가니 모두들 몰려가네. 그댈 보니 당아욱과도 같고 나에겐 산초 한 줌 준다네.

穀旦於逝(곡단어서), 越以鬷邁(월이종매). 視爾如荍(시이여교), 貽我握椒(이아악초).

138 허술한 대문의 집(형문衡門)

허술한 대문의 집에서도 한가로이 쉴 수 있다네. 졸졸 흘러넘치는 샘물로도 배고픔을 즐길 수 있다네.

衡門之下(형문지하), 可以棲遲(가이서지). 泌之洋洋(필지양양), 可以樂飢(가이낙기).

물고기를 먹는다 해서 어찌 반드시 황하의 방어라야만 될까. 어찌 아내를 얻는다 해서 제나라의 강 씨라야만 될까나.

豈其食魚(기기식어), 必河之魴(필하지방). 豈其取妻(기기취처), 必齊之姜(필제지강).

물고기를 먹는다 해서 어찌 반드시 황하의 잉어라야만 될까. 어찌 아내를 얻는다 해서 송나라의 자 씨라야만 될까나.

豈其食魚(기기식어), 必河之鯉(필하지리). 豈其取妻(기기취처), 必宋之子(필송지자).

139 동문의 연못(동문지지東門之池)

동문의 연못에서는 삼을 헹궈 빨아낼 수 있다네. 저 아름다운 아가씨는 더불어 노래 부를 만하다네.

東門之池(동문지지), 可以漚麻(가이구마). 彼美淑姬(피미숙희), 可與晤歌(가여오가).

동문의 연못에서는 모시를 헹궈 빨아낼 수 있다네. 저 아름다운 아가씨는 더불어 말을 할 만하다네.

東門之池(동문지지), 可以漚紵(가이구저). 彼美淑姬(피미숙희), 可與晤語(가여오어).

동문의 연못에서는 왕골을 헹궈 빨아낼 수 있다네. 저 아름다운 아가씨는 더불어 이야기를 나눌 만하다네.

東門之池(동문지지), 可以漚菅(가이구관). 彼美淑姬(피미숙희), 可與晤言(가여오언).

140 동문의 버드나무(동문지양東門之楊)

동문의 버드나무는 그 잎들이 무성하다네. 저녁 무렵 만나자 기약하더니 샛별만 빛나고 있다네.

東門之楊(동문지양), 其葉牂牂(기엽장장). 昏以為期(혼이위기), 明星煌煌(명성황황).

동문의 버드나무는 그 잎들이 우거져 있다네. 저녁 무렵 만나자 기약하더니 샛별만 반짝거리고 있다네.

東門之楊(동문지양), 其葉肺肺(기엽폐폐). 昏以為期(혼이위기), 明星晢晢(명성절절).

141 묘지의 문(묘문墓門)

묘지의 문가에 있는 가시나무는 도끼로나 찍어 낼 수 있다네. 저 사내 불량한 건 나라 사람들이 다 알지. 알아도 그치지 않으니 옛 버릇 그대로라네.

墓門有棘(묘문유극), 斧以斯之(부이사지). 夫也不良(부야불량), 國人知之(국인지지). 知而不已(지이불이), 誰昔然矣(수석연의).

묘지의 문가에 있는 매화나무엔 올빼미만 모여든다네. 저 사내 불량한 걸 노래로써 타일렀다네. 타일러도 날 거들떠보지도 않았으니, 신세 망치는 날에야 나를 생각하리라.

墓門有梅(묘문유매), 有鴞萃止(유효췌지). 夫也不良(부야불량), 歌以訊之(가이신지). 訊予不顧(신여불고), 顚倒思予(전도사여).

142 제방의 까치집(방유작소防有鵲巢)

제방에는 까치집이 있고 언덕 위에는 맛있는 완두콩이 있다네. 어느 누가 내 연인을 꼬여내어 어찌 이내 마음 애태우게 하는가.

防有鵲巢(방유작소), 邛有旨苕(공유지초). 誰侜予美(수주여미), 心焉忉忉(심언도도).

뜰 앞에는 벽돌이 깔려 있고 언덕 위에는 맛있는 칠면조가 있다네. 어느 누가 내 연인을 꼬여내어 어찌 이내 마음 근심스럽게 하는가.

中唐有甓(중당유벽), 邛有旨鷊(공유지역). 誰侜予美(수주여미), 心焉
惕惕(심언척척).

143 달이 뜬다(월출月出)

달이 떠서 밝게 비추니 어여쁘고 어여쁜 우리 님이로구나. 어이
하면 그윽한 시름을 떨치리오. 내 마음만 안타깝구나.

月出皎兮(월출교혜), 佼人僚兮(교인료혜). 舒窈糾兮(서요규혜). 勞心
悄兮(노심초혜).

달이 떠서 환하게 비추니 어여쁘고 아름다운 우리 님이로구나.
어이하면 우울한 시름을 떨치리오. 내 마음만 고달프구나.

月出皓兮(월출호혜), 佼人懰兮(교인류혜). 舒憂受兮(서우수혜). 勞心
慅兮(노심소혜).

달이 떠서 하얗게 비추니 어여쁘고 횃불 같은 우리 님이로구나.
어이하면 맺힌 근심 풀까나. 내 마음만 참담하구나.

月出照兮(월출조혜), 佼人燎兮(교인료혜). 舒夭紹兮(서요소혜), 勞心
慘兮(노심참혜).

144 주읍의 숲(주림株林)

어찌 주읍의 숲에 갔나, 하남에게 갔던 게지. 주읍의 숲에 간 게

아니라 하남에게 갔던 거라네.

  胡爲乎株林(호위호주림), 從夏南(종하남). 匪適株林(비적주림), 從夏
南(종하남).

  네 필 말이 끄는 수레를 타고 가다 주읍의 들판에 머물렀다네. 우
린 네 필 망아지가 끄는 수레를 타고 주읍에서 아침을 먹는다네.

  駕我乘馬(가아승마), 說於株野(설어주야). 乘我乘駒(승아승구), 朝食
於株(조식어주).

145 연못의 둑(택피澤陂)

  저기 연못의 둑에 오르니 못 안엔 부들과 연꽃이 있다네. 아름답
고 늠름한 한 사람이 있으니 아픈 내 마음 어이할까나. 난 자나 깨
나 아무 일도 못하고 하염없이 눈물만 줄줄 흘린다네.

  彼澤之陂(피택지피), 有蒲與荷(유포여하). 有美一人(유미일인), 傷如
之何(상여지하). 寤寐無爲(오매무위), 涕泗滂沱(체사방타).

  저기 연못의 둑에 오르니 못 안엔 부들과 난초가 있다네. 아름답
고 늠름한 한 사람이 있으니 크고도 장대하여 아름답구나. 난 자나
깨나 아무 일도 못하고 하염없이 애만 태운다네.

  彼澤之陂(피택지피), 有蒲與蕑(유포여간). 有美一人(유미일인), 碩大
且卷(석대차권). 寤寐無爲(오매무위), 中心悁悁(중심연연).

저기 연못의 둑에 오르니 못 안엔 부들과 연꽃 봉우리 있다네. 아름답고 늠름한 한 사람이 있으니 크고도 장대하여 의젓하구나. 난 자나 깨나 아무 일도 못하고 하염없이 베개 안고 뒤척인다네.

彼澤之陂(피택지피), 有蒲菡萏(유포함담). 有美一人(유미일인), 碩大且儼(석대차엄). 寤寐無爲(오매무위), 輾轉伏枕(전전복침).

회풍(檜風)

회나라의 노래

146 염소갖옷(고구羔裘)

조회 때 입어야 할 염소갖옷 입고 이리저리 노닐다가, 집에서 입어야 할 여우갖옷 입고 조회에 나가네. 어찌 당신을 걱정하지 않으리오만, 이내 시름 끝이 없구려.

羔裘逍遙(고구소요), 狐裘以朝(호구이조). 豈不爾思(기불이사), 勞心忉忉(노심도도).

조회 때 입어야 할 염소갖옷 입고 이리저리 배회하다가, 집에서 입어야 할 여우갖옷 입고 나랏일 보러 나가네. 어찌 당신을 걱정하지 않으리오만, 이내 아픈 마음이 걱정스럽다오.

羔裘翱翔(고구고상), 狐裘在堂(호구재당). 豈不爾思(기불이사), 我心

憂傷(아심우상).

　그대 입은 염소갖옷 윤기 흐르고 해가 뜨니 더욱 반짝거리네. 어찌 당신을 걱정하지 않으리오만, 이내 마음 깊이 서글프다오.
　羔裘如膏(고구여고), 日出有曜(일출유요). 豈不爾思(기불이사), 中心是悼(중심시도).

147 흰 관(소관素冠)

　3년 상을 치르기 위해 흰 관을 쓴 사람이 보고 싶다네. 나는 병든 사람처럼 야위고 초췌하니, 이내 마음은 괴롭고 근심스럽다네.
　庶見素冠兮(서견소관혜), 棘人欒欒兮(극인란란혜). 勞心慱慱兮(노심단단혜).

　3년 상을 치르기 위해 흰 옷을 입은 사람이 보고 싶다네. 이내 마음은 애달프고 서글퍼지니, 애오라지 그대와 함께 돌아가고 싶다네.
　庶見素衣兮(서견소의혜), 我心傷悲兮(아심상비혜). 聊與子同歸兮(요여자동귀혜).

　3년 상을 치르기 위해 흰 슬갑을 찬 사람이 보고 싶다네. 이내 마음은 한이 맺혀 쌓여만 가니, 애오라지 그대와 더불어 한 몸이 되고 싶다네.
　庶見素韠兮(서견소필혜), 我心蘊結兮(아심온결혜). 聊與子如一兮(요

여자여일혜).

148 습지의 장초나무(습유장초隰有萇楚)

습지에 장초나무 있는데 그 가지 아름답고 가냘프다네. 작고도 윤기 흐르니 무지한 네 처지가 부럽구나.

隰有萇楚(습유장초), 猗儺其枝(의나기지), 夭之沃沃(요지옥옥), 樂子 之無知(낙자지무지).

습지에 장초나무 있는데 그 꽃이 아름답고 가냘프다네. 작고도 윤기 흐르니 지아비 없는 네 처지가 부럽구나.

隰有萇楚(습유장초), 猗儺其華(의나기화), 夭之沃沃(요지옥옥), 樂子 之無家(낙자지무가).

습지에 장초나무 있는데 그 열매 아름답고 가냘프다네. 작고도 윤기 흐르니 지어미 없는 네 처지가 부럽구나.

隰有萇楚(습유장초), 猗儺其實(의나기실), 夭之沃沃(요지옥옥), 樂子 之無室(낙자지무실).

149 바람 때문도 아니요(비풍匪風)

바람이 몰아치기 때문도 아니요, 수레가 급히 달려서도 아니라 네. 주나라 가는 길 되돌아보니 이내 마음 애달파진다네.

匪風發兮(비풍발혜), 匪車偈兮(비차게혜). 顧瞻周道(고첨주도), 中心
怛兮(중심달혜).

바람이 몰아치기 때문도 아니요, 수레가 빨리 달려서도 아니라
네. 주나라 가는 길 되돌아보니 이내 마음 서글퍼진다네.

匪風飄兮(비풍표혜), 匪車嘌兮(비차표혜). 顧瞻周道(고첨주도), 中心
弔兮(중심조혜).

그 누가 물고기를 삶아 제사상에 올린다면 가마솥이나 작은 시
루 씻어주리. 그 누가 주나라가 있는 서녘으로 돌아간다면 좋은 소
식 가슴속 깊이 전해 주리.

誰能亨魚(수능형어), 漑之釜鬵(개지부심), 誰將西歸(수장서귀), 懷之
好音(회지호음).

조풍(曹風)

조나라의 노래

150 하루살이(부유蜉蝣)

하루살이 깃처럼 (귀족들의) 저고리와 치마가 지나치게 아름답고 선정적이구나. 내 마음 우울해져, 아! 나 전원으로 돌아가 살리라.

　蜉蝣之羽(부유지우), 衣裳楚楚(의상초초). 心之憂矣(심지우의), 於我歸處(어아귀처).

하루살이 날개처럼 (귀족들은) 지나치게 화려한 의복을 입었구나. 내 마음 우울해져, 아! 나 전원으로 돌아가 쉬리라.

　蜉蝣之翼(부유지익), 采采衣服(채채의복). 心之憂矣(심지우의), 於我歸息(어아귀식).

하루살이 껍질처럼 (귀족들의) 삼베옷이 눈과 같이 하얗구나. 내 마음 우울해져, 아! 나 전원으로 돌아오니 흐뭇하구나.

蜉蝣掘閱(부유굴열), 麻衣如雪(마의여설). 心之憂矣(심지우의), 於我 歸說(어아귀열).

151 길라잡이(후인候人)

저 길라잡이여, 어찌 길고 짧은 창을 들었는가. 저기 그 사람의 무리들은 삼백 명이 슬갑까지 하였구나.

彼候人兮(피후인혜), 何戈與祋(하과여대). 彼其之子(피기지자), 三百 赤芾(삼백적불).

저 어살에 있는 사다새는 날개도 적시지 않는구나. 저기 그 사람의 무리들은 입은 옷마저 어울리지도 않는구나.

維鵜在梁(유제재량), 不濡其翼(불유기익). 彼其之子(피기지자), 不稱 其服(불칭기복).

저 어살에 있는 사다새는 부리도 적시지 않는구나. 저기 그 사람의 무리들은 받은 은총에 걸맞지도 않는구나.

維鵜在梁(유제재량), 不濡其味(불유기주). 彼其之子(피기지자), 不遂 其媾(불수기구).

무성하고도 울창한 남산에는 아침 무지개가 떴다네. 예쁘고도 아름다운 여인들이여! 막내딸과 잠시나마 굶주리고 있구나.

薈兮蔚兮(회혜울혜), 南山朝隮(남산조제). 婉兮變兮(완혜련혜), 季女斯飢(계녀사기).

152 뻐꾸기(시구鳲鳩)

뽕나무에 둥지를 튼 뻐꾸기, 그 새끼들은 일곱 마리라네. 선량한 그대는 그 거동이 한결같다네. 그 행동이 한결같아 마음이 마치 단단히 결속되어 있는 것 같다네.

鳲鳩在桑(시구재상), 其子七兮(기자칠혜). 淑人君子(숙인군자), 其儀一兮(기의일혜). 其儀一兮(기의일혜), 心如結兮(심여결혜).

뽕나무에 둥지를 튼 뻐꾸기, 그 새끼들은 매화나무에 앉아 있다네. 선량한 그대는 허리에 가는 실을 매었네. 허리에 가는 실을 맨 그대는 검푸른 고깔을 썼구나.

鳲鳩在桑(시구재상), 其子在梅(기자재매). 淑人君子(숙인군자), 其帶伊絲(기대이사). 其帶伊絲(기대이사), 其弁伊騏(기변이기).

뽕나무에 둥지를 튼 뻐꾸기, 그 새끼들은 가시나무에 앉아 있다네. 선량한 그대는 거동에 어긋남이 없구나. 그 거동에 어긋남이 없어 온 천하를 바로잡는다네.

鳲鳩在桑(시구재상), 其子在棘(기자재극). 淑人君子(숙인군자), 其儀不忒(기의불특). 其儀不忒(기의불특), 正是四國(정시사국).

뽕나무에 둥지를 튼 뻐꾸기, 그 새끼들은 개암나무에 앉아 있다네. 선량한 그대는 온 국민을 바로잡네. 온 국민을 바로잡으니 어찌 만년을 누리지 않으리오.

鳲鳩在桑(시구재상), 其子在榛(기자재진). 淑人君子(숙인군자), 正是國人(정시국인). 正是國人(정시국인), 胡不萬年(호불만년).

153 하천(下泉)

저 차가운 샘물 흘러내려, 저 무성한 강아지풀들을 적신다네. 난 자다 깨어 한숨 내쉬며, 멀리 주나라 서울을 생각한다네.

冽彼下泉(열피하천), 浸彼苞稂(침피포랑). 愾我寤嘆(개아오탄), 念彼周京(염피주경).

저 차가운 샘물 흘러내려, 저 수북한 맑은대쑥을 적신다네. 난 자다 깨어 한숨 내쉬며, 멀리 주나라 서울을 생각한다네.

冽彼下泉(열피하천), 浸彼苞蕭(침피포소). 愾我寤嘆(개아오탄), 念彼京周(염피경주).

저 차가운 샘물 흘러내려, 저 우거진 시초풀을 적신다네. 난 자다 깨어 한숨 내쉬며, 멀리 주나라 도읍을 생각한다네.

冽彼下泉(열피하천), 浸彼苞蓍(침피포시), 愾我寤嘆(개아오탄), 念彼京師(염피경사).

무성한 기장 싹들은, 장맛비가 기름지게 한다네. 천하에 군왕이 계시는데, 순나라의 제후 순백이 위로한다네.

芃芃黍苗(봉봉서묘), 陰雨膏之(음우고지). 四國有王(사국유왕), 郇伯 勞之(순백로지).

빈풍(豳風)
빈나라의 노래

154 칠월(七月)

칠월에는 대화성인 심성(心星)이 서쪽으로 유주하니 더위가 물러
가고, 구월이면 겨울옷을 준비해야 한다네. 동짓달은 바람이 차갑
고, 섣달에는 추위가 맵고 심해지니, 저고리가 없고 털옷이 없다면,
어떻게 한 해를 나겠는가. 정월엔 보습을 닦고, 이월엔 밭 갈러 간
다네. 내 아내와 아이들이 함께, 저 남쪽 밭으로 들밥 내오면, 권농
관도 기뻐한다네.

七月流火(칠월류화), 九月授衣(구월수의). 一之日觱發(일지일필발),
二之日栗烈(이지일률렬). 無衣無褐(무의무갈), 何以卒歲(하이졸세). 三
之日於耜(삼지일어사), 四之日擧趾(사지일거지). 同我婦子(동아부자),
饁彼南畝(엽피남무), 田畯至喜(전준지희).

칠월에는 대화성인 심성(心星)이 서쪽으로 유주하니 더위가 물러가고, 구월이면 겨울옷을 준비해야 한다네. 봄날이면 햇볕 살아나고, 꾀꼬리 날아올라 울어대면, 아가씨 대광주리 들고, 저 오솔길 따라 부드러운 뽕잎을 딴다네. 봄날은 해가 길기도 해, 수북하게 자란 흰 쑥을 캐다 보면, 아가씨 마음이 서글퍼져, 간절한 마음으로 공자님과 함께 돌아가고자 한다네.

七月流火(칠월류화), 九月授衣(구월수의). 春日載陽(춘일재양), 有鳴倉庚(유명창경). 女執懿筐(여집의광), 遵彼微行(준피미행), 爰求柔桑(원구유상). 春日遲遲(춘일지지), 采蘩祁祁(채번기기). 女心傷悲(여심상비), 殆及公子同歸(태급공자동귀).

칠월에는 대화성인 심성(心星)이 서쪽으로 유주하니 더위가 물러가고, 팔월에는 물억새와 갈대를 베어야 한다네. 누에치는 달에는 뽕나무 가지를 크고 작은 도끼를 쥐고서 멀리 뻗은 가지를 잘라내고, 저 여린 뽕잎만을 따온다네. 칠월에는 때까치가 울고, 팔월에는 길쌈을 한다네. 검게도 물들이고 노랗게도 물들이는데, 내겐 붉은색이 제일 좋으니, 공자님 바지 지어 드리리라.

七月流火(칠월류화), 八月萑葦(팔월환위, 萑: 물억새 환). 蠶月條桑(잠월조상), 取彼斧斨(취피부장). 以伐遠揚(이벌원양), 猗彼女桑(의피녀상). 七月鳴鵙(칠월명격), 八月載績(팔월재적). 載玄載黃(재현재황), 我朱孔陽(아주공양), 為公子裳(위공자상).

사월에는 강아지풀 피어나고, 오월에는 쓰르라미가 운다네. 팔월에는 곡식을 수확하고, 시월에는 초목의 낙엽이 진다네. 동짓달엔 담비를 사냥하고, 여우와 살쾡이도 잡아, 공자님 갖옷 짓는다네. 섣달에는 모두 함께 나가 무공을 연마한다네. 새끼 멧돼지는 내가 갖고요, 큰 멧돼지는 공자님께 바친다네.

四月秀葽(사월수요), 五月鳴蜩(오월명조). 八月其穫(팔월기확), 十月隕蘀(시월운탁). 一之日於貉(일지일어락, 貉: 담비 락), 取彼狐狸(취피호리), 為公子裘(위공자구). 二之日其同(이지일기동), 載纘武功(재찬무공). 言私其豵(언사기종), 獻豜于公(헌견우공).

오월에는 여치가 다리 부비며 울고, 유월에는 베짱이가 깃을 떨어 울어댄다네. 칠월에는 들판에 있고, 팔월에는 처마에 들었다가, 시월에 그 귀뚜라미는 내 침상 아래로 들어온다네. 벽 구멍 막고 연기를 피워, 쥐를 쫓고 북향 창을 막고, 지게문엔 매흙질을 한다네. 아! 내 아내와 아이들에게 한 해가 바뀌려 한다 말하곤, 이 방에 들어와서 편히 쉬자고 한다네.

五月斯螽動股(오월사종동고), 六月莎雞振羽(유월사계진우). 七月在野(칠월재야), 八月在宇(팔월재우), 九月在戶(구월재호), 十月蟋蟀(십월실솔), 入我床下(입아상하). 穹窒熏鼠(궁질훈서), 塞向墐戶(새향근호). 嗟我婦子(차아부자), 曰為改歲(왈위개세), 入此室處(입차실처).

유월에는 산앵두와 머루를 따 먹고, 칠월에는 아욱과 콩 삶아 먹는다네. 팔월에는 대추를 털고, 시월에는 벼를 수확하여, 이듬해 봄에는 술을 빚어 노인들에게 드리리라. 칠월에는 오이를 먹고, 팔월

에는 박을 타며, 구월에는 삼씨를 줍고, 씀바귀 캐어 가죽나무 땔
감 하여 우리 농부들 먹이리라.

六月食鬱及薁(유월식욱급욱), 七月亨葵及菽(칠월형규급숙). 八月剝
棗(팔월박조), 十月獲稻(십월획도). 爲此春酒(위차춘주), 以介眉壽(이개
미수). 七月食瓜(칠월식과), 八月斷壺(팔월단호), 九月叔苴(구월숙저),
采茶薪樗(채도신저), 食我農夫(식아농부).

구월에는 마당과 텃밭 축조하여, 시월엔 곡식을 거두어들인다네.
기장과 피며 늦은 올벼 삼과 콩과 보리, 아, 우리 농부들이여! 이제
추수 마쳤으니 집으로 들어가 집일을 하세나. 낮에는 띠풀을 베어
오고, 밤에는 새끼를 꼬아서 서둘러 지붕을 이어야, 비로소 백곡을
파종할 수 있다네.

九月築場圃(구월축장포), 十月納禾稼(십월납화가). 黍稷重穋(서직중
륙), 禾麻菽麥(화마숙맥). 嗟我農夫(차아농부), 我稼旣同(아가기동), 上
入執宮功(상입집궁공). 晝爾於茅(주이어모), 宵爾索綯(소이색도), 亟其
乘屋(극기승옥), 其始播百穀(기시파백곡).

섣달에는 얼음 탕탕 깨어다가 정월에는 얼음 창고에 들여 놓는
다네. 이월 아침엔 염소를 바치고 부추로 제사 지내네. 구월엔 된
서리 내리고, 시월에는 마당을 치운다네. 두 동이 술을 빚어 잔치
열고, 염소와 양을 잡아 저기 공당에 올리고는, 저 무소 뿔잔을 들
어 만수무강을 빌리라.

二之日鑿冰沖沖(이지일착빙충충), 三之日納於凌陰(삼지일납어릉음).

四之日其蚤(사지일기조), 獻羔祭韭(헌고제구). 九月肅霜(구월숙상), 十月滌場(십월척장). 朋酒斯饗(붕주사향), 曰殺羔羊(왈살고양), 躋彼公堂(제피공당). 稱彼兕觥(칭피시굉), 萬壽無疆(만수무강).

155 올빼미(치효鴟鴞)

올빼미야! 올빼미야! 내 새끼 잡아먹었으니 내 둥지는 망가뜨리지 말거라. 알뜰살뜰 애를 써서 정성들여 키우느라 속 태웠단다.

鴟鴞鴟鴞(치효치효), 旣取我子(기취아자), 無毀我室(무훼아실). 恩斯勤斯(은사근사), 鬻子之閔斯(죽자지민사).

장마철 오기 전에 뽕나무 뿌리껍질 벗겨다가 창과 문지방을 빈틈없이 엮으면, 이제 와서 너의 하층민들이 혹시라도 나를 업신여길까.

迨天之未陰雨(태천지미음우), 徹彼桑土(철피상토), 綢繆牖戶(주무유호). 今女下民(금녀하민), 或敢侮予(혹감모여).

내 손과 입이 닳도록 갈대도 주워오고 띠 풀도 쌓았다네. 내 입이 병난 것은 내 아직 편히 쉴 집이 없어서였느니라.

予手拮据(여수길거), 予所捋荼(여소랄도). 予所蓄租(여소축조), 予口卒瘏(여구졸도), 曰予未有室家(왈여미유실가).

내 깃이 다 뽑히고 내 꼬리는 다 닳았는데도 내 둥지가 위태롭네. 비바람이 뒤흔들어대니 두렵고 두려워 울어댄다네.

予羽譙譙(여우초초), 予尾翛翛(여미소소), 予室翹翹(여실교교). 風雨
所漂搖(풍우소표요), 予維音嘵嘵(여유음효효).

156 동산(東山)

내 정벌한 땅 동산에 가서는 오랫동안 돌아오지 못했다네. 동산
에서 돌아올 때 보슬비가 부슬부슬 내렸지. 내 동쪽에서 돌아가
자고 말하면서 서쪽 그리움에 서글퍼 했었네. 돌아가 입을 바지저
고리 지으며 다시는 군사되어 가지 않으리라 했었지. 꿈틀꿈틀 뽕
나무 벌레가 들판의 뽕나무에 있어 흠칫했다네. 웅크리고 혼자 새
우잠을 자거나 또 수레 밑에서 밤을 지새웠다네.

我徂東山(아조동산), 慆慆不歸(도도불귀). 我來自東(아래자동), 零雨
其濛(영우기몽). 我東曰歸(아동왈귀), 我心西悲(아심서비). 制彼裳衣(제
피상의), 勿士行枚(물사행매). 蜎蜎者蠋(연연자촉), 烝在桑野(증재상야).
敦彼獨宿(돈피독숙), 亦在車下(역재거하).

내 정벌한 땅 동산에 가서는 오랫동안 돌아오지 못했다네. 동산
에서 돌아올 때 보슬비가 부슬부슬 내렸었지. 주렁주렁 하눌타리
열매 그 넝쿨 처마 밑까지 뻗어 있고, 방 안에는 쥐며느리 문간에
는 거미줄이 집 근처 공터는 사슴 놀이마당되었고, 밤길에 도깨비
불 반짝인다네. 고향이 두렵기는커녕 그립기만 했다네.

我徂東山(아조동산), 慆慆不歸(도도불귀). 我來自東(아래자동), 零雨

其濛(영우기몽). 果臝之實(과라지실), 亦施於宇(역시어우). 伊威在室(이위재실), 蠨蛸在戶(소소재호). 町畽鹿場(정톤록장), 熠燿宵行(습요소행). 不可畏也(불가외야). 伊可懷也(이가회야).

내 정벌한 땅 동산에 가서는 오랫동안 돌아오지 못했다네. 동산에서 돌아올 때 보슬비가 부슬부슬 내렸었지. 황새는 개미둔덕에서 울고 아내는 방 안에서 탄식한다네. 쥐구멍 막고 쓸고 닦고 할 때 출정한 내가 돌아왔다네. 대롱대롱 오이 밤나무 장작더미에 걸려 있었지. 내가 이러한 정경을 못 본 지 이제 삼 년이 되었구나.

　我徂東山(아조동산), 慆慆不歸(도도불귀). 我來自東(아래자동), 零雨其濛(영우기몽). 鸛鳴於垤(관명어질), 婦嘆於室(부탄어실). 洒掃穹室(쇄소궁질), 我征聿至(아정율지). 有敦瓜苦(유돈과고), 烝在栗薪(증재률신). 自我不見(자아불견), 於今三年(어금삼년).

내 정벌한 땅 동산에 가서는 오랫동안 돌아오지 못했다네. 동산에서 돌아올 때 보슬비가 부슬부슬 내렸었지. 꾀꼬리 푸드덕 나니 그 깃이 곱고도 빛나네. 그녀 시집갈 적에 얼룩무늬 말을 탔다네. 친정어머니는 향주머니 달아주시며 온갖 법도 갖추게 했다네. 신혼 살이 그토록 즐거웠는데 오래되면 어찌하겠나.

　我徂東山(아조동산), 慆慆不歸(도도불귀). 我來自東(아래자동), 零雨其濛(영우기몽). 倉庚于飛(창경우비), 熠燿其羽(습요기우). 之子于歸(지자우귀), 皇駁其馬(황박기마). 親結其縭(친결기리), 九十其儀(구십기의). 其新孔嘉(기신공가), 其舊如之何(기구여지하).

157 부서진 도끼(파부破斧)

내 도끼는 이미 부서져 버렸고 싸움 도끼도 날이 다 빠졌다네. 허나 주공께서 동쪽을 정벌하여 온 나라를 바로잡으셨네. 우리 백성을 아끼시는 마음 크고도 위대하다네.

旣破我斧(기파아부), 又缺我斨(우결아장). 周公東征(주공동정), 四國是皇(사국시황). 哀我人斯(애아인사), 亦孔之將(역공지장).

내 도끼는 이미 부서져 버렸고 또한 내 쇠뇌도 고장 났다네. 허나 주공께서 동쪽을 정벌하여 온 나라를 교화하셨네. 우리 백성을 아끼시는 마음 너무도 크고 아름다우시네.

旣破我斧(기파아부), 又缺我錡(우결아기). 周公東征(주공동정), 四國是吪(사국시와). 哀我人斯(애아인사), 亦孔之嘉(역공지가).

내 도끼는 이미 부서져 버렸고 또한 내 끌도 부러졌다네. 허나 주공께서 동쪽을 정벌하니 온 나라가 굳건하다네. 우리 백성을 아끼시는 마음 너무도 크고 훌륭하다네.

旣破我斧(기파아부), 又缺我銶(우결아구). 周公東征(주공동정), 四國是遒(사국시주). 哀我人斯(애아인사), 亦孔之休(역공지휴).

158 도끼자루(벌가伐柯)

도끼자루를 베려면 어떻게 해야 하나, 도끼가 아니면 할 수 없다네. 아내를 얻으려면 어떻게 해야 하나, 중매쟁이가 아니면 얻지 못한다네.

伐柯如何(벌가여하), 匪斧不克(비부불극). 取妻如何(취처여하), 匪媒
不得(비매부득).

도끼자루를 보고 도끼자루를 벨 때는, 그 법칙이 멀리 있지 않다
네. 내가 저 아가씨와 혼인한다면, 진수성찬을 차려내겠네.

伐柯伐柯(벌가벌가), 其則不遠(기칙불원). 我覯之子(아구지자), 籩豆
有踐(변두유천).

159 아홉 코의 그물(구역九罭)

아홉 코의 그물에 걸린 물고기 송어와 방어라네. 내가 그 사람 만
나보니 곤룡포 저고리에 수놓은 바지를 입었다네.

九罭之魚(구역지어), 鱒魴(준방). 我覯之子(아구지자), 袞衣繡裳(곤의
수상).

기러기는 모래톱 물가를 날아가네. 주공께서 돌아가시면 머무를
곳이 없으랴만, 그대들에게 잠시 머무르는 것이라네.

鴻飛遵渚(홍비준저), 公歸無所(공귀무소), 於女信處(어녀신처).

기러기는 뭍으로 날아가네. 주공께서 돌아가시면 다시 돌아오시
지 않으리니, 그대들에게 잠시 머무르는 것이라네.

鴻飛遵陸(홍비준륙), 公歸不復(공귀불복), 於女信宿(어녀신숙).

이 때문에 곤룡포 입은 분을 모셨는데, 우리 주공 돌아가게 하지 마시오. 우리 마음을 슬프게 하지 말아다오.

是以有袞衣兮(시이유곤의혜), 無以我公歸兮(무이아공귀혜), 無使我 心悲兮(무사아심비혜).

160 이리의 발걸음(낭발狼跋)

늙은 이리 가려 하나 턱살에 밟히고 뒤로 물러서려니 꼬리에 걸려 넘어진다네. 주공께서는 큰 공을 사양하시니 붉은 신 신으신 걸음걸이 의젓하시네.

狼跋其胡(낭발기호), 載疐其尾(재체기미). 公孫碩膚(공손석부), 赤舃 几几(적석궤궤).

늙은 이리 뒤로 물러나다 꼬리에 걸려 넘어지고 앞으로 가려 하나 턱살에 밟힌다네. 주공께서는 큰 공을 사양하시니 훌륭한 말씀에 조그마한 흠도 없으시네.

狼疐其尾(낭체기미), 載跋其胡(재발기호). 公孫碩膚(공손석부), 德音 不瑕(덕음불하).

제 2 편

아
雅

제

소아(小雅)

161 사슴의 울음소리(녹명鹿鳴)

'유유'라는 소리를 내며 사슴들이 들판에서 대쑥을 뜯어먹고 있다네. 내게 오신 손님들 있어 거문고 뜯고 생황을 분다네. 생황 불며 대광주리에 폐백을 담아 올리니 사람들이 날 좋아하며 가야 할 큰 도리를 알려주었다네.

呦呦鹿鳴(유유녹명), 食野之苹(식야지평). 我有嘉賓(아유가빈), 鼓瑟吹笙(고슬취생). 吹笙鼓簧(취생고황), 承筐是將(승광시장). 人之好我(인지호아), 示我周行(시아주행).

'유유'라는 소리를 내며 사슴들이 들판에서 사철쑥을 뜯어먹고 있다네. 내게 오신 손님들 있어 좋은 말씀들 아주 밝다네. 백성들에겐 후덕함 보여주시니 군자들도 본받아 따른다네. 내게 좋은 술 있으니 훌륭한 손님들과 잔치하며 즐기리라.

呦呦鹿鳴(유유녹명), 食野之蒿(식야지호). 我有嘉賓(아유가빈), 德音孔昭(덕음공소). 視民不恌(시민부조), 君子是則是效(군자시즉시효). 我有旨酒(아유지주), 嘉賓式燕以敖(가빈식연이오).

'유유'라는 소리를 내며 사슴들이 들판에서 속서근풀을 뜯어먹고 있다네. 내게 오신 손님들 있어 크고 작은 거문고를 뜯는다네. 크고 작은 거문고를 뜯으니 화평한 즐거움이 그지없네. 내게 좋은 술 있으니 잔치 음악인 연악을 연주하여 반가운 손님들의 마음을 즐겁게 한다네.

呦呦鹿鳴(유유녹명), 食野之芩(식야지금). 我有嘉賓(아유가빈), 鼓瑟鼓琴(고슬고금). 鼓瑟鼓琴(고슬고금), 和樂且湛(화락차담). 我有旨酒(아유지주), 以燕樂嘉賓之心(이연낙가빈지심).

162 네 필 수말(사모四牡)

네 필 수말이 달리고 달려도 주나라로 가는 길은 구불구불 더디기만 하다네. 어찌 돌아가고 싶지 않으리오만 나랏일이 바빠서 내 마음만 쓰리고 아프다오.

四牡騑騑(사모비비), 周道倭遲(주도왜지). 豈不懷歸(기불회귀), 王事靡盬(왕사미고), 我心傷悲(아심상비).

네 필 말이 달리고 달리다 보니 가리온 말이 헉헉댄다네. 어찌 돌아가고 싶지 않으리오만 나랏일이 바빠서 쉴 겨를조차 없다오.

四牡騑騑(사모비비), 嘽嘽駱馬(탄탄락마). 豈不懷歸(기불회귀), 王事靡盬(왕사미고), 不遑啟處(불황계처).

휠휠 나는 비둘기가 날아올랐다가 내려와선 무성한 상수리 숲에 모여 앉는다네. 나랏일이 바빠서 아버님 봉양도 못한다네.

翩翩者鵻(편편자추), 載飛載下(재비재하), 集於苞栩(집어포허). 王事靡盬(왕사미고), 不遑將父(불황장부).

휠휠 나는 비둘기가 날아올랐다가 내려와선 무성한 구기자나무 숲에 모여 앉는다네. 나랏일이 바빠서 어머님 봉양도 못한다네.

翩翩者鵻(편편자추), 載飛載止(재비재지), 集於苞杞(집어포기). 王事靡盬(왕사미고), 不遑將母(불황장모).

저 네 필 가리온말 타고 달리고 내달리고 싶다네. 어찌 돌아가고 싶지 않으리오만, 이렇게 노래라도 지어 부모님께 알릴 날만 기다린다네.

駕彼四駱(가피사락), 載驟駸駸(재취침침). 豈不懷歸(기불회귀), 是用作歌(시용작가), 將母來諗(장모래심).

163 아름답고 아름다운 꽃(황황자화皇皇者華)

아름답고 아름다운 꽃들이 저기 언덕과 습지에 있다네. 사신들이 많은 말을 이끌어 내달리는 건 매번 군주의 명령이 나라 곳곳에 못 미칠까 걱정해서라네.

皇皇者華(황황자화), 於彼原隰(어피원습). 駪駪征夫(신신정부), 每懷靡及(매회미급).

내 말은 망아지인데 여섯 고삐 윤기가 난다네. 달리고 내달려서 두루 묻고 자문을 구하리라.

我馬維駒(아마유구), 六轡如濡(육비여유). 載馳載驅(재치재구), 周爰咨諏(주원자추).

내 말은 검푸른 말인데 여섯 고삐가 실로 꼰 것 같다네. 달리고 내달려서 두루 묻고 계책을 구하리라.

我馬維騏(아마유기), 六轡如絲(육비여사). 載馳載驅(재치재구), 周爰咨謀(주원자모).

내 말은 가리온 말인데 여섯 고삐가 옥처럼 빛나네. 달리고 내달려서 두루 묻고 헤아려보리라.

我馬維駱(아마유락), 六轡沃若(육비옥약). 載馳載驅(재치재구), 周爰咨度(주원자도).

내 말은 오총이 말인데 여섯 고삐가 가지런하다네. 달리고 내달려서 두루 묻고 의논하리라.

我馬維駰(아마유인), 六轡旣均(육비기균). 載馳載驅(재치재구), 周爰
諮詢(주원자순).

164 산 앵두나무(상체常棣)

산 앵두나무 꽃받침이 아름답고 아름답지 아니한가. 무릇 지금
사람들에게 형제만 한 이가 없는 것 같구나.

常棣之華(상체지화), 鄂不韡韡(악불위위). 凡今之人(범금지인), 莫如
兄弟(막여형제).

죽음의 위험에 처하면 형제들만 크게 걱정한다네. 언덕과 습지
에 시체가 쌓여 있으면 형제들만 찾아 나선다네.

死喪之威(사상지위), 兄弟孔懷(형제공회). 原隰裒矣(원습부의), 兄弟
求矣(형제구의).

척령이 언덕에 있듯이 형제에게 급작스런 어려움이 닥치면 비록
좋은 벗들이 있을지라도 긴 탄식만 할 뿐이라네.

脊令在原(척령재원), 兄弟急難(형제급난). 每有良朋(매유량붕), 況也
永嘆(황야영탄).

형제들은 집안에서는 싸우다가도 밖에서는 그들을 모욕하면 함께
막는다네. 비록 좋은 친구 있다 해도 닥쳐서는 도와주지 않는다네.

兄弟鬩於牆(형제혁어장), 外御其務(외어기무). 每有良朋(매유량붕),
烝也無戎(증야무융).

죽는 재난이 평정되고 이미 안정되고 편안해지면 비록 형제 있
다 해도 친구들만큼은 도탑게 여기지 않는다네.
　喪亂既平(상란기평), 既安且寧(기안차녕). 雖有兄弟(수유형제), 不如
友生(불여우생)?

좋은 음식 차려놓고 술 마시고 실컷 먹는다 해도 형제들 모두 함
께해야만 화기롭게 즐기고 친근해진다네.
　儐爾籩豆(빈이변두), 飲酒之飫(음주지어). 兄弟既具(형제기구), 和樂
且孺(화낙차유).

아내와 자식들이 잘 화합하면 거문고와 비파 뜯는 것과 같아도
형제들이 뜻 맞아야 화기롭게 즐기고 친근해진다네.
　妻子好合(처자호합), 如鼓瑟琴(여고슬금). 兄弟既翕(형제기흡), 和樂
且湛(화낙차담).

그대의 가족을 화목케 하고 처자식 즐겁게 하려면 형제간의 우
애를 추구하고 도모해야만 진실로 그렇게 된다네.
　宜爾室家(의이실가), 樂爾妻帑(낙이처노, 帑: 처자 노). 是究是圖(시구
시도), 亶其然乎(단기연호).

165 나무를 베다(벌목伐木)

　나무 베는 소리 쩡쩡 울리고 새들은 앵앵 지저귀면서 깊은 골짜기로부터 나와서 높은 나무로 옮겨 앉는다네. 그네들이 지저귀는 건 다정한 벗을 구하는 것이라네. 저 새들도 서로 벗을 구하는 소리를 내는데, 하물며 사람으로서 다정한 벗을 찾지 않는단 말인가. 덕이 지극히 높은 사람을 따른다면 마침내는 화기롭고도 평안하리라.

　伐木丁丁(벌목정정), 鳥鳴嚶嚶(조명앵앵). 出自幽谷(출자유곡), 遷於喬木(천어교목). 嚶其鳴矣(앵기명의), 求其友聲(구기우성). 相彼鳥矣(상피조의), 猶求友聲(유구우성). 矧伊人矣(신이인의), 不求友生(불구우생). 神之聽之(신지청지), 終和且平(종화차평).

　사람들이 휙휙 나무를 베는데 거른 술은 감미로운 향기가 나고 안주로 살찐 어린 양이 있기에 여러 친족을 초청하여야 한다네. 기대완 다르게 때맞추어 오지 않더라도 내가 보살피지 않는 것이 아니라네. 아! 깨끗하게 집 안을 물 뿌려 청소하고 여덟 개의 접시에 음식을 차림에 살찐 수컷 짐승이 있기에 여러 외척을 초대하니 기대와 다르게 오지 않는다 하더라도 나에게 과실이 있는 건 아니라네.

　伐木許許(벌목허허), 釃酒有藇(시주유서), 旣有肥羜(기유비저), 以速諸父(이속제부). 寧適不來(영적불래), 微我弗顧(미아불고). 於粲洒掃(어찬쇄소), 陳饋八簋(진궤팔궤). 旣有肥牡(기유비모), 以速諸舅(이속제구). 寧適不來(영적불래), 微我有咎(미아유구).

비탈언덕에서 나무를 베는데 거른 술이 있고 각종 좋은 그릇에 음식도 차려져 있으니 형제간에 멀어짐이 없다네. 사람들이 덕을 잃는 건 접대에 소홀해서라네. 술이 있으면 내가 걸러내고 술이 없으면 내가 사오면 된다네. 둥둥 내가 북을 울리고 덩실덩실 내가 춤을 추리니 내 한가한 틈타 우리 이 거른 술을 마셔 보세나.

伐木於阪(벌목어판), 釃酒有衍(시주유연). 籩豆有踐(변두유천), 兄弟無遠(형제무원). 民之失德(민지실덕), 乾餱以愆(건후이건). 有酒湑我(유주서아), 無酒酤我(무주고아). 坎坎鼓我(감감고아), 蹲蹲舞我(준준무아). 迨我暇矣(태아가의), 飮此湑矣(음차서의).

166 하늘이 돕다(천보天保)

하늘이 그대를 보호하고 안정시켜 또한 매우 견고하게 하시네. 그대에게 오직 두텁게 하시니 어떤 복인들 주시지 않겠는가. 그대에게 많은 이로움을 주시니 그로써 풍부하지 않음이 없구나.

天保定爾(천보정이), 亦孔之固(역공지고). 俾爾單厚(비이단후), 何福不除(하복부제). 俾爾多益(비이다익), 以莫不庶(이막불서).

하늘이 그대를 보호하고 안정시켜 그대에게 모든 복을 더하시네. 모두 아름답지 아니함이 없는 온갖 복을 하늘에서 받는구나. 그대에게 장구한 복을 내리시면서도 날마다 부족하다고 여기시는구나.

天保定爾(천보정이), 俾爾戩穀(비이전곡). 罄無不宜(경무불의), 受天

百祿(수천백록). 降爾遐福(강이하복), 維日不足(유일부족).

하늘이 그대를 보호하고 안정시켜 왕성하게 하지 않음이 없네.
산과 같고 언덕과 같으며 산마루 같고 구릉 같다네. 또한 냇물이
사방에서 흘러들어오는 것 같으니 불어나지 않음이 없다네.

天保定爾(천보정이), 以莫不興(이막불흥). 如山如阜(여산여부), 如岡
如陵(여강여릉). 如川之方至(여천지방지), 以莫不增(이막부증).

좋은 날 받아 깨끗한 술과 밥을 지어 효심으로써 제사지내네. 약
제(봄 제사), 사제(여름 제사), 증제(겨울 제사), 상제(가을 제사)를 조상님
인 선공과 선왕께 올리네. 선왕께서 이르시길 만수무강하라네.

吉蠲為饎(길견위희), 是用孝享(시용효향). 禴祠烝嘗(약사증상), 於公
先王(어공선왕). 君曰卜爾(군왈복이), 萬壽無疆(만수무강).

조상신이 이르시어 그대에게 많은 복을 내려 주시네. 백성들은
질박하여 날마다 먹고 마신다네. 많은 백성들이 두루두루 그대의
덕을 따른다네.

神之吊矣(신지적의), 詒爾多福(이이다복). 民之質矣(민지질의), 日用
飲食(일용음식). 群黎百姓(군려백성), 遍為爾德(편위이덕).

초승달이 차오르듯 아침 해가 떠오르듯 남산과 같이 오래오래
이지러지지 않고 무너지지 않아 소나무와 잣나무가 무성하듯 그대
의 나라가 이어지지 않음이 없을 것이로다.

如月之恆(여월지긍), 如日之升(여일지승). 如南山之壽(여남산지수), 不騫不崩(불건불붕). 如松柏之茂(여송백지무), 無不爾或承(무불이혹승).

167 고사리를 뜯네(채미採薇)

고사리를 뜯네, 고사리를 뜯는다네. 고사리 또한 돋아남을 그쳤다네. 돌아가세! 돌아가세! 세월 또한 저물어 간다네. 아내 없고 집 없는 건 저 흉노라는 오랑캐 때문이라네. 집에서 편안하게 살 겨를이 없는 건 저 흉노라는 오랑캐 때문이라네.

採薇採薇(채미채미), 薇亦作止(미역작지). 曰歸曰歸(왈귀왈귀), 歲亦莫止(세역막지). 靡室靡家(미실미가), 玁狁之故(험윤지고). 不遑啟居(불황계거), 玁狁之故(험윤지고).

고사리를 뜯네, 고사리를 뜯는다네. 고사리 또한 부드러워진다네. 돌아가세! 돌아가세! 마음 또한 우울해지네. 우울한 마음에 더욱 애태우니, 이에 배고프고 목마르다네. 나의 변방 수자리 끝나는 날 아직 확정되지도 않았으니 병역 마치고 돌아가는 자에게 집의 안부를 묻게 할 수 없다네.

採薇採薇(채미채미), 薇亦柔止(미역유지). 曰歸曰歸(왈귀왈귀), 心亦憂止(심역우지). 憂心烈烈(우심렬렬), 載飢載渴(재기재갈). 我戍未定(아수미정), 靡使歸聘(미사귀빙).

고사리를 뜯네, 고사리를 뜯는다네. 고사리 또한 쇠어진다네. 돌아가세! 돌아가세! 세월 또한 양기가 그쳐 시월이 되었다네. 나랏일에 바쁜지라 편안히 쉴 틈도 없네. 우울한 마음 더욱 괴롭지만 내 병역 마칠 순서는 오지도 않네.

採薇採薇(채미채미), 薇亦剛止(미역강지). 曰歸曰歸(왈귀왈귀), 歲亦陽止(세역양지). 王事靡盬(왕사미고), 不遑啟處(불황계처). 憂心孔疚(우심공구), 我行不來(아행불래).

저기 활짝 핀 꽃은 무엇인가, 산앵두나무 꽃이라네. 저 수레는 누구의 것인가, 군자의 수레라네. 전쟁용 수레에 멍에를 매니 네 필 말이 크고 씩씩하구나. 어찌 감히 정착하여 살 수 있을까만 한 달에 세 번을 싸워 이겨야 한다네.

彼爾維何(피이유하), 維常之華(유상지화). 彼路斯何(피로사하), 君子之車(군자지거). 戎車旣駕(융거기가), 四牡業業(사모업업). 豈敢定居(기감정거), 一月三捷(일월삼첩).

저 네 마리 말에 멍에를 하니 네 필 말 굳세기도 하구나. 군자가 타시고 병사들은 호위를 한다네. 네 필 말 나란히 가노니 상아활고자에 물고기가죽 활 통이라네. 어찌 하루라도 경계하지 않겠는가, 흉노 오랑캐들이 더욱 극성을 부린다네.

駕彼四牡(가피사모), 四牡騤騤(사모규규). 君子所依(군자소의), 小人所腓(소인소비). 四牡翼翼(사모익익), 象弭魚服(상미어복). 豈不日戒(기불일계), 玁狁孔棘(험윤공극).

옛적에 내가 병역하러 갈 땐 버드나무 우거지고 우거졌더니, 이 제야 돌아올 땐 눈 내리고 흩날려서 가는 길이 더디고 더뎌 목마르고 배도 고프다네. 이내 마음 애달프고 서글프건만 이내 슬픔 알아주는 이가 없구나.

昔我往矣(석아왕의), 楊柳依依(양류의의). 今我來思(금아래사), 雨雪霏霏(우설비비). 行道遲遲(행도지지), 載渴載飢(재갈재기). 我心傷悲(아심상비), 莫知我哀(막지아애).

168 수레를 내다(출거出車)

내 수레를 내어 타고 저 교외로 갔다네. 천자가 계신 곳으로부터 내가 명을 받고 왔노라 말하곤, 저 군사들을 불러들여 수레에 타라 일렀다네. 나랏일이 여러모로 어려우니 말 몰기를 빠르게 하라 하였다네.

我出我車(아출아거), 於彼牧矣(어피목의). 自天子所(자천자소), 謂我來矣(위아래의). 召彼僕夫(소피복부), 謂之載矣(위지재의). 王事多難(왕사다난), 維其棘矣(유기극의).

내 수레를 내어 타고 저 교외로 갔다네. 거북과 뱀 그린 깃발 꽂고 들소꼬리를 그린 깃발 세우니, 새매 그린 깃발과 거북과 뱀을 그린 깃발들이 어찌 펄럭펄럭 나부끼지 않겠는가. 이내 우울한 마음 더욱 초조해지니 다른 군사들도 초췌해진다네.

我出我車(아출아거), 於彼郊矣(어피교의). 設此旐矣(설차조의), 建彼

旆矣(건피모의). 彼旟旐斯(피여조사), 胡不旆旆(호불패패). 憂心悄悄(우심초초), 僕夫況瘁(복부황췌).

왕께서 장수 남중에게 명을 내려 삭방에 성을 쌓게 하였다네. 수레들 연이어 줄을 잇고 용을 그린 깃발과 뱀과 거북을 그린 깃발이 더욱 선명도 하구나. 천자께서 내게 명하여 저 삭방(북방)에 성을 쌓으라 하셨네. 빛나고 빛나는 남중이 흉노인 오랑캐를 물리쳤다네.

王命南仲(왕명남중), 往城於方(왕성어방). 出車彭彭(출차팽팽), 旂旐央央(기조앙앙). 天子命我(천자명아), 城彼朔方(성피삭방). 赫赫南仲(혁혁남중), 玁狁于襄(험윤어양).

옛날에 내가 출정 나갈 땐 기장과 피 꽃 피우더니, 이제야 돌아오니 눈이 내려 길 위에 쌓였구나. 나랏일이 여러모로 어려우니 집에서 편히 살날도 없구나. 어찌 집으로 돌아갈 마음 없겠는가만, 왕께서 내린 임명장인 이 간서가 두렵게 한다네.

昔我往矣(석아왕의), 黍稷方華(서직방화). 今我來思(금아래사), 雨雪載途(우설재도). 王事多難(왕사다난), 不遑啟居(불황계거). 豈不懷歸(기불회귀), 畏此簡書(외차간서).

풀벌레는 울어대고 메뚜기들은 뛰어 논다네. 내 아직 왕을 보지 못해 우울한 마음 걱정하고 걱정하다가 왕을 만나보니 이내 마음 곧 가라앉네. 빛나고 빛나는 남중이 가볍게 서녘 오랑캐를 물리쳤다네.

喓喓草蟲(요요초충), 趯趯阜螽(적적부종). 未見君子(미견군자), 憂心
忡忡(우심충충). 旣見君子(기견군자), 我心則降(아심즉항). 赫赫南仲(혁
혁남중), 薄伐西戎(박벌서융).

봄날은 길고 길어 풀과 나무 무성하다네. 꾀꼬리 꾀꼴꾀꼴 울어
대니 흰 쑥 캐는 사람들 많기도 많구나. 악당 무리를 붙잡아 취조
를 마치고 돌아오니, 빛나고 빛나는 남중이 오랑캐인 흉노족을 평
정하였다네.

春日遲遲(춘일지지), 卉木萋萋(훼목처처). 倉庚喈喈(창경개개), 采蘩
祁祁(채번기기). 執訊獲丑(집신획축), 薄言還歸(박언환귀). 赫赫南仲(혁
혁남중), 玁狁於夷(험윤어이).

169 우뚝 선 팥배나무(체두杕杜)

우뚝 선 팥배나무 주렁주렁 열매 맺었네. 나랏일을 소홀히 할 수
없으니 우리 떨어져 있는 날 계속된다네. 어느덧 시월이 되니 여인
의 마음은 쓰라리지만 출정한 지아비의 바쁨도 끝나겠지.

有杕之杜(유체지두), 有睆其實(유환기실). 王事靡盬(왕사미고), 繼嗣
我日(계사아일). 日月陽止(일월양지), 女心傷止(여심상지), 征夫遑止(정
부황지).

우뚝 선 팥배나무 그 잎 무성하고 무성하구나. 나랏일을 소홀히

할 수 없으니 이내 마음 쓰라리겠지만 서글프구나. 풀과 나무 무성
한데 여인의 마음은 쓰라리고 출정한 지아비의 바쁨도 끝나겠지.

有杕之杜(유체지두), 其葉萋萋(기엽처처). 王事靡盬(왕사미고), 我心
傷悲(아심상비). 卉木萋止(훼목처지), 女心悲止(여심상지), 征夫歸止(정
부귀지).

저 북쪽 산에 올라가 구기자를 딴다네. 나랏일을 소홀히 할 수 없
으니 우리 부모님 걱정하신다네. 박달나무로 만든 수레가 부서지
고 네 필 말도 지쳤으니 출정 나간 지아비 돌아올 날 머지않았겠지.

陟彼北山(척피북산), 言采其杞(언채기기). 王事靡盬(왕사미고), 憂我
父母(우아부모). 檀車幝幝(단거천천), 四牡痯痯(사모관관), 征夫不遠(정
부불원).

문서도 없고 교대할 사람들도 오지 않으니 우울한 마음 더욱 괴
롭구나. 기한이 가도 오지 않으니 더 많은 걱정을 하게 된다네. 거
북점과 시초 점을 치니 오실 날이 가깝다 하네. 출정한 지아비 가
까이에 오셨겠지요.

匪載匪來(비재비래), 憂心孔疚(우심공구). 斯逝不至(사서부지), 而多
為恤(이다위휼). 卜筮偕止(복서해지), 會言近止(회언근지), 征夫邇止(정
부이지).

170 통발에 걸린 물고기(어려魚麗)

통발에 걸린 물고기 동자개와 모래무지라네. 그대가 내온 술은 맛있고도 많구나.

魚麗於罶(어려어류), 鱨鯊(상사). 君子有酒(군자유주), 旨且多(지차다).

통발에 걸린 물고기 방어와 가물치라네. 그대가 내온 술은 많고도 맛있구나.

魚麗於罶(어려어류), 魴鱧(방례). 君子有酒(군자유주), 多且旨(다차지).

통발에 걸린 물고기 메기와 잉어라네. 그대가 내온 술은 맛있고도 넉넉하구나.

魚麗於罶(어려어류), 鰋鯉(언리). 君子有酒(군자유주), 旨且有(지차유).

음식이 많으니 기쁘기도 하구나.

物其多矣(물기다의), 維其嘉矣(유기가의).

음식이 맛있으니 우리 함께 모여 즐기세.

物其旨矣(물기지의), 維其偕矣(유기해의).

음식이 넉넉하니 제철에도 딱 맞구나.

物其有矣(물기유의), 維其時矣(유기시의).

171 남쪽 층계(남해南陔)

악보만 있고 가사는 없는 노래(지금은 없음今佚)

172 흰 꽃송이(백화白華)

악보만 있고 가사는 없는 노래(지금은 없음今佚)

173 풍성한 오곡(화서華黍)

악보만 있고 가사는 없는 노래(지금은 없음今佚)

174 남쪽의 곤들매기(남유가어南有嘉魚)

남쪽에는 곤들매기가 떼 지어 헤엄치네. 그대가 술을 내오니 반가운 손님과 잔치를 하며 즐긴다네.

南有嘉魚(남유가어), 烝然罩罩(증연조조). 君子有酒(군자유주), 嘉賓式燕以樂(가빈식연이락).

남쪽에는 곤들매기가 떼 지어 꼬리를 치네. 그대가 술을 내오니 반가운 손님과 잔치를 하며 기뻐한다네.

南有嘉魚(남유가어), 烝然汕汕(증연산산). 君子有酒(군자유주), 嘉賓式燕以衎(가빈식연이간).

남쪽에는 가지 늘어진 나무에 단 표주박이 얽혀 있네. 그대가 술을 내오니 반가운 손님과 잔치를 하며 편안히 논다네.

南有樛木(남유규목), 甘瓠累之(감호루지). 君子有酒(군자유주), 嘉賓式燕綏之(가빈식연수지).

휠휠 나는 비둘기가 떼 지어 날아오네. 그대가 술을 내오니 반가운 손님과 잔치를 하며 생각에 잠긴다네.

翩翩者雛(편편자추), 烝然來思(증연래사). 君子有酒(군자유주), 嘉賓式燕又思(가빈식연우사).

175 남산에는 사초가 있고(남산유대南山有臺)

남산에는 도롱이를 만드는 풀인 사초가 있고 북산에는 명아주가 있다네. 즐거운 그대여, 나라의 기반이라네. 즐거운 그대여, 만수무강 끝이 없어라.

南山有臺(남산유대), 北山有萊(북산유래). 樂只君子(낙지군자), 邦家之基(방가지기). 樂只君子(낙지군자), 萬壽無期(만수무기).

남산에는 뽕나무가 있고 북산에는 버드나무가 있다네. 즐거운 그대여, 나라와 집안의 빛이라네. 즐거운 그대여, 만수무강하소서.

南山有桑(남산유상), 北山有楊(북산유양). 樂只君子(낙지군자), 邦家之光(방가지광). 樂只君子(낙지군자), 萬壽無疆(만수무강).

남산에는 구기자나무가 있고 북산에는 오얏나무가 있다네. 즐거운 그대여, 백성의 어버이라네. 즐거운 그대여, 칭송이 끊이지 않네.

南山有杞(남산유기), 北山有李(북산유리). 樂只君子(낙지군자), 民之父母(민지부모). 樂只君子(낙지군자), 德音不已(덕음불이).

남산에는 붉은 옻나무가 있고 북산에는 사철나무가 있다네. 즐거운 그대여, 어찌 눈썹이 새도록 오래 살지 않겠는가. 즐거운 그대여, 칭송이 자자하다네.

南山有栲(남산유고), 北山有杻(북산유뉴). 樂只君子(낙지군자), 遐不眉壽(하불미수). 樂只君子(낙지군자), 德音是茂(덕음시무).

남산에는 구기자나무가 있고 북산에는 광나무가 있다네. 즐거운 그대여, 어찌 머리가 노래지도록 오래 살지 않겠는가. 즐거운 그대여, 그대의 후손도 돌보고 거두리라.

南山有枸(남산유구), 北山有楰(북산유유). 樂只君子(낙지군자), 遐不黃耉(하불황구). 樂只君子(낙지군자), 保艾爾後(보애이후).

176 별로 말미암아(유경由庚)

악보만 있고 가사는 없는 노래(지금은 없음今佚)

177 높은 언덕(숭구崇丘)

악보만 있고 가사는 없는 노래(지금은 없음今佚)

178 법도로 말미암아(유의由儀)

악보만 있고 가사는 없는 노래(지금은 없음今佚)

179 길게 자란 쑥(육소蓼蕭)

저 길게 자란 쑥에 이슬 내려 맑게 맺혀 있다네. 이미 그대를 뵙고 이내 마음 털어놓으니, 잔치를 베풀어주고 편하게 대화를 나누었지. 이 때문에 즐거운 마음으로 머무를 수 있었다네.

蓼彼蕭斯(육피소사), 零露湑兮(영로서혜). 旣見君子(기견군자), 我心寫兮(아심사혜). 燕笑語兮(연소어혜), 是以有譽處兮(시이유예처혜).

저 길게 자란 쑥에 알알이 이슬 내려 흠뻑 젖어 있다네. 이미 그대를 뵙고 나니 은총이요, 영광이랍니다. 지니신 덕이 도리에도 어긋나지 않으니 이 생명 다할 때까지 오래오래 잊지 못할 겁니다.

蓼彼蕭斯(육피소사), 零露瀼瀼(영로양양). 旣見君子(기견군자), 爲龍爲光(위룡위광). 其德不爽(기덕불상), 壽考不忘(수고불망).

저 길게 자란 쑥에 알알이 이슬 내려 영롱하니 윤기 돌고 있다네. 이미 그대를 뵙고 나니 편안하고 즐겁고 공손하시네. 형 같고 아우 같으니 아름다운 덕으로 오래도록 즐거울 것이야.

蓼彼蕭斯(육피소사), 零露泥泥(영로니니). 旣見君子(기견군자), 孔燕 豈弟(공연개제). 宜兄宜弟(의형의제), 令德壽豈(영덕수개).

저 길게 자란 쑥에 이슬 흠뻑 내려 젖어 있다네. 이미 그대를 뵙 고 나니 말고삐를 드리우고 화 방울과 난 방울이 화락하게 울리니 세상 모든 복이 모여든다네.

蓼彼蕭斯(육피소사), 零露濃濃(영로농농). 旣見君子(기견군자), 鞗革 忡忡(조혁충충). 和鸞雍雍(화란옹옹), 萬福攸同(만복유동).

180 촉촉하게 내린 이슬(담로湛露)

촉촉하게 내린 이슬 햇볕 아니면 마르지 않는다네. 질리도록 밤 에 술을 마시고도 취하지 않으면 집에 돌아가지 않으리라.

湛湛露斯(담담로사), 匪陽不晞(비양불희). 厭厭夜飮(염염야음), 不醉 無歸(불취무귀).

촉촉하게 내린 이슬 저 무성한 풀들에 맺혀 있네. 질리도록 밤에 술을 마시는데 종실에서 술판이 벌어졌다네.

湛湛露斯(담담로사), 在彼豐草(재피풍초). 厭厭夜飮(염염야음), 在宗 載考(재종재고).

촉촉하게 내린 이슬 저 구기자나무와 가시나무에 내렸다네. 밝고도 진실한 그대여, 덕행이 아름답지 아니함이 없구나.

湛湛露斯(담담로사), 在彼杞棘(재피기극). 顯允君子(현윤군자), 莫不令德(막불령덕).

오동나무와 가래나무에 주렁주렁 열매 달렸다네. 즐겁고 공손한 그대여, 예절이 아름답지 아니함이 없구나.

其桐其椅(기동기의), 其實離離(기실리리). 豈弟君子(개제군자), 莫不令儀(막불령의).

181 붉은활(동궁彤弓)

느슨하게 줄을 푼 붉은 활을 받아서 잘 간직하다가, 내게 아름다운 손님 오시면 진심으로 그에게 주면서, 종과 북을 갖춰 놓고 아침부터 잔치하리라.

彤弓弨兮(동궁초혜), 受言藏之(수언장지). 我有嘉賓(아유가빈), 中心貺之(중심황지). 鍾鼓旣設(종고기설), 一朝饗之(일조향지).

느슨하게 줄을 푼 붉은 활을 받아서 잘 보관하다가, 내게 아름다운 손님 오시면 진심으로 기뻐하면서, 종과 북을 갖춰 놓고 아침부터 칭찬하리라.

彤弓弨兮(동궁초혜), 受言載之(수언재지). 我有嘉賓(아유가빈), 中心喜之(중심희지). 鍾鼓旣設(종고기설), 一朝右之(일조우지).

느슨하게 줄을 푼 붉은 활을 받아서 활집에 넣어 두었다가, 내게 아름다운 손님 오시면 진심으로 좋아하면서, 종과 북을 갖춰 놓고 아침부터 술잔을 권하리라.

彤弓弨兮(동궁초혜), 受言囊之(수언고지). 我有嘉賓(아유가빈), 中心好之(중심호지). 鍾鼓旣設(종고기설), 一朝醻之(일조수지).

182 우거지고 우거진 지칭개(청청자아菁菁者莪)

우거지고 우거진 지칭개가 저기 언덕 가운데 자라고 있다네. 이미 그대를 보고 나니 즐겁고 예의도 바르다네.

菁菁者莪(청청자아), 在彼中阿(재피중아). 旣見君子(기견군자), 樂且有儀(낙차유의).

우거지고 우거진 지칭개가 저기 모래톱 가운데 자라고 있다네. 이미 그대를 보고 나니 이내 마음 기쁘다네.

菁菁者莪(청청자아), 在彼中沚(재피중지). 旣見君子(기견군자), 我心則喜(아심즉희).

우거지고 우거진 지칭개가 저기 언덕 가운데 자라고 있다네. 이미 그대를 보고 나니 내게 많은 보물을 준 듯하다네.

菁菁者莪(청청자아), 在彼中陵(재피중릉). 旣見君子(기견군자), 錫我百朋(석아백붕).

두둥실 떠다니는 버드나무 배가 잠겼다가 떠올랐다 한다네. 이미 그대를 보고 나니 이내 마음 편안하다네.

泛泛楊舟(범범양주), 載沉載浮(재침재부). 旣見君子(기견군자), 我心則休(아심즉휴).

183 유월(六月)

유월엔 서두르고 서둘러 전투용 수레인 융거를 정비한다네. 네 필 말이 튼튼하고 튼실하니 모든 군용장비도 항상 실어 놓는다네. 오랑캐인 흉노의 침입이 매우 맹렬하니 내가 이 때문에 서두른 것이라네. 왕께서 출정을 명하시어 왕국을 구하라 하셨다네.

六月棲棲(유월서서), 戎車旣飭(융거기칙). 四牡騤騤(사모규규), 載是常服(재시상복). 玁狁孔熾(험윤공치), 我是用急(아시용급). 王於出征(왕어출정), 以匡王國(이광왕국).

힘이 같은 네 필의 검은 말이 길이 잘 들었다네. 이번 유월에 나의 갑옷을 만들게 하였더니, 갑옷이 이미 만들어졌으니 하루에 삼십 리를 간다네. 왕께서 나에게 출정하여 천자를 보좌하라 하시네.

比物四驪(비물사려), 閑之維則(한지유칙). 維此六月(유차유월), 旣成我服(기성아복). 我服旣成(아복기성), 於三十里(어삼십리). 王於出征(왕어출정), 以佐天子(이좌천자).

네 필 말이 수려하고 건장하여 엄숙하기도 하다네. 가볍게 오랑캐 흉노를 정벌하여 큰 공을 세우리라. 엄격함과 삼감을 유지하며 군사의 복무를 받들어 왕국을 안정시키려 한다네.

四牡修廣(사모수광), 其大有顒(기대유옹). 薄伐玁狁(박벌험윤), 以奏膚公(이주부공). 有嚴有翼(유엄유익), 共武之服(공무지복). 共武之服(공무지복), 以定王國(이정왕국).

오랑캐 흉노는 부드럽지도 않아 초와 호 땅에 진을 치고 호와 방 땅을 침략하여 경수의 북쪽까지 이르렀다네. 새매 그린 깃발과 빛나는 대장기 펄럭이며 큰 융거 열 채가 앞장서서 길을 연다네.

玁狁匪茹(험윤비여), 整居焦獲(정거초획). 侵鎬及方(침호급방), 至於涇陽(지어경양). 織文鳥章(직문조장), 白旆央央(백패앙앙). 元戎十乘(원융십승), 以先啟行(이선계행).

전투용 수레는 훈련이 잘되어 자유롭게 앞으로 나아간다네. 네 필 말이 헌걸차니 건장하고 잘 훈련되었다네. 가볍게 오랑캐 흉노를 정벌하여 태원의 땅에 이르렀으니 문무에 뛰어난 길보는 만방의 모범이로구나.

戎車既安(융거기안), 如輕如軒(여지여헌). 四牡既佶(사모기길), 既佶且閑(기길차한). 薄伐玁狁(박벌험윤), 至於大原(지어대원). 文武吉甫(문무길보), 萬邦為憲(만방위헌).

길보가 잔치에서 기뻐하니 이미 많은 천복을 받았다네. 호경으로부터 집으로 돌아오니 집 떠난 지 오래되었네. 여러 벗들을 불러

들여 음식을 올리니 삶은 자라에 잉어회라네. 이 잔치에 누가 있었겠는가! 효성스럽고 우애로운 장중이라네.

吉甫燕喜(길보연희), 旣多受祉(기다수지). 來歸自鎬(내귀자호), 我行永久(아행영구). 飮御諸友(음어제우), 炰鱉膾鯉(포별회리). 侯誰在矣(후수재의), 張仲孝友(장중효우).

184 상추를 뜯네(채기采芑)

상추를 뜯는다네, 저기 새로 개간한 밭에서도 뜯고 여기 묵정밭에서도 뜯는다네. 어진 신하인 방숙께서 당도하시니 수레가 삼천 대라네. 군대의 방어력을 점검하시고 방숙께서 직접 지휘하시네. 네 필 검푸른 말이 끄는 수레에 타시니 네 필 철총이들 건장하다네. 타신 수레는 붉은빛이요, 대나무로 만든 휘장과 물고기 가죽으로 만든 화살통에 가슴께엔 쇠고리를 차고 고삐는 가죽으로 만들었다네.

薄言采芑(박언채기), 於彼新田(어피신전), 呈此菑畝(정차치무). 方叔涖止(방숙리지), 其車三千(기거삼천). 師干之試(사간지시), 方叔率止(방숙솔지). 乘其四騏(승기사기), 四騏翼翼(사기익익). 路車有奭(노거유석), 簟茀魚服(점불어복), 鉤膺鞗革(구응조혁).

상추를 뜯는다네, 저기 새로 개간한 밭에서도 뜯고 여기 마을 안에서도 뜯는다네. 어진 신하인 방숙께서 당도하시니 수레가 삼천 대라네. 용을 그린 제후의 기와 거북과 뱀을 그린 대부의 깃발이 펄럭이고 방숙께서 직접 지휘하시네. 묶어놓은 바퀴통에 빛나는 무늬 새겨진 수레 끌채의 가로나무에 매달린 여덟 개의 방울이 딸랑거리네. 천자께서 내리신 옷 입으니 붉은 슬갑이 화려하고 푸른 패옥 쟁쟁 울린다네.

薄言采芑(박언채기), 於彼新田(어피신전), 於此中鄕(어차중향). 方叔涖止(방숙리지), 其車三千(기거삼천). 旂旐央央(기조앙앙), 方叔率止(방숙솔지). 約軧錯衡(약저착형), 八鸞瑲瑲(팔란창창). 服其命服(복기명복), 朱芾斯皇(주불사황), 有瑲蔥珩(유창총형).

빠르게 나는 저 새매는 하늘 높이 날았다가 또한 멈추어선 내려 앉네. 방숙께서 이르시니 수레가 삼천 대라, 군대의 방어력을 점검하시고 방숙께서 직접 통솔하시네. 징을 치고 북을 울리며 사(師: 2,500명)로 진열시키고 여(旅: 500명)로 나누시네. 훌륭하고 믿음직한 방숙께서 북을 둥둥 두드리게 하니 그 북소리에 맞춰 군사들이 정돈하는구나.

鴥彼飛隼(율피비준), 其飛戾天(기비려천), 亦集爰止(역집원지). 方叔率止(방숙솔지), 其車三千(기거삼천), 師干之誡(사간지성). 方叔率止(방숙솔지), 鉦人伐鼓(정인벌고), 陳師鞠旅(진사국려). 顯允方叔(현윤방숙), 伐鼓淵淵(벌고연연), 振旅闐闐(진려전전).

어리석은 남방 오랑캐가 큰 나라를 원수로 삼는구나. 방숙께선 연로하시지만 계책은 젊은 사람보다 뛰어나다네. 방숙께서 군대를 통솔하시어 오랑캐 무리를 붙잡아 심문하는구나. 전투수레가 많고도 많으니 그 기세가 성하고 성하니 벼락소리 나는 듯 천둥소리 나는 듯하구나. 훌륭하고 믿음직한 방숙께서 오랑캐인 흉노를 정벌하시니 형 땅의 남방 오랑캐도 두려워하는구나.

蠢爾蠻荊(준이만형), 大邦為仇(대방위구). 方叔元老(방숙원로), 克壯其猶(극장기유). 方叔率止(방숙솔지), 執訊獲丑(집신획축). 戎車嘽嘽(융차탄탄), 嘽嘽焞焞(탄탄돈돈), 如霆如雷(여정여뢰). 顯允方叔(현윤방숙), 征伐玁狁(정벌험윤), 蠻荊來威(만형래위).

185 튼튼한 수레(거공車攻)

내 수레는 견고하고 내 말들은 이미 강건함이 한결같구나. 네 필 말이 건장하고 건장하니 멍에를 걸고 동쪽으로 간다네.

我車旣攻(아거기공), 我馬旣同(아마기동). 四牡龐龐(사모방방), 駕言徂東(가언조동).

사냥수레 튼튼하고 네 마리 말 매우 건장하구나. 동쪽에 넓은 초원 있기에 멍에를 걸고 사냥을 가는구나.

田車旣好(전거기호), 田牡孔阜(전모공부). 東有甫草(동유보초), 駕言行狩(가언행수).

그대가 사냥을 가니 선발된 무리들 시끄럽고 떠들썩하구나. 거북기 꽂고 뱀 그린 깃발 꽂아 오 땅에서 짐승을 잡는다네.

之子於苗(지자어묘), 選徒囂囂(선도효효). 建旐設旄(건조설모), 搏獸

於敖(박수어오).

저 네 마리 말에 멍에를 거니 네 마리 말 크고도 크구나. 붉은 슬 갑에 금빛 신을 신고 뵈올 사람 많이도 오시는구나.

駕彼四牡(가피사모), 四牡奕奕(사모혁혁). 赤芾金舃(적불금석), 會同 有繹(회동유역).

활각지와 팔찌 고르고 활과 화살 조율한다네. 활 쏘는 사람들이 함께 나섰으니 나를 도와 잡은 짐승들 쌓아 놓네.

決拾旣佽(결습기차), 弓矢旣調(궁시기조). 射夫旣同(사부기동), 助我 擧柴(조아거시).

네 필 누런 말에 멍에를 걸었더니 두 필의 곁말도 어울린다네. 수 레 빨리 달림에도 실수가 없고 화살을 쏘니 바위라도 깨뜨릴 듯하 다네.

四黃旣駕(사황기가), 兩驂不猗(양참불의). 不失其馳(불실기치), 舍矢 如破(사시여파).

말들은 힝힝대며 울고 깃발들은 나부낀다네. 몰이꾼과 마부들 놀라지 않고 큰 푸줏간은 가득 채우지 않았다네.

蕭蕭馬鳴(소소마명), 悠悠旆旌(유유패정). 徒御不驚(도어불경), 大庖 不盈(대포불영).

그대가 돌아간다는 소문은 있었지만 돌아가는 소리는 들리지 않는구나. 믿음직한 그대여, 진실로 크게 성공하리라.

之子於徵(지자어징), 有聞無聲(유문무성). 允矣君子(윤의군자), 展也大成(전야대성).

186 좋은 날(길일吉日)

좋은 날인 무진(戊辰)일에 이미 정성스레 제사 올렸다네. 사냥 수레 튼튼하고 네 필 수컷 말도 크고 건장하니 저 큰 언덕에 올라 짐승 떼를 뒤쫓는다네.

吉日維戊(길일유무), 旣伯旣禱(기백기도). 田車旣好(전거기호), 四牡孔阜(사모공부). 升彼大阜(승피대부), 從其群醜(종기군추).

좋은 날인 경오(庚午)일에 벌써 내가 탈 말 골라두었다네. 짐승들 모인 곳에 수사슴들이 떼 지어 모여 있네. 칠수와 저수에서 쫓아가니 천자께서 계신 곳이라네.

吉日庚午(길일경오), 旣差我馬(기차아마). 獸之所同(수지소동), 麀鹿麌麌(우록우우). 漆沮之從(칠저지종), 天子之所(천자지소).

저 들판을 바라보니 짐승들이 크고 매우 많다네. 많고 많아 떼를 지어 천천히 걷고 혹은 무리로 혹은 짝을 지어 노닌다네. 좌우에서 모두가 몰아가니 천자께서 즐거워한다네.

瞻彼中原(첨피중원), 其祁孔有(기기공유). 儦儦俟俟(표표사사), 或群

或友(혹군혹우). 悉率左右(실솔좌우), 以燕天子(이연천자).

내 활을 당겨 화살을 끼운다네. 작은 암퇘지에게 쏘고 큰 외뿔소를 화살 한 대로 잡아 손님들에게 올리고 맛 좋은 술을 함께 마셨다네.

旣張我弓(기장아궁), 旣挾我矢(기협아시). 發彼小豝(발피소파), 殪此大兕(에차대시). 以御賓客(이어빈객), 且以酌醴(차이작례).

187 큰 기러기와 작은 기러기(홍안鴻雁)

큰 기러기와 작은 기러기들 푸드득 날갯짓한다네. 그대가 먼 길을 가니 들판에서 고생하는구나. 이에 불쌍한 사람들에게 이르렀으니, 이 사람들은 홀아비와 과부들이니 애처롭구나.

鴻雁于飛(홍안우비), 肅肅其羽(숙숙기우). 之子於徵(지자어징), 劬勞於野(구로어야). 爰及矜人(원급긍인), 哀此鰥寡(애차환과).

큰 기러기와 작은 기러기들 날아 못 가운데 내려앉네. 그대가 담 쌓으니 여러 곳의 담들이 모두 지어진다네. 비록 지금 고생하더라도 편안한 집을 얻으리라.

鴻雁于飛(홍안우비), 集於中澤(집어중택). 之子於垣(지자어원), 百堵皆作(백도개작). 雖則劬勞(수즉구로), 其究安宅(기구안택).

큰 기러기와 작은 기러기들 날며 기럭기럭 슬피 운다네. 이 밝은 사람은 우리에게 고생한다고 말하는데, 저 어리석은 사람들은 우리를 총애한다고 말한다네.

鴻雁于飛(홍안우비), 哀鳴嗷嗷(애명오오). 維此哲人(유차철인), 謂我劬勞(위아구로). 維彼愚人(유피우인), 謂我宣驕(위아선교).

188 뜰의 횃불(정료庭燎)

밤이 얼마나 된 것 같은가! 아직 밤이 끝나지 아니하여 뜰의 횃불이 빛나는구나. 그대가 이르렀는지 방울소리 딸랑딸랑 울린다네.

夜如何其(야여하기), 夜未央(야미앙), 庭燎之光(정료지광). 君子至止(군자지지), 鸞聲將將(난성장장).

밤이 얼마나 된 것 같은가! 아직 밤이 끝나지 아니하여 뜰의 횃불이 밝게 밝게 빛난다네. 그대가 이르렀는지 방울소리 딸랑딸랑 울린다네.

夜如何其(야여하기), 夜未艾(야미애), 庭燎晣晣(정료절절). 君子至止(군자지지), 鸞聲噦噦(난성홰홰).

밤이 얼마나 된 것 같은가! 밤이 새벽으로 향하는 것 같은데 뜰에는 횃불이 밝구나. 그대가 이르렀는지 깃발이 뚜렷하게 보인다네.

夜如何其(야여하기), 夜鄉晨(야향신), 庭燎有輝(정료유휘). 君子至止(군자지지), 言觀其旂(언관기기).

189 넘실대는 물(면수 沔水)

저 넘실대며 흐르는 물이 바다로 모여든다네. 저기 쏜살같이 나는 새매는 나는 듯 멈춰서는 듯하는구나. 아아! 내 형제들과 나라의 일원인 여러 벗들은 나라의 난리를 걱정도 하지 않으니, 누군들 부모 없겠는가!

沔彼流水(면피류수), 朝宗於海(조종어해). 鴥彼飛隼(율피비준), 載飛載止(재비재지). 嗟我兄弟(차아형제), 邦人諸友(방인제우). 莫肯念亂(막긍념란), 誰無父母(수무부모).

저 넘실대며 흐르는 물이 출렁출렁 흘러간다네. 저기 쏜살같이 나는 새매는 나는 듯 멈춰서는 듯하는구나. 저 법도를 따르지 아니함을 염려하여 일어서서 서성거린다네. 마음속 근심을 그치거나 잊을 수가 없구나.

沔彼流水(면피류수), 其流湯湯(기류탕탕). 鴥彼飛隼(율피비준), 載飛載揚(재비재양). 念彼不跡(념피부적), 載起載行(재기재행). 心之憂矣(심지우의), 不可弭忘(불가미망).

저 쏜살같이 나는 새매는 저기 산등성이 따라간다네. 사람들의 뜬소문들이 어찌하여 그치지 않는단 말인가. 우리가 서로 우애롭고 공경한다면 어찌 헐뜯는 말들이 일어나겠는가.

鴥彼飛隼(율피비준), 率彼中陵(솔피중릉). 民之訛言(민지와언), 寧莫之懲(영막지징). 我友敬矣(아우경의), 讒言其興(참언기흥).

190 학 울음(학명鶴鳴)

학이 높은 언덕에서 우니 그 소리 들판에 울려 퍼진다네. 물고기들이 연못 속에 잠겨 있다가도 물가를 부유하는구나. 즐겨 찾는 저 동산에 박달나무 심었더니 그 아래론 낙엽이 진다네. 다른 산의 굴러다니는 돌도 숫돌이 될 수도 있다네.

鶴鳴於九皋(학명어구고), 聲聞於野(성문어야). 魚潛在淵(어잠재연), 或在於渚(혹재어저). 樂彼之園(낙피지원), 爰有樹檀(원유수단), 其下維蘀(기하유탁). 他山之石(타산지석), 可以爲錯(가이위착).

학이 높은 언덕에서 우니 그 소리 하늘까지 울려 퍼진다네. 물고기들이 못가에 있다가도 연못 속에 숨는구나. 즐겨 찾는 저 동산에 박달나무 심었더니 그 아래론 곡식들도 자란다네. 다른 산의 굴러다니는 돌도 옥을 가공할 수도 있다네.

鶴鳴於九皋(학명어구고), 聲聞於天(성문어천). 魚在於渚(어재어저), 或潛在淵(혹잠재연). 樂彼之園(낙피지원), 爰有樹檀(원유수단), 其下維穀(기하유곡). 他山之石(타산지석), 可以攻玉(가이공옥).

191 기보여(기보祈父)

기보(병기와 갑옷을 맡은 직책)여! 나는 왕의 발톱과 어금니 같은 존재라네. 어찌하여 나를 근심스럽게 하여 편히 살지 못하게 하는가.

祈父(기보), 予王之爪牙(여왕지조아). 胡轉予於恤(호전여어휼), 靡所止居(미소지거).

기보여! 나는 왕의 발톱과 어금니 같은 군사라네. 어찌하여 나를 근심스럽게 하여 편히 머물러 살지 못하게 하는가.

祈父(기보), 予王之爪士(여왕지조사). 胡轉予於恤(호전여어휼), 靡所底止(미소지지).

기보여! 나는 진실로 총명하지 못하다네. 어찌하여 나를 근심스럽게 하여 어머님이 밥을 짓는 등 집안일로 고생하시게 하는가.

祈父(기보), 亶不聰(단불총). 胡轉予於恤(호전여어휼), 有母之尸饔(유모지시옹).

192 흰 망아지(백구白駒)

희고 깨끗한 망아지가 우리 집 마당의 새싹들을 뜯어 먹는다네. 묶어 매어 놓고 오늘 아침 내내 머물게 하여 저 어진 그대를 여기서 노닐게 하리라.

皎皎白駒(교교백구), 食我場苗(식아장묘). 縶之維之(집지유지), 以永今朝(이영금조). 所謂伊人(소위이인), 於焉逍遙(어언소요).

희고 깨끗한 망아지가 우리 집 마당의 콩 싹을 뜯어 먹는다네. 묶어 매어 놓고 오늘 저녁 내내 머물게 하여 저 어진 그대를 여기서 기뻐하는 손님되게 하리라.

皎皎白駒(교교백구), 食我場藿(식아장곽). 縶之維之(집지유지), 以永今夕(이영금석). 所謂伊人(소위이인), 於焉嘉客(어언가객).

희고 깨끗한 망아지가 아름답게 꾸미고서 왔구나. 그대를 공작 삼거나 후작으로 삼아 편안함과 즐거움 끝없게 하리라. 그대는 유유자적하기를 꺼리는데 부디 은둔하려는 생각 거두길 바란다네.

皎皎白駒(교교백구), 賁然來思(분연래사). 爾公爾侯(이공이후), 逸豫無期(일예무기). 愼爾優遊(신이우유), 勉爾遁思(면이둔사).

희고 깨끗한 망아지가 저 빈 골짜기에 머무른다네. 신선한 꼴 한 다발 주니 그 사람 인품과 덕이 옥과도 같다네. 그런데 금과옥조와도 같은 그대 음성도 없으니 마음마저도 멀어져 있군요.

皎皎白駒(교교백구), 在彼空谷(재피공곡). 生芻一束(생추일속), 其人如玉(기인여옥). 毋金玉爾音(무금옥이음), 而有遐心(이유하심).

193 꾀꼬리(황조黃鳥)

꾀꼬리야! 꾀꼬리야! 닥나무에 앉지 말고 내 먹을 조를 쪼지 말거라. 이 나라 사람들이 나를 즐겁게 살게 하지 않는다면, 이에 되돌아가리라. 나의 나라 친족들에게 돌아가리라.

黃鳥黃鳥(황조황조), 無集於穀(무집어곡), 無啄我粟(무탁아속). 此邦之人(차방지인), 不我肯穀(불아긍곡). 言旋言歸(언선언귀), 復我邦族(복아방족).

꾀꼬리야! 꾀꼬리야! 뽕나무에 앉지 말고 내 먹을 조를 쪼지 말거라. 이 나라 사람들이 나와 더불어 공명정대하게 하지 않는다면,

이에 되돌아가리라. 나의 형제들에게 돌아가리라.

　黃鳥黃鳥(황조황조), 無集於桑(무집어상), 無啄我粱(무탁아량). 此邦
之人(차방지인), 不可與明(불가여명). 言旋言歸(언선언귀), 復我諸兄(복
아저형, 諸: 어조사 저).

　꾀꼬리야! 꾀꼬리야! 상수리나무에 앉지 말고 내 먹을 기장을 쪼
지 말거라. 이 나라 사람들이 나와 더불어 살 수 없다 하니, 이에 되
돌아가리라. 나의 부모에게 돌아가리라.

　黃鳥黃鳥(황조황조), 無集於栩(무집어허), 無啄我黍(무탁아서). 此邦
之人(차방지인), 不可與處(불가여처). 言旋言歸(언선언귀), 復我諸父(복
아저부).

194 내 들판에 나가니(아행기야我行其野)

　들판에 나가니 가죽나무들 우거졌네. 그대와 혼인했기 때문에
그대와 함께 살고 있지만, 그대 날 돌보지 않으니 나 친정으로 돌
아가리라.

　我行其野(아행기야), 蔽芾其樗(폐불기저). 婚姻之故(혼인지고), 言就
爾居(언취이거). 爾不我畜(이불아축), 復我邦家(복아방가).

　들판에 나가서 참소리쟁이 뜯었다네. 그대와 혼인했기 때문에
그대와 함께 자고 있지만, 그대 날 돌보지 않으니 나의 고국으로
돌아가리라.

我行其野(아행기야), 言采其蓫(언채기축). 婚姻之故(혼인지고), 言就
爾宿(언취이숙). 爾不我畜(이불아축), 言歸斯復(언귀사복).

들판에 나가서 메꽃 뜯었다네. 오랜 혼인생활 생각지도 않고 새
롭고 특별한 사람만 찾으니, 나보다 성숙하고 부유해서가 아니라
다만 색다르기 때문이리라.

我行其野(아행기야), 言采其葍(언채기복). 不思舊姻(불사구인), 求爾
新特(구이신특). 成不以富(성불이부), 亦祗以異(역지이이).

195 이 궁궐(사간斯干)

질서 정연한 이 궁궐이 그윽하고 깊은 남산에 있다네. 마치 대나
무가 우거진 듯 소나무가 무성하다네. 형과 아우가 서로 좋아하며
서로 허물없이 지낸다네.

秩秩斯干(질질사간), 幽幽南山(유유남산). 如竹苞矣(여죽포의), 如松
茂矣(여송무의). 兄及弟矣(형급제의), 式相好矣(식상호의), 無相猶矣(무
상유의).

조상의 뒤를 이어 집을 짓고 많은 담장을 쌓아 서쪽과 남쪽에 문
을 내었다네. 여기에서 살고 머물면서 웃고 이야기를 나눈다네.

似續妣祖(사속비조), 築室百堵(축실백도), 西南其戶(서남기호). 爰居
爰處(원거원처), 爰笑爰語(원소원어).

쭉 이어진 전각에선 환관들의 투박한 발소리가 들린다네. 비바람 막아주고 새나 쥐도 쫓아내니 그대가 살 곳이라네.

約之閣閣(약지각각), 椓之橐橐(탁지탁탁). 風雨攸除(풍우유제), 鳥鼠攸去(조서유거), 君子攸芋(군자유우).

발 돋음 하듯 치켜 올라간 처마, 화살같이 곧게 뻗은 서까래, 새가 날개를 펼친 듯한 모서리, 꿩이 나는 듯한 처마, 그대가 올라설 곳이라네.

如跂斯翼(여기사익), 如矢斯棘(여시사극), 如鳥斯革(여조사혁), 如翬斯飛(여휘사비), 君子攸躋(군자유제).

평평한 뜨락에 곧게 뻗은 기둥들에 시원시원한 바깥채요, 그윽하고 아늑한 안채이니 그대가 편안히 머물 곳이라네.

殖殖其庭(식식기정), 有覺其楹(유각기영). 噲噲其正(쾌쾌기정), 噦噦其冥(홰홰기명). 君子攸寧(군자유녕).

왕골자리와 댓자리 깔아놓으니 이내 편안한 잠자리라네. 잠자리에서 일어나 내가 꾼 꿈을 점쳐보니 길몽이 무슨 뜻이겠는가. 곰과 큰 곰을 보았고 독사와 살모사도 있었다네.

下莞上簟(하완상점), 乃安斯寢(내안사침). 乃寢乃興(내침내흥), 乃占我夢(내점아몽). 吉夢維何(길몽유하), 維熊維羆(유웅유비), 維虺維蛇(유훼유사).

큰 점쟁이가 풀이하길 곰과 큰 곰은 아들을 낳을 조짐이요, 독사
와 살모사는 딸을 낳을 조짐이라 하네.

大人占之(대인점지), 維熊維羆(유웅유비), 男子之祥(남자지상). 維虺
維蛇(유훼유사), 女子之祥(여자지상).

아들을 낳아서는 침상에서 재우며 바지 해 입히고 구슬 쥐어 놀
게 하니, 그 울음소리 우렁차고 붉은 슬갑 찬란하니 주 왕조의 군
왕이 될 것이라네.

乃生男子(내생남자), 載寢之床(재침지상). 載衣之裳(재의지상), 載弄
之璋(재롱지장). 其泣喤喤(기읍황황), 朱芾斯皇(주불사황), 室家君王(실
가군왕).

딸을 낳아서는 방바닥에 재우며 포대기에 싸놓고 실패 쥐고 놀
게 하니, 잘하든 못하든 술 빚는 것과 밥 짓는 걸 가르쳐 부모에게
걱정을 끼칠 일 없게 하리라.

乃生女子(내생녀자), 載寢之地(재침지지). 載衣之褐(재의지석), 載弄
之瓦(재롱지와). 無非無儀(무비무의), 唯酒食是議(유주식시의), 無父母
詒罹(무부모이리).

196 양이 없다니(무양無羊)

누가 그대에게 양이 없다고 말했나. 삼백 마리가 무리지어 있는
데, 누가 그대에게 소가 없다고 말했는가. 황우가 구십 마리나 되

는데. 그대의 양떼가 내려오니 그 뿔에서는 윤기가 흐르고 그대의
소떼가 내려오며 그 귀들을 벌렁거린다네.

誰謂爾無羊(수위이무양), 三百維群(삼백유군). 誰謂爾無牛(수위이무
우), 九十其犉(구십기순). 爾羊來思(이양래사), 其角濈濈(기각즙즙). 爾
牛來思(이우래사), 其耳濕濕(기이습습).

언덕에서 내려오기도 하고 못가에서 물을 마시기도 하며 자기도
하고 어슬렁거리기도 한다네. 그대가 방목하러 올 땐 도롱이를 걸
치고 삿갓을 쓰고 어떨 땐 마른식량을 짊어지기도 했었지. 삼십여
종의 온갖 소들이 있으니 천제를 지낼 그대의 희생물이 갖추어졌
다네.

或降於阿(혹강어아), 或飲於池(혹음어지), 或寢或訛(혹침혹와). 爾牧
來思(이목래사), 何蓑何笠(하사하립), 或負其餱(혹부기후). 三十維物(삼
십유물), 爾牲則具(이생즉구).

그대 방목하러 와선 크고 작은 땔나무를 하거나 수컷과 암컷의
날짐승을 잡기도 하였지. 그대는 양떼를 몰고 와 조심하고 신경을
써주니 상처 입거나 아파하지도 않는다네. 팔을 들어 손짓하니 모
두 우리로 올라가는구나.

爾牧來思(이목래사), 以薪以蒸(이신이증), 以雌以雄(이자이웅). 爾羊
來思(이양래사), 矜矜兢兢(긍긍긍긍), 不騫不崩(불건불붕). 麾之以肱(휘
지이굉), 畢來旣升(필래기승).

목민관이 꿈을 꾸니 메뚜기가 물고기가 되고 조기(거북과 뱀이 그려진 깃발)가 여기(매와 새매가 그려진 깃발)가 되었다네. 점쟁이가 풀어 말하길 메뚜기가 물고기가 된 건 풍년 들 조짐이요, 조기가 여기가 된 건 왕실이 왕성해질 조짐이라네.

牧人乃夢(목인내몽), 衆維魚矣(중유어의), 旐維旟矣(조유여의), 大人占之(대인점지), 衆維魚矣(중유어의), 實維豐年(실유풍년), 旐維旟矣(조유여의), 室家溱溱(실가진진).

197 높은 남산(절남산節南山)

높고 높은 저 남산에 바위가 높고 험하게 솟아 있네. 위세 대단한 태사 윤 씨여! 백성들이 모두 그대를 바라보고 있다네. 근심하는 마음 불타는 듯하지만 감히 농담 한 번 못한다네. 나라 이미 망하고 왕조의 대도 끊어졌거늘 어찌하여 살펴보지도 않는가!

節彼南山(절피남산), 維石岩岩(유석암암). 赫赫師尹(혁혁사윤), 民具爾瞻(민구이첨). 憂心如惔(우심여담), 不敢戲談(불감희담). 國旣卒斬(국기졸참), 何用不監(하용불감)!

높고 높은 저 남산에 초목들이 가득 우거져 있네. 위세 대단한 태사 윤 씨여! 나라 평온하게 하지 못하니 말해 무엇하겠는가! 하늘이 거듭하여 역병을 내리고 사람이 죽어나가는 난리가 널리 빈번하게 일어나니 백성들은 즐거움도 없는데, 그대는 어찌하여 벼슬을 그만두거나 자신의 무능을 탄식하지도 않는가!

節彼南山(절피남산), 有實其猗(유실기의). 赫赫師尹(혁혁사윤), 不平 謂何(불평위하). 天方薦瘥(천방천채), 喪亂弘多(상란홍다). 民言無嘉(민 언무가), 憯莫懲嗟(참막징차).

태사 윤 씨는 주나라 신하의 근원인지라. 나라를 맡았으면 균등 하게 사방을 유지하며 천자를 도와서 백성들을 미혹치 않게 해야 하거늘, 하늘이 좋다 여기지 않으니 쓸데없는 우리 태사는 벼슬엔 마땅치 않다네.

尹氏大師(윤씨대사), 維周之氐(유주지저). 秉國之鈞(병국지균), 四方 是維(사방시유). 天子是毗(천자시비), 俾民不迷(비민불미). 不弔昊天(부 조호천), 不宜空我師(불의공아사).

몸소 행하지도 않고 친밀하지도 않으니 백성들이 믿지도 않는 구나. 묻지도 않고 일도 하지 않으면서 군자를 속이지 않아야 한다 네. 바르게 하고 소인들을 물리쳐서 소인들과 가까이 말며 시시하 고 보잘것없는 인척에겐 큰 벼슬을 주지 말아야 한다네.

弗躬弗親(불궁불친), 庶民弗信(서민불신). 弗問弗仕(불문불사), 勿罔 君子(물망군자). 式夷式已(식이식이), 無小人殆(무소인태). 瑣瑣姻亞(쇄 쇄인아), 則無膴仕(즉무무사).

하늘이 돕지 않아서 이 같은 어려움과 흉사를 내리신다네. 하늘 이 은혜롭지 않아서 이 같은 큰 어려움을 내리시는구나. 그대가 바 르게 한다면 닫힌 백성들의 마음도 풀어지고 그대가 공평하게 다스린다면 원망이나 분노도 멀어지리라.

昊天不傭(호천불용), 降此鞠訩(강차국흉). 昊天不惠(호천불혜), 降此大戾(강차대려). 君子如屆(군자여계), 俾民心闋(비민심결). 君子如夷(군자여이), 惡怒是違(오노시위).

하늘이 그댈 돌보지 않아서인지 혼란이 안정되지도 않는다네. 다달이 이러한 혼란이 생겨나니 백성은 편안치 않다네. 우울한 마음은 술에 취한 듯하고 그 누가 나라의 정권을 잡았는지 스스로 국정을 다스리지 않기에 끝내는 백성들만 수고롭구나.

不弔昊天(부조호천), 亂靡有定(난미유정). 式月斯生(식월사생), 俾民不寧(비민불녕). 憂心如酲(우심여정), 誰秉國成(수병국성), 不自爲政(부자위정), 卒勞百姓(졸로백성).

저 네 필의 말에 멍에를 하니 네 필 말 목도 크구나. 내 사방을 둘러보니 나라가 줄어들어 달려갈 곳도 없구나.

駕彼四牡(가피사모), 四牡項領(사모항령). 我瞻四方(아첨사방), 蹙蹙靡所騁(축축미소빙).

바야흐로 그대가 악행에만 힘쓴다면 서로가 그대에게 창을 겨눌 것이나, 공평하고 기쁨을 주게 된다면 서로가 술잔을 기울이게 되리라.

方茂爾惡(방무이악), 相爾矛矣(상이모의). 旣夷旣懌(기이기역), 如相酬矣(여상수의).

하늘이 공평치 않아 우리 왕이 편안치 않은 건가. 그런데도 마음을 고치지 아니하고 도리어 그 바로잡으려 하는 것만을 원망하는구나.

昊天不平(호천불평), 我王不寧(아왕불녕). 不懲其心(부징기심), 覆怨其正(복원기정).

내 아버님께서 노래를 지어 왕의 재앙을 궁구하고 그대의 마음을 변화시킴으로써 온 나라의 백성을 기르려 하시는구나.

家父作誦(가부작송), 以究王訩(이구왕흉). 式訛爾心(식와이심), 以畜萬邦(이축만방).

198 정월(正月)

정월에 들어서도 찬 서리가 자주 내리니 이내 마음이 서글프고 아프다네. 백성들의 뜬소문 또한 매우 크게 번지는구나. 세상을 나만 염려하는 양 우울한 이내 마음 크고도 크다네. 속 좁은 내 마음이 서글퍼지니 속만 끓이며 앓는구나.

正月繁霜(정월번상), 我心憂傷(아심우상). 民之訛言(민지와언), 亦孔之將(역공지장). 念我獨兮(염아독혜), 憂心京京(우심경경). 哀我小心(애아소심), 癙憂以癢(서우이양).

부모님 이런 세상에 날 낳으시어 어찌 날 이렇게 앓게 하는가! 세상 근심은 나보다 먼저도 아니고 나보다 뒤도 아니라네. 좋은 말도 입으로부터 나오고 나쁜 말도 입으로부터 나온다네. 근심하는 마음 더욱 깊어져 가니 남의 조롱거리가 뒤따른다네.

父母生我(부모생아), 胡俾我瘉(호비아유)? 不自我先(불자아선), 不自我后(불자아후). 好言自口(호언자구), 莠言自口(유언자구). 憂心愈愈(우심유유), 是以有侮(시이유모).

우울한 마음에 근심하고 근심하니 나에게 복 없음을 생각하게 하는구나. 백성은 죄가 없는데도 그의 신하나 종이 되었다네. 슬프구나! 우리 모두는 어디로 가야만 복이 따를 것인가. 저 까마귀 어디로 갈 건가. 우리는 누구 집으로 가야 할까나.

憂心惸惸(우심경경), 念我無祿(염아무록). 民之無辜(민지무고), 並其臣僕(병기신복). 哀我人斯(애아인사), 於何從祿(어하종록). 瞻烏爰止(첨오원지), 於誰之屋(어수지옥).

저 숲속을 바라보니 크고 작은 땔나무 많구나. 백성들은 지금 위태로운데 하늘을 살피니 어둡고 어둡다네. 이미 하늘의 뜻이 정해져 있다면 사람을 이기지 못함이 없을 게야. 높고 높은 상제께서 그 누구를 미워한다고 말하겠는가.

瞻彼中林(첨피중림), 侯薪侯蒸(후신후증). 民今方殆(민금방태), 視天夢夢(시천몽몽). 旣克有定(기극유정), 靡人弗勝(미인불승). 有皇上帝(유황상제), 伊誰云憎(이수운증).

산들이 모두 낮다고 말하지만 산마루도 있고 큰 능선도 있다네.

백성들의 유언비어를 어찌 그치게 하지 못하는가. 저 현명한 노인을 부르고 점몽관에게 물어봐도 다들 내가 곧 성인이라 말하니, 그 누가 까마귀의 암컷과 수컷을 구별하여 알겠는가.

謂山蓋卑(위산개비), 為岡為陵(위강위릉). 民之訛言(민지와언), 寧莫之懲(영막지징). 召彼故老(소피고로), 訊之占夢(신지점몽). 具曰予聖(구왈여성), 誰知烏之雌雄(수지오지자웅)!

하늘이 모두 높다고 말하니 감히 몸을 굽히지 않을 수 없고, 땅이 모두 두텁다고 말하니 감히 살금살금 걷지 않을 수 없다네. 이렇게 부르짖는 말에도 윤리가 있고 조리가 있으니, 슬프구나! 요즘 사람들은 어찌하여 독사 같은 존재가 되었는가.

謂天蓋高(위천개고), 不敢不局(불감불국). 謂地蓋厚(위지개후), 不敢不蹐(불감불척). 維號斯言(유호사언), 有倫有脊(유륜유척). 哀今之人(애금지인), 胡為虺蜴(호위훼척)?

저 비탈 밭을 바라보니 유달리 무성하게 우거져 있구나. 하늘이 위태롭게 하니 우리가 이겨내지 못할 것 같다네. 그가 나를 본받고자 할 적에는 나를 얻지 못할까 걱정하더니만 나를 얻고서는 교만을 떠니 나 또한 그를 위해 힘쓰지 않아야겠구나.

瞻彼阪田(첨피판전), 有菀其特(유울기특). 天之杌我(천지올아), 如不我克(여불아극). 彼求我則(피구아칙), 如不我得(여불아득). 執我仇讐(집아구수), 亦不我力(역불아력).

마음이 우울한 걸 보니 뭔가가 마음에 맺혀 있는 것 같구나. 지금 이곳의 정사는 어찌 이와 같이 사나운 것인가. 들불이 한창 일어날 때 어떤 사람인들 어찌 끄겠는가. 성대하였던 주나라 왕실을 유왕의 애첩 포사가 망치고 있구나.

心之憂矣(심지우의), 如或結之(여혹결지). 今茲之正(금자지정), 胡然厲矣(호연려의). 燎之方揚(요지방양), 寧或滅之(영혹멸지). 赫赫宗周(혁혁종주), 褒姒滅之(포사멸지)!

끝내 포사를 오래 등용한다면 또 장마로 인해 곤란해질 것이라네. 수레에 이미 짐을 싣고서 수레의 덧방나무를 떼어내니 그대의 짐이 떨어진다면 그 누가 그대를 돕겠는가!

終其永懷(종기영회), 又窘陰雨(우군음우). 其車旣載(기차기재), 乃棄爾輔(내기이보). 載輸爾載(재수이재), 將伯助予(장백조여)!

그 수레의 덧방나무를 떼어내지 않고 바퀴살도 덧내어서 자주 그대의 마부를 보살핀다면 실은 짐을 떨어뜨리지 않고도 끝내는 몹시 험준한 곳도 넘어갈 텐데, 왕은 일찍이 이를 생각지도 못하는구나.

無棄爾輔(무기이보), 員於爾輻(원어이복). 屢顧爾僕(누고이복), 不輸爾載(불수이재). 終逾絕險(종유절험), 曾是不意(증시불의).

물고기가 연못에 있는데도 즐거워하지도 않는구나. 물에 잠겨 숨어 있어도 또한 매우 환히 드러나 보인다네. 근심하는 마음에 격

정하고 걱정하길 나라가 학정에 빠짐을 염려한다네.

魚在於沼(어재어소), 亦匪克樂(역비극락). 潛雖伏矣(잠수복의), 亦孔
之炤(역공지소). 憂心慘慘(우심참참), 念國之爲虐(염국지위학)!

저들은 맛있는 술도 있고 또 좋은 안주도 있으니 그 이웃과 화합
하고 친하게 지내며 혼인을 위한 말들도 자주 오간다네. 그런데 나
만 홀로 염려하고 우울한 마음으로 애간장만 태우는구나.

彼有旨酒(피유지주), 又有嘉肴(우유가효). 洽比其鄰(흡비기린), 婚姻
孔云(혼인공운). 念我獨兮(염아독혜), 憂心殷殷(우심은은).

소인인 저들도 집이 있고 식견이 좁아도 녹이 있거늘 백성들은
지금 먹을 게 없고, 하늘이 죽음으로 주왕실을 치니 부자인 사람들
은 괜찮겠지만 홀아비와 고아만이 애처롭구나.

佌佌彼有屋(차차피유옥), 蔌蔌方有穀(속속방유곡). 民今之無祿(민금
지무록), 天夭是椓(천요시탁). 哿矣富人(가의부인), 哀此惸獨(애차경독).

199 시월의 만남(십월지교十月之交)

해와 달이 만나는 시월의 신묘일에 일식이 일어나니 또한 매우
나쁜 일이로구나. 월식이야 있겠지만 일식마저 일어나니, 이제 우
리 백성들이 참으로 가엾구나.

十月之交(십월지교), 朔月辛卯(삭월신묘). 日有食之(일유식지), 亦孔
之丑(역공지축). 彼月而微(피월이미), 此日而微(차일이미), 今此下民(금

차하민), 亦孔之哀(역공지애).

해와 달이 불길함을 알려주니 그 일정한 궤도로 운행되지도 않고, 온 나라에 선정이 없으니 선량들을 등용치도 않는구나. 저 달의 월식은 그 법도를 따르는 것이지만 저 해의 일식은 참으로 조짐이 좋지 않구나.

日月告凶(일월고흉), 不用其行(불용기행). 四國無政(사국무정), 不用其良(불용기량). 彼月而食(피월이식), 則維其常(즉유기상), 此日而食(차일이식), 於何不臧(어하부장).

번쩍번쩍 우레와 번개가 치니 편안하지도 좋지도 않구나. 모든 강과 하천이 끓어오르고 산봉우리가 무너지고 무너지니 높은 언덕은 골짜기 되고 깊은 계곡은 구릉이 되는구나. 슬프구나, 요즘 사람들이여! 어찌하여 일찍이 경계하지 않았단 말인가.

燁燁震電(엽엽진전), 不寧不令(불녕불령). 百川沸騰(백천비등), 山冢崒崩(산총줄붕). 高岸為谷(고안위곡), 深谷為陵(심곡위릉). 哀今之人(애금지인), 胡憯莫懲(호참막징).

황보는 백관의 장인 경사요, 번 씨는 토지와 인구담당 관리의 장인 사도요, 가백은 육전을 주관하는 총재요, 중윤은 왕의 음식물을 관리하는 선부요, 추자는 법령과 책명을 관장하는 내사요, 궐 씨는 말의 훈련을 담당하는 추마요, 우 씨는 귀족 자제들의 교육담당인 사 씨요, 요염한 처자인 포사는 악행을 일삼는 자리를 차지했구나.

皇父卿士(황보경사, 父: 이름에 쓰일 경우 '보'로 독음), 番維司徒(번유사도), 家伯維宰(가백유재), 仲允膳夫(중윤선부), 聚子內史(추자내사), 蹶維趣馬(궐유추마, 趣馬: 벼슬을 뜻할 땐 '추마'로 독음), 禹維師氏(우유사씨). 艶妻煽方處(염처선방처).

아아! 저 황보여, 어찌 농사철이 아니라 말하고 어찌하여 우리를 부리면서도 우리와 의논하지 않는가. 우리의 담장과 집이 허물어지고 농토가 모두 웅덩이와 쑥밭이 되었는데도, 내가 너희를 해친 게 아니라 예법이 그리했다고 말하는가.

抑此皇父(억차황보), 豈曰不時(기왈불시). 胡為我作(호위아작), 不即我謀(불즉아모). 徹我牆屋(철아장옥), 田卒汚萊(전졸오래). 曰予不戕(왈여부장), 禮則然矣(예칙연의).

황보가 매우 성인인 척하며 향 땅에 큰 도읍을 정하고 삼경을 뽑되 제 마음대로 재물 많은 자로 하였다네. 원로 한 명도 남겨두지도 않고 왕을 지키지도 않으면서 수레와 말 있는 사람들만 향 땅으로 가 살게 했다네.

皇父孔聖(황보공성), 作都於向(작도어향). 擇三有事(택삼유사), 亶侯多藏(단후다장). 不憖遺一老(불은유일로), 俾守我王(비수아왕). 擇有車馬(택유거마), 以居徂向(이거조향).

힘쓰고 힘써 일하면서도 감히 애썼다고 말하지도 못한다네. 죄와 허물이 없는데도 헐뜯는 입들만 시끄럽구나. 백성들이 받는 재

앙은 하늘이 내린 게 아니라 면전에서는 많은 말로 아첨하고 돌아
서면 비방하며 벼슬을 다투는 사람들 때문이라네.

電勉從事(민면종사), 不敢告勞(불감고로). 無罪無辜(무죄무고), 讒口
囂囂(참구효효). 下民之孽(하민지얼), 匪降自天(비강자천). 噂沓背憎(준
답배증), 職競由人(직경유인).

많고 많은 나의 마음속 근심은 또한 매우 아프다네. 천하가 황보
의 벼슬을 부러워하지만 나만 홀로 근심으로 살고 있다네. 백성들
은 떠나가지 않는 자가 없는데도 나만 홀로 감히 그만두지도 못하
는구나. 천명이 끝나지 아니했는데도 내가 감히 나의 벗들이 스스
로 떠나가는 걸 본받겠는가.

悠悠我里(유유아리), 亦孔之痗(역공지매). 四方有羨(사방유선), 我獨
居憂(아독거우). 民莫不逸(민막불일), 我獨不敢休(아독불감휴). 天命不
徹(천명불철), 我不敢效我友自逸(아불감효아우자일).

200 끝없이 내리는 비(우무정雨無正)

넓고 넓은 하늘이 주는 은덕이 크지 않아 잇따른 죽음과 굶주림
을 내려 온 나라를 쳐서 없애려 하시는구나. 하늘이 모질게 해치면
서 고려하지도 않고 헤아려주시지도 않는다네. 저 죄 있는 자들이
야 죄 때문에 죽겠지만 이와 같이 죄 없는 사람들을 재앙에 빠뜨려
아프게 한단 말인가.

浩浩昊天(호호호천), 不駿其德(부준기덕). 降喪饑饉(강상기근), 斬伐

四國(참벌사국). 旻天疾威(민천질위), 弗慮弗圖(불려불도). 舍彼有罪(사피유죄), 旣伏其辜(기복기고). 若此無罪(약차무죄), 淪胥以鋪(윤서이포).

주나라 종친들은 이미 소멸했으니 머물러 안정되게 살 곳도 없다네. 정대부(상대부)는 우리와 떨어져 살아서 우리의 고충을 알지 못한다네. 삼사의 대부들은 기껍게 아침에서 저녁까지 일도 하지 않으며, 나라의 군주나 제후들도 아침에서 저녁까지 일도 하지 않는다네. 거의가 법대로 한다 말하지만 도리어 악한 행위만을 드러낸다네.

周宗旣滅(주종기멸), 靡所止戾(미소지려). 正大夫離居(정대부리거), 莫知我勩(막지아예). 三事大夫(삼사대부), 莫肯夙夜(막긍숙야). 邦君諸侯(방군제후), 莫肯朝夕(막긍조석). 庶曰式臧(서왈식장), 覆出為惡(복출위악).

하늘이여, 어찌하여 옳은 말은 믿지 않고 마치 길을 감에 곧 이를 곳도 없는 것처럼 하는가. 모든 군자들이여, 각자 자기의 몸을 공경하라. 어찌 서로를 두려워하지 않고 하늘을 두려워하지 않는가.

如何昊天(여하호천), 辟言不信(벽언불신). 如彼行邁(여피행매), 則靡所臻(즉미소진). 凡百君子(범백군자), 各敬爾身(각경이신). 胡不相畏(호불상외), 不畏於天(불외어천).

전쟁이 일어나도 물리치지 못하고 기근이 일어나도 우리만 무례하고 거만하게 다스리니 슬프고 서글퍼 날로 초췌해진다네. 여러

왕들이여, 기꺼이 묻지도 않고 듣기 좋은 말만 가려듣고 거슬리는
말은 물리치는구나.

　戎成不退(융성불퇴), 飢成不遂(기성불수). 曾我摯御(증아설어), 慘慘
日瘁(참참일췌). 凡百君子(범백군자), 莫肯用訊(막긍용신). 聽言則答(청
언즉답), 譖言則退(참언즉퇴).

　서글프구나. 그들과 같이 아첨하는 말을 할 수도 없고 혀로 아첨
하는 말을 할 수도 없으니 내 몸만 고달프구나. 좋겠구나! 말 잘하
는 이들이여, 교묘하게 꾸며댐을 물 흐르듯 해대며 제 몸들만 복록
에 머물러 살게 하는구나.

　哀哉不能言(애재불능언), 匪舌是出(비설시출), 維躬是瘁(유궁시췌).
哿矣能言(가의능언), 巧言如流(교언여류), 俾躬處休(비궁처휴)!

　다만 벼슬살이하라 말하지만 벼슬길은 매우 좁고도 위태롭다네.
벼슬할 수 없다 말하면 천자에게 죄를 얻고 또 벼슬할 수 있다 말
하면 벗들이 원망한다네.

　維曰予仕(유왈여사), 孔棘且殆(공극차태). 云不何使(운불하사), 得罪
於天子(득죄어천자). 亦云可使(역운가사), 怨及朋友(원급붕우).

　그대는 왕도로 이사하라 말하지만 나는 아직 집과 가족이 없다
고 말한다네. 근심스러운 생각에 피눈물 흘리고 그대의 말에 맘 아
프지 않음이 없구나. 그 옛날 네가 나가 살 땐 누가 따라가서 너의
집을 지어주었던가.

謂爾遷於王都(위이천어왕도), 曰予未有室家(왈여미유실가). 鼠思泣血(서사읍혈), 無言不疾(무언부질). 昔爾出居(석이출거), 誰從作爾室(수종작이실)?

201 하늘이시여(소민小旻)

높은 하늘의 빠른 위세가 인간 세상에 펼쳐진다네. 그것을 막을 계책이나 방법이 어긋나고 바르지 못하니 어느 세월에 이를 막을 수 있을까. 좋은 계책은 따르지 않고 도리어 좋지 아니한 것을 쓰니, 내가 조정의 계책과 방법을 보아하니 이 또한 백성들을 매우 괴롭게 할 것들이로구나.

旻天疾威(민천질위), 敷於下土(부어하토). 謀猶回遹(모유회휼), 何日斯沮(하일사저). 謀臧不從(모장부종), 不臧覆用(부장복용). 我視謀猶(아시모유), 亦孔之邛(역공지공).

조정은 소인들끼리 서로 헐뜯으니 이 또한 매우 슬픈 일이라네. 계책 중에 좋은 것은 모두가 이를 어기고 계책 중에 좋지 아니한 것은 모두가 따르는구나. 내가 조정의 계책과 방법을 보아하니 이것이 어디에 이를 건지 알 수 없구나.

潝潝訿訿(흡흡자자), 亦孔之哀(역공지애). 謀之其臧(모지기장), 則具是違(칙구시위). 謀之不臧(모지부장), 則具是依(칙구시의). 我視謀猶(아시모유), 伊於胡底(이어호지).

나의 거북점도 싫증나는지 나에게 계책을 알려주지 않는구나. 모사가들이 너무도 많아 의견이 하나로 모이지 않네. 의견을 말하는 자가 조정에 가득하나 어느 누가 감히 그 허물을 집어낼까. 마치 길을 가는데 맞는 계책 같지만 이로써는 길을 감에 적합하지 않는 것 같다네.

我龜旣厭(아구기염), 不我告猶(불아고유). 謀夫孔多(모부공다), 是用不集(시용부집). 發言盈庭(발언영정), 誰敢執其咎(수감집기구). 如匪行邁謀(여비행매모), 是用不得於道(시용부득어도).

슬프구나! 계책을 시행함에 옛사람의 바름을 헤아리지 아니하고 올바른 도리를 진실로 따르지도 않는구나. 다만 가까이 하는 사람들의 말만을 옳다고 듣고서는 가까이 하는 사람들의 말만을 옳다고 다투는구나. 이는 마치 길 가는 사람을 붙들고 집 짓는 계책을 묻는 것과 같아서 이로써는 집의 완성을 이루지 못한다네.

哀哉爲猶(애재위유), 匪先民是程(비선민시정), 匪大猶是經(비대유시경). 維邇言是聽(유이언시청), 維邇言是爭(유이언시쟁). 如彼築室於道謀(여피축실어도모), 是用不潰於成(시용불궤어성).

국론이 비록 그치지 않아도 혹은 좋은 의견도 있고 혹은 그렇지 않은 것도 있다네. 백성이 비록 많지는 않더라도 혹은 도리에 밝은 사람도 있고 계책이 있는 사람도 있으며 백성을 이끌 사람도 있고 다스릴 사람도 있다네. 저 샘물의 흐름과 같이 모두를 패망으로 빠지게 하지는 말라.

國雖靡止(국수미지), 或聖或否(혹성혹부). 民雖靡膴(민수미무), 或哲或謀(혹철혹모), 或肅或艾(혹숙혹애). 如彼泉流(여피천류), 無淪胥以敗(무륜서이패).

감히 범을 맨손으로 때려잡으려 하지 아니하고 감히 황하를 걸어서 건너려 하지 않나니, 사람들은 그 하나만을 알고 다른 건 알지 못한다네. 나라를 다스리려는 자들이여! 매우 두려워하고 매우 조심하기를 매사에 깊은 연못에 임한 듯하고 살얼음을 밟듯이 해야 한다네.

不敢暴虎(불감폭호), 不敢馮河(불감풍하). 人知其一(인지기일), 莫知其他(막지기타). 戰戰兢兢(전전긍긍), 如臨深淵(여림심연), 如履薄冰(여리박빙).

202 작고 작은(소완小宛)

작고 작은 저 우는 비둘기가 높이 날아 하늘에 이른다네. 내 마음 근심으로 서글퍼서 옛사람을 생각한다네. 날이 밝도록 잠 못 이루며 부모님 두 분을 그리워한다네.

宛彼鳴鳩(완피명구), 翰飛戾天(한비려천). 我心憂傷(아심우상), 念昔先人(염석선인). 明發不寐(명발불매), 有懷二人(유회이인).

사람이 바르고 지혜로우면 술을 마셔도 온화하고 공손하며, 어리석고 무지한 자는 마실 때마다 취하며 날로 심해진다네. 각자 자기의 몸가짐을 경건하게 해야 하나니, 천명은 또다시 오지 않는다네.

人之齊聖(인지제성), 飮酒溫克(음주온극). 彼昏不知(피혼부지), 壹醉
日富(일취일부). 各敬爾儀(각경이의), 天命不又(천명불우).

들 가운데 콩밭 있으니 사람들이 콩을 따고 있다네. 명령(명충나
방의 유충)이 애벌레로 있을 적에 나나니벌이 유충을 업고 다닌다
네. 그대의 자식을 가르치고 깨우쳐 착하게 살게 하여 그것(나나니
벌)과 같게 하여라.

中原有菽(중원유숙), 庶民采之(서민채지). 螟蛉有子(명령유자), 蜾蠃
負之(과라부지). 敎誨爾子(교회이자), 式穀似之(식곡사지).

저 할미새를 보니 날아다니며 울어대네. 나는 날마다 고향을 떠
나 부역에 힘쓰고 달마다 나른 나라 정벌을 나선다네. 일찍 일어나
고 늦게 잠자리에 들어 그대의 부모님께 욕됨이 없게 해야 한다네.

題彼脊令(제피척령), 載飛載鳴(재비재명). 我日斯邁(아일사매), 而月
斯征(이월사정). 夙興夜寐(숙흥야매), 毋忝爾所生(무첨이소생).

콩새 이리저리 날아다니다 마당에 넣어놓은 낟알을 쪼아 먹는다
네. 슬프구나. 우리는 병들고 가난한데 거의가 송사를 당하고 옥살
이한다네. 곡식 낟알을 한줌 쥐고서 점을 치는데 언제부터나 좋아
질까나!

交交桑扈(교교상호), 率場啄粟(솔장탁속). 哀我塡寡(애아전과), 宜岸
宜獄(의안의옥). 握粟出卜(악속출복), 自何能穀(자하능곡).

온화하고 공손한 사람들은 마치 나뭇가지에 머무르는 것과 같이 하고, 두려워하고 두려워하며 조심하길 깊은 골짜기에 있는 듯이 한다네. 두려워하고 삼가길 마치 살얼음을 밟듯이 한다네.

溫溫恭人(온온공인), 如集於木(여집어목). 惴惴小心(췌췌소심), 如臨於谷(여림어곡). 戰戰兢兢(전전긍긍), 如履薄冰(여리박빙).

203 작은 고깔(소변小弁)

고깔 쓴 저 비둘기들 떼를 지어 날아 모여드네. 사람들은 행복해하지 않음이 없는데 나만 홀로 근심한다네. 하늘에 무슨 죄를 지었던가. 나의 죄는 그 무엇이던가! 마음의 근심이여, 그걸 어찌해야 한단 말인가.

弁彼鶯斯(변피학사), 歸飛提提(귀비제제). 民莫不穀(민막불곡), 我獨于罹(아독어리). 何辜於天(하고어천), 我罪伊何(아죄이하). 心之憂矣(심지우의), 云如之何(운여지하).

넓고 평탄한 큰길에 잡초가 무성하게 우거졌다네. 내 마음 우울하고 애달파서 그 걱정이 가슴을 절구질하듯 한다네. 잠을 이루지 못하고 길게 탄식하니 다만 근심으로 늙어가는구나. 마음의 근심으로 두통처럼 열병을 앓는다네.

踧踧周道(축축주도), 鞫為茂草(국위무초). 我心憂傷(아심우상), 惄焉如擣(녁언여도). 假寐永嘆(가매영탄), 維憂用老(유우용로). 心之憂矣(심지우의), 疢如疾首(진여질수).

뽕나무와 가래나무를 생각만 해도 반드시 공경하는 마음이 일렁
인다네. 우러러볼 것은 아버님 아님이 없고 의지할 데는 어머님 아
님이 없다네. 겉 살가죽도 이어받고 속마음마저 물려받았는데, 날
낳으신 하늘이시여! 내 좋은 날은 언제일까요.

維桑與梓(유상여재), 必恭敬止(필공경지). 靡瞻匪父(미첨비부), 靡依
匪母(미의비모). 不屬於毛(불속어모), 不罹於里(불리어리). 天之生我(천
지생아), 我辰安在(아진안재).

무성한 저 버드나무에선 매미가 맴맴 울어대고 넓고 깊은 연못
엔 억새와 갈대가 무성하다네. 나를 저 떠다니는 배에 비유하자면
이를 곳을 알지 못하는 것과도 같으니, 마음의 근심으로 선잠 잘
새도 없다네.

菀彼柳斯(울피류사), 鳴蜩嘒嘒(명조혜혜), 有漼者淵(유최자연), 萑葦
淠淠(추위비비). 譬彼舟流(비피주류), 不知所屆(부지소계), 心之憂矣(심
지우의), 不遑假寐(불황가매).

사슴은 무리와 떨어져선 내달려도 무리와 함께일 땐 느릿느릿
걷는다네. 꿩은 아침에 울면서 늘 그 암컷을 찾지. 나를 저 회나무
에 비유하자면 병들어 가지가 없는 것과 같구나. 이런 내 마음의
근심을 어찌 알아주는 이가 없단 말인가.

鹿斯之奔(녹사지분), 維足伎伎(유족기기). 雉之朝雊(치지조구), 尙求
其雌(상구기자). 譬彼壞木(비피괴목), 疾用無枝(질용무지). 心之憂矣(심
지우의), 寧莫之知(영막지지).

저 죽으려 뛰어드는 토끼를 보고 오히려 어떤 사람은 먼저 가게
하는 자도 있고, 길에 죽은 사람이 있으면 오히려 어떤 사람은 묻
어 주고 간다네. 그런데 군자의 마음가짐이 어찌 그렇게 처자식 내
침에 그리 잔인한가. 마음의 우울함에 눈물 먼저 떨어진다네.

　相彼投兎(상피투토), 尙或先之(상혹선지). 行有死人(행유사인), 尙或
墐之(상혹근지). 君子秉心(군자병심), 維其忍之(유기인지). 心之憂矣(심
지우의), 涕旣隕之(체기운지).

　군자가 참소하는 사람 믿기를 마치 어떤 이가 술잔을 권하듯 한
다네. 군자가 은혜를 베풀지 않으면서 처자식과 끝냄을 느리게 하
지도 않는구나. 나무를 벨 땐 잡아당기고 장작을 쪼갤 적에도 결을
따라야 한다네. 그런데도 저 죄 있는 자는 내버려두고 나에게는 죄
목을 더 보태는구나.

　君子信讒(군자신참), 如或酬之(여혹수지). 君子不惠(군자불혜), 不舒
究之(불서구지). 伐木掎矣(벌목기의), 析薪扡矣(석신타의). 舍彼有罪(사
피유죄), 予之佗矣(여지타의).

　높은 것은 산이 아님이 없고 깊은 것은 샘 아님이 없다네. 군자는
함부로 말해서는 안 되니 담장에도 귀가 있다네. 내 어살엔 가지도
말고 내 통발을 꺼내지도 말라. 내 몸도 돌볼 수 없는데 하물며 내
후사를 걱정하겠는가.

　莫高匪山(막고비산), 莫浚匪泉(막준비천). 君子無易由言(군자무역유
언), 耳屬於垣(이속어원). 無逝我梁(무서아량), 無發我笱(무발아구). 我

躬不閱(아궁불열), 遑恤我后(황휼아후).

204 교묘한 말(교언巧言)

넓고 넓은 하늘에게 이르건만 죄도 없고 허물도 없는데 내게 내린 재앙이 이와 같이 크단 말인가. 넓은 하늘이 너무 위세를 부리는데 나는 참으로 죄가 없다네. 넓은 하늘이 나를 크게 업신여기시지만 나는 진정 죄가 없다네.

悠悠昊天(유유호천), 曰父母且(왈부모차). 無罪無辜(무죄무고), 亂如此憮(난여차무). 昊天已威(호천이위), 予慎無罪(여신무죄). 昊天大憮(호천대무), 予慎無辜(여신무고).

재앙이 처음 생기는 건 비방하는 걸 처음부터 용납해서지. 재앙이 또다시 생기는 것은 군자가 참소하는 걸 믿어서라네. 군자가 만일 참소하는 것에 화를 낸다면 재앙은 거의 대부분 빠르게 없어진다네. 군자에게 만일 복록이 있다면 재앙은 거의 대부분 빠르게 그칠 것이라네.

亂之初生(난지초생), 僭始旣涵(참시기함). 亂之又生(난지우생), 君子信讒(군자신참). 君子如怒(군자여노), 亂庶遄沮(난서천저). 君子如祉(군자여지), 亂庶遄已(난서천이).

군자가 자주 맹세하면 재앙은 이 때문에 늘어나고, 군자가 도둑 같은 소인을 믿게 되면 재앙은 이 때문에 사나워진다네. 소인의 말은 매우 달콤하니 재앙은 이 때문에 더욱 진전된다네. 그들은 팔짱 끼는 걸 그만두지 못하니 다만 왕만이 피로하다네.

　君子屢盟(군자루맹), 亂是用長(난시용장). 君子信盜(군자신도), 亂是用暴(난시용폭). 盜言孔甘(도언공감), 亂是用餤(난시용담). 匪其止共(비기지공), 維王之邛(유왕지공).

　크고 아름다운 종묘는 군자가 지었으며 질서정연한 계책은 성인이 도모(莫=謨)했다네. 다른 사람이 참소하려는 마음을 내가 미루어 헤아릴 수 있으니, 깡충깡충 교활한 토끼도 사냥개를 만나면 잡히리라.

　奕奕寢廟(혁혁침묘), 君子作之(군자작지). 秩秩大猷(질질대유), 聖人莫之(성인막지). 他人有心(타인유심), 予忖度之(여촌도지). 躍躍毚兔(약약참토), 遇犬獲之(우견획지).

　부드럽고 좋은 나무는 군자가 심었으며 오가며 떠도는 말은 마음으로 헤아릴 수 있다네. 매우 천박함으로 가득한 말이 그대의 입으로부터 나오고 생황 같은 듣기 좋은 교묘한 말은 그대의 얼굴 가죽이 두꺼워서라네.

　荏染柔木(임염유목), 君子樹之(군자수지). 往來行言(왕래행언), 心焉數之(심언수지). 蛇蛇碩言(사사석언), 出自口矣(출자구의). 巧言如簧(교언여황), 顏之厚矣(안지후의).

　저 어떤 사람이 황하 가에 사는데, 힘도 없고 용기도 없으면서 오로지 난을 일으킬 궁리만 하고 있구나. 이미 다리에 종기 나고 정강이 붓는 병에 걸렸으니 그대가 용기 있어도 무엇하겠는가. 잔꾀 많이 부리지만 그대와 함께하는 패거리는 얼마나 되는가.

彼何人斯(피하인사), 居河之麋(거하지미). 無拳無勇(무권무용), 職為亂階(직위란계). 旣微且尰(기미차종), 爾勇伊何(이용이하). 為猶將多(위유장다), 爾居徒幾何(이거도기하).

205 어떤 사람인가(하인사何人斯)

저이는 어떤 사람인가. 그 마음씨가 매우 험악하구나. 어찌하여 내 어살엔 가면서 내 집엔 아니 들어오는가. 저이는 누구를 따르는가. 사납기도 하구나.

彼何人斯(피하인사), 其心孔艱(기심공간). 胡逝我梁(호서아량), 不入我門(불입아문). 伊誰云從(이수운종), 維暴之云(유폭지운).

두 사람이 서로의 뒤를 따랐는데 누가 이 화근을 이어냈는가. 어찌 내 어살에는 가면서 나를 위문하러 들어오지 않는가. 처음엔 지금과 같지 않았는데 요즘엔 나를 옳지 않다고 말한다네.

二人從行(이인종행), 誰為此禍(수위차화). 胡逝我梁(호서아량), 不入唁我(불입언아). 始者不如今(시자불여금), 云不我可(운불아가).

저이는 어떤 사람인가. 어찌 우리 집안 길을 가면서 말소리는 들리는데 그 몸은 보이지 않는단 말인가. 다른 사람들에겐 부끄럽지 않으나 하늘이 두렵지 않은가.

彼何人斯(피하인사), 胡逝我陳(호서아진). 我聞其聲(아문기성), 不見
其身(불견기신). 不愧於人(불괴어인), 不畏於天(불외어천).

저이는 어떤 사람인가. 사나운 바람 같다네. 어찌 북쪽에서 아니
오고 남쪽에서 오지 않는가. 어찌 내 어살엔 가고 내 마음만 휘저
어 놓는단 말인가.

彼何人斯(피하인사), 其為飄風(기위표풍). 胡不自北(호불자북), 胡不
自南(호불자남). 胡逝我梁(호서아량), 絺攪我心(치교아심).

그대가 천천히 갈 때에도 또한 머무를 틈 없었는데, 빨리 갈 적에
도 수레에 기름 칠 틈은 있겠지. 그대가 한 번이라도 왔다면야 내
무엇을 바라겠는가.

爾之安行(이지안행), 亦不遑舍(역불황사). 爾之亟行(이지극행), 遑脂
爾車(황지이거). 壹者之來(일자지래), 云何其盱(운하기우).

그대 돌아올 적에 들러준다면 내 마음 기쁘겠는데, 돌아올 때도
들르지 않으니 그 마음 알 수 없다네. 한 번이라도 찾아온다면 내
마음 편안하리라.

爾還而入(이환이입), 我心易也(아심이야). 還而不入(환이불입), 否難
知也(부난지야). 壹者之來(일자지래), 俾我絺也(비아치야).

큰 형은 진흙으로 만든 질나팔을 불고 둘째 형은 대나무로 만든

피리인 지를 분다네. 그대와 더불어 하나라고 여겼는데 진실로 나를 모른다고 하네. 이 세 가지 물건 꺼내 놓고 그댈 떠날 것을 맹세하리라.

伯氏吹壎(백씨취훈), 仲氏吹篪(중씨취지). 及爾如貫(급이여관), 諒不我知(양불아지). 出此三物(출차삼물), 以詛爾斯(이저이사).

그대가 귀신이나 물여우라면 볼 수가 없겠으나 그대는 뻔뻔한 얼굴과 눈을 가지고 다른 사람들이 보도록 내놓을 수는 없을 게야. 이에 좋은 노래를 지어 그대 생각으로 잠 못 이루는 걸 끝내려 한다네.

為鬼為蜮(위귀위역), 則不可得(즉불가득). 有靦面目(유전면목), 視人罔極(시인망극). 作此好歌(작차호가), 以極反側(이극반측).

206 환관 · 내시(항백巷伯)

문채가 화려하고 아름답게 조개무늬 비단을 짜는구나. 저 남들을 참소하는 자여, 또한 너무 크고도 심하구나.

萋兮斐兮(처혜비혜), 成是貝錦(성시패금). 彼譖人者(피참인자), 亦已大甚(역이대심)!

아래쪽 두 별이 너무 크게 벌리어 남쪽 하늘 기성을 이루었구나. 저 남들을 참소하는 자여, 누구를 만나 함께 모의하는가.

哆兮侈兮(치혜치혜), 成是南箕(성시남기). 彼譖人者(피참인자), 誰適

與謀(수적여모).

달콤하게 소곤대는 꾸민 말로 다른 사람을 참소하려 도모하는구나. 그대는 거짓 참소하려는 말을 삼가라. 곧 진실이 드러나 너를 믿지 못한다고 말하리라.

緝緝翩翩(집집편편), 謀欲譖人(모욕참인). 愼爾言也(신이언야), 謂爾不信(위이불신).

말을 많이 하고 반복하여 참소하는 말을 하고자 도모하는구나. 어찌 그대의 말을 받아들이지 않겠는가만 결국엔 그 말들이 그대에게 옮겨가리라.

捷捷幡幡(첩첩번번), 謀欲譖言(모욕참언). 豈不爾受(기불이수), 旣其女遷(기기녀천).

남을 참소하여 뜻을 이룬 자는 좋아하고 참소로 고난을 겪는 사람 걱정되는구나. 하늘이시여! 하늘이시여! 저 남을 참소하여 뜻을 이룬 자에게 엄중함을 보이시고 이 참소로 고난을 겪는 사람을 불쌍히 여기소서.

驕人好好(교인호호), 勞人草草(로인초초). 蒼天蒼天(창천창천), 視彼驕人(시피교인), 矜此勞人(긍차로인).

저 남을 참소하는 자여, 누구와 만나 모의하는가. 저 남을 참소하는 자를 붙잡아 이리나 호랑이에게 던져주오. 이리와 호랑이가 더

럽다고 먹지 않으면 사람이 살 수 없는 북방에 던져주오. 북방에서
받아주지 않으면 하늘에 던져버리시오.

彼譖人者(피참인자), 誰適與謀(수적여모). 取彼譖人(취피참인),
投畀豺虎(투비시호). 豺虎不食(시호불식), 投畀有北(투비유북). 有北不受(유
북불수), 投畀有昊(투비유호)!

버드나무 동산의 길이 밭이랑처럼 생긴 언덕으로 뻗어 있다네.
참소로 환관이 된 맹자가 이 시를 지었으니 세상 모든 군자들은 공
경하여 들어주오.

楊園之道(양원지도), 猗於畝丘(의어무구). 寺人孟子(사인맹자), 作為
此詩(작위차시). 凡百君子(범백군자), 敬而聽之(경이청지).

207 골짜기 바람(곡풍谷風)

살랑살랑 골짜기에서 동풍이 불어오더니 이 바람이 비를 내리게
하는구나. 지난날 몹시 무섭고 두려울 땐 다만 나와 그대가 함께하
였는데, 이제 편안하고 즐거우니 그대는 도리어 나를 버리는구나.

習習谷風(습습곡풍), 維風及雨(유풍급우). 將恐將懼(장공장구), 維予
與女(유여여녀). 將安將樂(장안장락), 女轉棄予(여전기여).

살랑살랑 골짜기에서 동풍이 불어오더니 이 바람이 돌풍으로 몰
아치는구나. 지난날 몹시 무섭고 두려울 땐 그대 마음에 나를 품더
니, 이제 편안하고 즐거우니 나를 버리고 잊어버린 것 같구나.

習習谷風(습습곡풍), 維風及頹(유풍급퇴). 將恐將懼(장공장구), 置予
於懷(치여어회). 將安將樂(장안장락), 棄予如遺(기여여유).

살랑살랑 골짜기에서 동풍이 불어오더니 저 산 높고 높은 곳에
서 불어닥치니 죽지 아니한 풀이 없고 시들지 아니한 나무가 없구
나. 그대는 나의 큰 은덕은 잊고 나의 작은 허물만 생각하는구나.
　習習谷風(습습곡풍), 維山崔嵬(유산최외). 無草不死(무초불사), 無木
不萎(무목불위). 忘我大德(망아대덕), 思我小怨(사아소원).

208 우북한 쑥(요아蓼莪)
크고 크게 자란 여린 쑥이 여린 쑥이 아니라 쇤 쑥이 되어버렸구
나. 가엽고 가여우신 부모님, 날 낳고 기르시느라 애쓰셨다네.
　蓼蓼者莪(요요자아), 匪莪伊蒿(비아이호). 哀哀父母(애애부모), 生我
劬勞(생아구로).

크고 크게 자란 여린 쑥이 여린 쑥이 아니라 시들어버렸구나. 가
엽고 가여우신 부모님, 날 낳고 기르시느라 야위셨다네.
　蓼蓼者莪(요요자아), 匪莪伊蔚(비아이울). 哀哀父母(애애부모), 生我
勞瘁(생아로췌).

물항아리가 비었으니 세숫대야에게 부끄럽다네. 연약한 백성들
의 삶이 일찍 죽느니만 못하다네. 아버님 없으면 누굴 믿고 어머니

가 없으면 누굴 의지하나. 부모님이 안 계시면 집을 나서도 근심을 머금고 집에 들어와도 사랑을 얻을 곳이 없다네.

瓶之罄矣(병지경의), 維罍之恥(유뢰지치). 鮮民之生(선민지생), 不如死之久矣(불여사지구의). 無父何怙(무부하호), 無母何恃(무모하시). 出則銜恤(출즉함휼), 入則靡至(입즉미지).

아버님 날 낳으시고 어머님 날 기르셨네. 날 어루만져 주셨고 길러주셨으며 날 성장시키고 날 가르쳐 주셨다네. 나를 보살피시고 회복시켜주셨으며 나가시거나 들어오시거나 나를 품으셨었지. 그 은덕 갚고자 하나 하늘과 같이 끝이 없다네.

父兮生我(부혜생아), 母兮鞠我(모혜국아). 撫我畜我(무아축아), 長我育我(장아육아), 顧我復我(고아복아), 出入腹我(출입복아). 欲報之德(욕보지덕), 昊天罔極(호천망극)!

남산은 크고도 높아 세찬 바람이 일어나고 일어나는구나. 다른 사람들은 사는 게 좋지 않음이 없는데 어찌하여 나만 홀로 재난을 당한단 말인가.

南山烈烈(남산렬렬), 飄風發發(표풍발발). 民莫不穀(민막불곡), 我獨何害(아독하해)!

남산은 높고도 험하여 세찬 바람이 빠르고도 빠르구나. 다른 사람들은 사는 게 좋지 않음이 없는데 나만 홀로 재난이 끝나지 않는구나.

南山律律(남산률률), 飄風弗弗(표풍불불). 民莫不穀(민막불곡), 我獨不卒(아독부졸)!

209 동쪽의 큰 나라(대동大東)

나무 그릇에 익힌 음식이 수북이 가득 담겼고 긴 멧대추나무 숟가락이 놓여 있다네. 큰 도로는 평평함이 숫돌과 같고 그 반듯함은 화살과 같다네. 주도는 군자들이 걷는 곳이요, 소인들은 바라만 보는 곳이로다. 뒤를 바라보며 그 길로 떠나니 눈물이 나와 그 길을 적시는구나.

有饛簋飧(유몽궤손), 有捄棘匕(유구극비). 周道如砥(주도여지), 其直如矢(기직여시). 君子所履(군자소리), 小人所視(소인소시). 眷言顧之(권언고지), 潸焉出涕(산언출체).

작은 동쪽 나라나 큰 동쪽 나라나 베틀의 북과 바디가 쓸데가 없구나. 백성들은 성기게 짠 칡 신을 신고서 차디찬 서리를 밟을 수도 있겠구나. 그런데 경박하게 걷는 귀족의 자식들은 저 큰길을 다니며 오가니 나로 하여금 마음을 병들게 하는구나.

小東大東(소동대동), 杼柚其空(저유기공). 糾糾葛屨(규규갈구), 可以履霜(가이리상). 佻佻公子(조조공자), 行彼周行(행피주행). 旣往旣來(기왕기래), 使我心疚(사아심구).

차가운 산중턱에서 흘러나오는 샘물 있으니 베어놓은 땔나무를 젖게 하지 말라. 부역으로 애쓰고 고생하느라 잠 못 자고 탄식하니 우리 고달픈 사람들이 가엾구나. 땔감 이미 베어 얻었으면 반드시 집에 가져 쌓아야 하고 우리 고달픈 사람들 가엾게 여겨 또한 쉴 수 있게 해야 한다네.

有洌氿泉(유렬궤천), 無浸獲薪(무침획신). 契契寤嘆(계계오탄), 哀我 憚人(애아탄인). 薪是獲薪(신시획신), 尙可載也(상가재야). 哀我憚人(애 아탄인), 亦可息也(역가식야).

동쪽나라 사람들의 자식들은 오로지 일하느라 돌아오지 못하고 서쪽나라 사람들의 자식들은 의복이 아름답고 아름답다네. 그곳 뱃사공의 자식들도 곰 가죽으로 그들의 갖옷을 해 입고 가신들의 자식들은 여러 관료로 임용되는구나.

東人之子(동인지자), 職勞不來(직로불래). 西人之子(서인지자), 粲粲 衣服(찬찬의복). 舟人之子(주인지자), 熊羆是裘(웅비시구). 私人之子(사 인지자), 百僚是試(백료시시).

동인들이 맛좋은 술로 여기는 것도 서인들은 그것을 마실 것으 로 여기지 않고, 동인의 아름답고 아름다운 패옥도 서인들은 그걸 아름답다고 여기지도 않는다네. 이 하늘엔 은하수가 있어 바라보 니 또한 빛나고, 발꿈치 든 삼각형 모양의 저 직녀성은 하루 종일 일곱 번 자리를 옮긴다네.

或以其酒(혹이기주), 不以其漿(불이기장). 鞙鞙佩璲(현현패수), 不以 其長(불이기장). 維天有漢(유천유한), 監亦有光(감역유광). 跂彼織女(기

피직녀), 終日七襄(종일칠양).

비록 직녀성이 일곱 번 자리를 옮기지만 문채 나는 옷감을 짜 보답하지 못하고, 밝은 저 견우성도 수레 끄는 일을 하지 못한다네. 새벽엔 동쪽하늘에 계명성인 샛별(금성)이 저녁엔 서쪽하늘에 장경성(금성)이 떠 있다네. 하늘에 필성이 길게 떠 있어 하늘의 필성이 구원해 주고 있으나 8개의 별들이 줄지어 펼쳐져 있구나.

雖則七襄(수즉칠양), 不成報章(불성보장). 睆彼牽牛(완피견우), 不以服箱(불이복상). 東有啟明(동유계명), 西有長庚(서유장경). 有捄天畢(유구천필), 載施之行(재시지행).

저 남쪽하늘엔 키를 닮은 기성이 있으나 키질하여 껍데기를 날릴 수 없고, 저 북쪽하늘엔 북두칠성이 있으나 술이나 마실 것을 뜰 수도 없다네. 저 남쪽하늘엔 기성이 우릴 향해 혀를 내밀고 저 북쪽하늘의 북두칠성의 자루마저도 서쪽하늘로 걸쳐 있구나.

維南有箕(유남유기), 不可以簸揚(불가이파양). 維北有斗(유북유두), 不可以挹酒漿(불가이읍주장). 維南有箕(유남유기), 載翕其舌(재흡기설). 維北有斗(유북유두), 西柄之揭(서병지게).

210 사월(四月)

사월이라 여름 시작되고 유월이면 무더위도 물러간다네. 내 조상님들 악한 사람들이셨나. 정녕코 어찌 나에게 재앙이 이리 혹독하단 말인가.

四月維夏(사월유하), 六月徂暑(육월조서). 先祖匪人(선조비인), 胡寧
忍予(호녕인여).

가을날이 되어 싸늘하고 쓸쓸하니 온갖 풀들이 다 시드는구나.
난리 만나 병들었으니 그 어디로 몸을 의탁하러 가야 하나.

秋日凄凄(추일처처), 百卉具腓(백훼구비). 亂離瘼矣(난리막의), 爰其
適歸(원기적귀).

겨울날의 추위가 매섭고 매서워 거센 바람이 쌩쌩 부는구나. 다
른 사람들은 다들 잘 살고 있는데 어찌하여 나만 홀로 재앙을 당한
단 말인가.

冬日烈烈(동일렬렬), 飄風發發(표풍발발). 民莫不穀(민막불곡), 我獨
何害(아독하해).

산에는 아름다운 풀도 있고 밤나무도 있고 매화나무도 있다네.
어진 정사를 그만두고 잔인하게 해치는 짓을 하면서도 그 잘못을
알지 못하는구나.

山有嘉卉(산유가훼), 侯栗侯梅(후률후매). 廢為殘賊(폐위잔적), 莫知
其尤(막지기우).

저 샘물을 보니 맑을 때도 있고 흐릴 때도 있다네. 나는 날마다
재앙을 만나는데 언제쯤이나 좋아질까.

相彼泉水(상피천수), 載淸載濁(재청재탁). 我日構禍(아일구화), 曷云能穀(갈운능곡).

도도히 흐르는 장강과 한수는 남쪽나라 강들의 벼리가 되는구나. 고달프게 심력을 다하여 벼슬살이하건만 어찌 나를 알아주지 않는단 말인가.

滔滔江漢(도도강한), 南國之紀(남국지기). 盡瘁以仕(진췌이사), 寧莫我有(영막아유).

나는 독수리도 아니고 솔개도 아니니 어찌 높이 날아 하늘에 이를까나. 나는 잉어나 참다랑어도 아니니 연못 깊이 숨을 수도 없다네.

匪鶉匪鳶(비순비연), 翰飛戾天(한비려천). 匪鱣匪鮪(비전비유), 潛逃於淵(잠도어연).

산에는 고사리와 고비가 있고 습지에는 구기자나무와 대추나무가 있다네. 군자는 노래를 지어 다만 그것으로써 슬픔을 말하는구나.

山有蕨薇(산유궐미), 隰有杞桋(습유기이). 君子作歌(군자작가), 維以告哀(유이고애).

211 북산(북산北山)
저 북산에 올라가서 구기자열매를 딴다네. 굳세고 굳센 관리들

이 아침저녁으로 일을 하고 아직 나랏일이 끝나지 않아 내 부모님
은 걱정하신다네.

陟彼北山(척피북산), 言采其杞(언채기기). 偕偕士子(해해사자), 朝夕
從事(조석종사). 王事靡盬(왕사미고), 憂我父母(우아부모).

넓은 하늘 아래는 왕의 땅 아님이 없고 온 나라 땅 끝까지 왕의
신하 아님이 없다네. 다 같은 신하이거늘 나만 홀로 고달프구나.

溥天之下(부천지하), 莫非王土(막비왕토). 率土之濱(솔토지빈), 莫非
王臣(막비왕신). 大夫不均(대부불균), 我從事獨賢(아종사독현).

네 필 말 힘껏 달리게 하니 나랏일을 그만둘 수 없어서라네. 왕은
내가 아직 늙지 않음을 기쁘게 여기며 이제 한창 왕성하여 좋다고
하였다네. 몸의 힘이 바야흐로 강성하니 사방을 경영할 수 있다고
도 하였다네.

四牡彭彭(사모팽팽), 王事傍傍(왕사방방). 嘉我未老(가아미로), 鮮我
方將(선아방장). 旅力方剛(여력방강), 經營四方(경영사방).

어떤 이는 평안하게 살며 쉬고 어떤 이는 기력이 다하도록 나랏
일을 하는구나. 어떤 이는 침상에 누워 쉬고 어떤 이는 나랏일을
수행하느라 끝이 없구나.

或燕燕居息(혹연연거식), 或盡瘁事國(혹진췌사국). 或息偃在牀(혹식
언재상), 或不已於行(혹불이어행).

어떤 이는 부역의 고통으로 부르짖어도 알지 못하고 어떤 이는 몸이 수척해지도록 수고하고 수고하는구나. 어떤 이는 느긋하게 놀며 눕거나 고개를 세우기도 하고 어떤 이는 나랏일로 말고삐를 부여잡는구나.

或不知叫號(혹부지규호), 或慘慘劬勞(혹참참구로). 或棲遲偃仰(혹서지언앙), 或王事鞅掌(혹왕사앙장).

어떤 이는 향락을 즐기며 술을 마시고 어떤 이는 수척한 모습으로 죄를 받을까 두려워한다네. 어떤 이는 조정을 드나들며 거리낌 없이 자기주장만을 앞세우고 어떤 이는 하지 않는 일이 없구나.

或湛樂飲酒(혹담락음주), 或慘慘畏咎(혹참참외구). 或出入風議(혹출입풍의), 或靡事不爲(혹미사불위).

212 큰 수레를 따라가지 마라(무장대거無將大車)

큰 수레를 따라가지 마라. 다만 자신만 먼지를 뒤집어쓸 뿐이라네. 온갖 걱정일랑 하지 마라. 다만 자신만 병들 뿐이라네.

無將大車(무장대거), 祇自塵兮(기자진혜). 無思百憂(무사백우), 祇自疧兮(기자저혜).

큰 수레를 따라가지 마라. 다만 흙먼지로 길이 어두울 뿐이라네. 온갖 걱정일랑 하지 마라. 목침에서 벗어나지 못할 뿐이라네.

無將大車(무장대거), 維塵冥冥(유진명명). 無思百憂(무사백우), 不出

於頻(불출어경).

큰 수레를 따라가지 마라. 다만 흙먼지만 길을 막을 뿐이라네. 온 갖 걱정일랑 하지 마라. 다만 스스로를 괴롭힐 뿐이라네.

無將大車(무장대거), 維塵雍兮(유진옹혜). 無思百憂(무사백우), 祇自重兮(기자중혜).

213 좀 밝아졌으면(소명小明)

밝고 밝은 하늘이 온 세상을 내리 비춘다네. 내 병역에 소집되어 서쪽으로 가 멀고 먼 황야에 이르니, 이월 초하루였는데 추위와 더위를 다 겪었다네. 마음의 근심은 그 혹독하고 큰 괴로움 겪었다네. 저 함께해야 될 사람을 생각하니 눈물이 비 오듯 떨어지는구나. 어찌 돌아감을 생각하지 않으랴만 형벌과 법망이 두려울 뿐이라네.

明明上天(명명상천), 照臨下土(조림하토). 我征徂西(아정조서), 至於艽野(지어구야). 二月初吉(이월초길), 載離寒暑(재리한서). 心之憂矣(심지우의), 其毒大苦(기독대고). 念彼共人(염피공인), 涕零如雨(체령여우). 豈不懷歸(기불회귀), 畏此罪罟(외차죄고)!

옛날 내가 병역에 갈 적엔 그때가 섣달 그믐날 밤이었는데, 어느 때나 돌아가라 말할까 올해도 저물어간다네. 나만 홀로 병역에 종사함을 생각하니 내 할 일이 너무 많구나. 마음속 근심에 내 잠시 쉴 틈도 없이 시달린다네. 저 함께하는 사람들을 생각하니 가족이 그립고 그리워 돌이켜 생각하게 한다네. 어찌 돌아감을 생각하지 않으랴만 성내어 꾸짖음이 두려울 뿐이라네.

昔我往矣(석아왕의), 日月方除(일월방제). 曷云其還(갈운기환), 歲聿云莫(세율운막). 念我獨兮(염아독혜), 我事孔庶(아사공서). 心之憂矣(심지우의), 憚我不暇(탄아불가). 念彼共人(염피공인), 眷眷懷顧(권권회고)! 豈不懷歸(기불회귀)? 畏此譴怒(외차견노).

예전 내 병영에 갈 적엔 따뜻한 봄이었지. 어느 때나 돌아갈까 나랏일이 더욱 급박해졌다네. 올해 저물어가니 고향에선 쑥 뜯고 콩 수확할 텐데. 마음속 근심은 내 스스로 화를 자초하였다는 거라네. 저 함께하는 사람들을 생각하니 잠자리에서 일어나 숙소 밖으로 나간다네. 어찌 돌아감을 생각하지 않으랴만 돌아갈 날을 자꾸 바꾸는 것이 두렵다네.

昔我往矣(석아왕의), 日月方奥(일월방오). 曷云其還(갈운기환), 政事愈蹙(정사유축). 歲聿云莫(세율운막), 采蕭獲菽(채소획숙). 心之憂矣(심지우의), 自詒伊戚(자이이척). 念彼共人(염피공인), 興言出宿(흥언출숙). 豈不懷歸(기불회귀), 畏此反覆(외차반복).

아아! 그대 군자여! 편안하게 거처하는 것은 떳떳한 도리가 아니라네. 그대의 지위에서 공손함으로 다스리고 정직함으로 정사를 베풀면, 신께서 들으시고 그대에게 복록을 내리리라.

嗟爾君子(차이군자), 無恆安處(무긍안처). 靖共爾位(정공이위), 正直

是與(정직시여). 神之聽之(신지청지), 式穀以女(식곡이녀).

아아! 그대 군자여! 편안하게 쉬는 것은 떳떳한 도리가 아니라
네. 그대의 지위에서 공손함으로 다스리고 정직한 사람을 좋아하
면, 신께서 들으시고 그대에게 큰 복 머물게 하리라.

嗟爾君子(차이군자), 無恆安息(무긍안식). 靖共爾位(정공이위), 好是
正直(호시정직). 神之聽之(신지청지), 介爾景福(개이경복).

214 종을 치다(고종鼓鍾)

종을 치니 댕댕 소리 나고 회수는 출렁이며 흐르니 우울한 마음
에 서글프다네. 어진 군자여! 마음 담아 진실로 잊지 못한다네.

鼓鍾將將(고종장장), 淮水湯湯(회수상상), 憂心且傷(우심차상). 淑人
君子(숙인군자), 懷允不忘(회윤불망).

종을 치니 댕댕 소리 나고 회수는 넘실대며 흐르니 우울한 마음
에 서글프다네. 어진 군자여! 그 덕에 어긋남이 없다네.

鼓鍾喈喈(고종개개), 淮水湝湝(회수개개), 憂心且悲(우심차비). 淑人
君子(숙인군자), 其德不回(기덕불회).

종을 치고 북을 두드리네, 회수의 세 개의 모래톱에서도 들리니
우울한 마음에 서글프다네. 어진 군자여! 그 덕에 속임도 없다네.

鼓鍾伐鼛(고종벌고), 淮有三洲(회유삼주), 憂心且妯(우심차추, 妯: 두

근거릴 추). 淑人君子(숙인군자), 其德不猶(기덕불유).

종을 치니 댕댕 소리 나고 비파 타고 거문고 뜯으며 생황과 경쇠도 함께 연주한다네. 아(소아小雅와 대아大雅)를 연주하고 남(주남周南과 소남召南)을 연주함에 피리소리도 어긋나지 않구나.

鼓鍾欽欽(고종흠흠), 鼓瑟鼓琴(고슬고금), 笙磬同音(생경동음). 以雅以南(이아이남), 以龠不僭(이약불참).

215 가시나무(초자楚茨)

밭에 무성하고 무성하게 자란 가시나무들, 그 가시나무를 뽑아내는데 예로부터 왜 그랬을까요. 우리네 기장과 피를 심으려고 그랬지. 우리가 심은 기장이 무성하게 자라고 피도 잘 자란다네. 그래서 우리 창고엔 이미 가득 찼고 노적가리도 많아 술 빚고 밥을 지어 조상신께 흠향하시게. 제사 올리어 편안히 술 권하면 큰 복이 머물게 하실 것이라네.

楚楚者茨(초초자자), 言抽其棘(언추기극), 自昔何為(자석하위), 我蓺黍稷(아예서직). 我黍與與(아서여여), 我稷翼翼(아직익익). 我倉旣盈(아창기영), 我庾維億(아유유억). 以為酒食(이위주식), 以饗以祀(이향이사), 以妥以侑(이타이유), 以介景福(이개경복).

몸가짐을 점잖고 공손히 하여 그대의 소와 양 깨끗이 씻어 가을 제사에 올리게 보냈다네. 어떤 이는 가죽을 벗기고, 어떤 이는 삶고, 어떤 이는 진설하고, 어떤 이는 제사상에 받들어 올렸다네. 종묘에서 신에게 고하는 제사를 지내니 제사에 관한 일에 매우 밝다네. 선대 조상님들이 이를 아름답게 여기시고 신령님들이 이에 흠향을 하시네. 이에 효성스런 후손에게 경사롭게 큰 복으로 보답하시니 만수무강하리라.

濟濟蹌蹌(제제창창), 絜爾牛羊(결이우양, 絜: 깨끗할 결), 以往烝嘗(이왕증상). 或剝或亨(혹박혹형), 或肆或將(혹사혹장). 祝祭於祊(축제어팽), 祀事孔明(사사공명). 先祖是皇(선조시황), 神保是饗(신보시향). 孝孫有慶(효손유경), 報以介福(보이개복), 萬壽無疆(만수무강)!

부엌일을 맡아 공경스런 마음으로 그릇을 매우 크게 만들었더니 어떤 이는 고기를 굽고, 어떤 이는 지져낸다네. 임금의 아내인 군부인이 힘쓰고 힘써 제물들을 매우 다채롭게 준비했다네. 빈객이 모여 앉아 술잔을 주고받으면서도 예의가 모두 법도에 맞고 웃고 말함이 모두 알맞다네. 신령이 이에 강림하시어 큰 복으로 보답하시니 만수무강을 즐기게 해줄 것이라네.

執爨踖踖(집찬적적), 為俎孔碩(위조공석), 或燔或炙(혹번혹자). 君婦莫莫(군부막막), 為豆孔庶(위두공서). 為賓為客(위빈위객), 獻酬交錯(헌수교착). 禮儀卒度(예의졸도), 笑語卒獲(소어졸획). 神保是格(신보시격), 報以介福(보이개복), 萬壽攸酢(만수유초)!

우리는 매우 공경하여 의례에 어긋남이 없게 하니 제례담당관인 공축이 신령의 뜻을 전하여 말해 주길 "효성스런 후손들에게 복을 주고 간다"고 하시네. 향기로운 음식과 효성스런 제사에 신령도 음식을 즐기셨으니 그대에게 많은 복을 주시리라. 제사가 때를 따르고 법도를 따르면서도 공손하고 민첩하여 이미 바르고 삼갔기에 그대에게 영원히 임금 자리를 주어 만년 억만년을 가게 하리라.

我孔燖矣(아공연의, 燖: 공경할 연), 式禮莫愆(식례막건). 工祝致告(공축치고), 徂賚孝孫(조뢰효손). 苾芬孝祀(필분효사), 神嗜飲食(신기음식). 卜爾百福(복이백복), 如幾如式(여기여식). 既齊既稷(기제기직), 既匡既敕(기광기칙). 永錫爾極(영석이극), 時萬時億(시만시억)!

예의를 이미 갖추었으니 제사의 마침을 종과 북으로 알려 효성스런 후손들이 자리로 돌아가 앉기를 기다려 제례담당관인 공축이 알린다네. "신령이 모두 취하여 제사가 끝났노라" 하신다. 신을 대신하여 제사를 받는 황시가 일어나고 북과 종으로 황시를 보내니 신령도 드디어 돌아가셨다네. 모든 제사상을 차린 군부인이 제사상을 빠르게 치우니 아버지의 친족과 형제들이 함께하여 작은 연회를 한다네.

禮儀既備(예의기비), 鐘鼓既戒(종고기계), 孝孫徂位(효손조위), 工祝致告(공축치고), 神具醉止(신구취지), 皇尸載起(황시재기). 鼓鍾送尸(고종송시), 神保聿歸(신보율귀). 諸宰君婦(제재군부), 廢徹不遲(폐철부지). 諸父兄弟(제부형제), 備言燕私(비언연사).

악공들이 모두 들어와 연주를 하니 느긋하게 제사 후에 음복하며 복록을 나누는구나. 그 음식들이 이미 풍부하니 모두가 경하 드

리고 원망도 없다네. 이미 취하고 배부르니 모두가 왕에게 머리를
조아리는구나. 신령도 음식을 즐겼으니 임금이 장수하도록 축원하
였다네. 제사는 은혜롭게 때에 맞게 극진하게 모셨으니 자자손손
대를 이어 바뀌거나 끊어지지 않으리라.

樂具入奏(악구입주), 以綏後祿(이수후록). 爾殽旣將(이효기장), 莫怨
具慶(막원구경). 旣醉旣飽(기취기포), 小大稽首(소대계수). 神嗜飮食(신
기음식), 使君壽考(사군수고). 孔惠孔時(공혜공시), 維其盡之(유기진지).
子子孫孫(자자손손), 勿替引之(물체인지)!

216 진실한 남산(신남산信南山)

참으로 저 남산은 우임금께서 다스렸다네. 구릉과 습지를 개간
하고 개간하여 계속해서 후손들이 농사를 짓는구나. 우린 농지에
경계 긋고 길을 내어 밭두둑을 남동쪽으로 내었다네.

信彼南山(신피남산), 維禹甸之(유우전지). 畇畇原隰(균균원습), 曾孫
田之(증손전지). 我疆我理(아강아리), 南東其畝(남동기무).

하늘은 구름으로 뒤덮고 눈비가 흩날리면서 여기에 가랑비까
지 내린다네. 이미 물이 넉넉하고 축축하여 충분하니 우리네 온갖
곡식들 잘 자라는구나.

上天同雲(상천동운). 雨雪雰雰(우설분분), 益之以霢霂(익지이맥목). 旣
優旣渥(기우기악), 旣沾旣足(기점기족, 沾: 젖을 점). 生我百穀(생아백곡).

경작지의 경계는 질서정연하고 기장과 피는 잘 자란다네. 계속해서 후손들이 수확하여 밥 짓고 술 빚어 조상에게 제사하고 오는 손님에게 대접하니 오래오래 만년 동안 살리라.

疆場翼翼(강역익익), 黍稷彧彧(서직욱욱). 曾孫之穡(증손지색), 以爲酒食(이위주식). 畀我尸賓(비아시빈), 壽考萬年(수고만년).

밭 가운데 농막 있고 밭두둑엔 오이가 열려 있다네. 껍질 깎고 오이지 담아 훌륭하신 조상님께 올리니 계속해서 후손들이 오래 살며 하늘의 복을 받으리라.

中田有廬(중전유려), 疆場有瓜(강역유과). 是剝是菹(시박시저), 獻之皇祖(헌지황조). 曾孫壽考(증손수고), 受天之祜(수천지호).

맑은 술을 제사상에 올리고 붉은 소를 끌어다가 조상님께 바친다네. 방울 칼을 손에 쥐고 소의 털을 깎아 피와 지방 덩어리인 발기름을 받아낸다네.

祭以淸酒(제이청주), 從以騂牡(종이성모), 享於祖考(향어조고). 執其鸞刀(집기란도), 以啓其毛(이계기모), 取其血膋(취기혈료).

희생물을 올리고 제사지내니 향기롭고 향기롭다네. 제사에 관한 일들이 매우 잘 갖추어졌으니 조상님들 진실로 아름답게 여기시고 큰 복으로 보답하여 만수무강하리라.

是烝是享(시증시향), 苾苾芬芬(필필분분). 祀事孔明(사사공명), 先祖是皇(선조시황). 報以介福(보이개복), 萬壽無疆(만수무강).

217 넓은 밭(보전甫田)

저 넓은 밭에서 해마다 많은 곡식을 수확한다네. 묵은 곡식 거두어서 우리 농부 먹이니 예로부터 풍년일세. 이제 남쪽 밭으로 가서 어떤 이는 김매고, 어떤 이는 북돋우니 기장과 피가 잘 자란다네. 돕고자 모여드는 우리의 뛰어난 관리들이 많구나.

倬彼甫田(탁피보전), 歲取十千(세취십천). 我取其陳(아취기진), 食我農人(식아농인). 自古有年(자고유년). 今適南畝(금적남무), 或耘或耔(혹운혹자). 黍稷薿薿(서직의의), 攸介攸止(유개유지), 烝我髦士(증아모사).

몸과 마음을 재계하고 밝게 하여 희생양을 토지신과 사방의 신에게 올린다네. 우리 농사 잘되는 게 농부들의 경사로다. 거문고와 비파를 타고 북을 두들기며 농사의 조상인 신농 씨를 맞이하여 단비 내리길 기원하니, 기장과 피와 같은 곡식 잘되어서 우리 남녀 백성들 잘 길러주시는구나.

以我齊明(이아재명), 與我犧羊(여아희양), 以社以方(이사이방). 我田旣臧(아전기장), 農夫之慶(농부지경). 琴瑟擊鼓(금슬격고), 以御田祖(이어전조). 以祈甘雨(이기감우), 以介我稷黍(이개아직서), 以穀我士女(이곡아사녀).

계속해서 후손들이 와서 머무르니 그 아내와 자식들이로구나. 저 남쪽 밭으로 들밥 내가니 농업장려관인 전준이 몹시 기뻐하며 곁에 있는 사람들에게 주며 맛있는지 맛이 없는지 맛보게 한다네. 긴 이랑에서 잘 가꾸어진 벼가 잘 영글고 넉넉하다네. 후손들이 힘쓰지 않았어도 농부들이 노력했기 때문이라네.

曾孫來止(증손래지), 以其婦子(이기부자). 饁彼南畝(엽피남무), 田畯
至喜(전준지희). 攘其左右(양기좌우), 嘗其旨否(상기지부). 禾易長畝(화
역장무), 終善且有(종선차유). 曾孫不怒(증손불노), 農夫克敏(농부극민).

후손들이 수확한 곡식들 쌓은 높이가 지붕과 대들보까지라네.
후손들의 노적가리가 낮은 언덕 같고 높고 큰 언덕과도 같구나. 그
래서 천 개의 창고를 구하고 만 대의 수레 짐칸을 구한다네. 기장
과 피 벼와 수수는 농부들의 경사라네. 큰 복으로써 보답하니 만수
무강하리라.

曾孫之稼(증손지가), 如茨如梁(여자여량). 曾孫之庾(증손지유), 如坻
如京(여지여경). 乃求千斯倉(내구천사창), 乃求萬斯箱(내구만사상). 黍
稷稻粱(서직도량), 農夫之慶(농부지경). 報以介福(보이개복), 萬壽無疆
(만수무강).

218 큰 밭(대전大田)

큰 밭에 심을 것이 많아 벌써부터 씨앗들 준비하고 경계도 정하
고 모든 걸 갖추고서 일을 한다네. 날카롭게 간 보습으로 비로소
남쪽 밭을 갈아 온갖 씨앗을 뿌리니 싹들이 곧고 크게 자라니 후손
들도 좋아하는구나.

大田多稼(대전다가), 旣種旣戒(기종기계), 旣備乃事(기비내사). 以我
覃耜(이아담사), 俶載南畝(숙재남무). 播厥百穀(파궐백곡), 旣庭且碩(기

정차석), 曾孫是若(증손시약).

벌써 이삭 패어 열매 맺어 잘 영그니 가라지도 없애고 강아지풀
도 뽑아낸다네. 그 밭의 명충이나 각시나방 애벌레도 제거하고 가
뢰 마디충도 없애 밭의 어린 벼 싹에 해로움도 없앤다네. 농사의
시조인 신농이시여! 해충을 잡아 맹렬히 타오르는 불길에 던져 태
워주소서.

既方既皁(기방기조), 既堅既好(기견기호), 不稂不莠(불랑불유). 去其
螟螣(거기명등), 及其蟊賊(급기모적), 無害我田稚(무해아전치). 田祖有
神(전조유신), 秉畀炎火(병비염화).

뭉게구름 곳곳에서 일어나 많은 비가 내린다네. 우리 공전에 비
내리고 사전도 적셔주오. 저곳엔 수확하지 않는 벼도 있고 이곳엔
거두지 않은 볏단도 있으며, 저곳에 남겨진 볏단과 떨어진 벼이삭
있는데, 이것들은 과부들이 주워갈 거라네.

有渰萋萋(유엄처처), 興雨祈祈(흥우기기). 雨我公田(우아공전), 遂及
我私(수급아사). 彼有不獲稚(피유불획치), 此有不斂穧(차유불렴제), 彼
有遺秉(피유유병), 此有滯穗(차유체수), 伊寡婦之利(이과부지리).

거듭해서 후손들이 와서 머무르니 그 농부들의 아내와 자식들이
라네. 저 남쪽 밭으로 들밥 내어오니 권농관인 전준이 매우 기뻐하
네. 후손들이 와서 사방 신에 제사 지내기 위해 붉은 말과 검은 돼
지, 기장과 피를 제사상에 올려놓고 제향하고 제사지내니 큰 복을

받으리라.

曾孫來止(증손래지), 以其婦子(이기부자). 饁彼南畝(엽피남무), 田畯
至喜(전준지희). 來方禋祀(내방인사), 以其騂黑(이기성흑), 與其黍稷
(여기서직). 以享以祀(이향이사), 以介景福(이개경복).

219 낙수를 바라보다(첨피락의瞻彼洛矣)

저 낙수를 바라보니 물길이 깊고 넓다네. 군자가 와서 머무르니
복록이 이엉인 지붕처럼 높다네. 붉은빛의 융복과 슬갑을 입으시
고 천자가 여섯 군대인 육사를 일으켜 거느리신다네.

瞻彼洛矣(첨피락의), 維水泱泱(유수앙앙). 君子至止(군자지지), 福祿
如茨(복록여자). 韎韐有奭(매겹유석), 以作六師(이작륙사).

저 낙수를 바라보니 물길이 깊고 넓다네. 군자가 와서 머무르니
위아래가 옥으로 장식된 칼집이 반짝이네. 군자는 만년 동안 그 왕
실을 보존하리라.

瞻彼洛矣(첨피락의), 維水泱泱(유수앙앙). 君子至止(군자지지), 鞞琫
有珌(필봉유필). 君子萬年(군자만년), 保其家室(보기가실).

저 낙수를 바라보니 물길이 깊고 넓다네. 군자가 와서 머무르니
복록이 벌써 모여든다네. 군자는 만년 동안 그 왕실과 나라를 보존
하리라.

瞻彼洛矣(첨피락의), 維水泱泱(유수앙앙). 君子至止(군자지지), 福祿

旣同(복록기동). 君子萬年(군자만년), 保其家邦(보기가방).

220 아름답고 아름다운 꽃(상상자화裳裳者華)

아름답고 아름다운 꽃이여, 그 잎이 무성하구나. 내 그대를 만나 이내 마음 털어놓았다네. 내 마음 털어놓으니 이 때문에 즐겁게 살고 있다네.

裳裳者華(상상자화), 其葉湑兮(기엽서혜). 我覯之子(아구지자), 我心寫兮(아심사혜). 我心寫兮(아심사혜), 是以有譽處兮(시이유예처혜).

아름답고 아름다운 꽃이여, 노랗게 우거졌구나. 내 그대를 만났으니 큰 재목을 얻게 되었다네. 큰 재목을 얻게 되었으니 이 때문에 복을 받게 되었다네.

裳裳者華(상상자화), 芸其黃矣(운기황의). 我覯之子(아구지자), 維其有章矣(유기유장의). 維其有章矣(유기유장의), 是以有慶矣(시이유경의).

아름답고 아름다운 꽃이여, 어떤 것은 노랗고 어떤 것은 하얗구나. 내 그대를 만났으니 네 필의 가리온이 이끄는 수레를 타셨구나. 네 필의 가리온이 이끄는 수레를 타셨는데 여섯 개의 고삐가 기름칠을 한 것 같다네.

裳裳者華(상상자화), 或黃或白(혹황혹백). 我覯之子(아구지자), 乘其四駱(승기사락). 乘其四駱(승기사락), 六轡沃若(육비옥약).

왼쪽이면 왼쪽이라 군자의 행동 마땅하고 오른쪽이면 오른쪽이라 군자의 법도 갖추었네. 이처럼 갖춘지라 그 속마음도 비슷하리라.

左之左之(좌지좌지), 君子宜之(군자의지). 右之右之(우지우지), 君子有之(군자유지). 維其有之(유기유지), 是以似之(시이사지).

221 콩새(상호桑扈)

오르락내리락 날아다니는 콩새여, 그 깃이 아름답구나. 군자가 즐거우시니 하늘의 복을 받으시는구나.

交交桑扈(교교상호), 有鶯其羽(유앵기우). 君子樂胥(군자낙서), 受天之祜(수천지호).

오르락내리락 날아다니는 콩새여, 그 목의 털이 아름답구나. 군자가 즐거우시니 모든 나라의 울타리로구나.

交交桑扈(교교상호), 有鶯其領(유앵기령). 君子樂胥(군자낙서), 萬邦之屏(만방지병).

울타리 되고 기둥이 되니 모든 제후들이 모범으로 삼는구나. 세금을 많이 거두지 않고 법 지키기를 어렵지 않게 하면 하늘에서 받는 복이 많지 않겠는가!

之屏之翰(지병지한), 百闢為憲(백벽위헌). 不戢不難(부집불난), 受福不那(수복불나).

쇠뿔 잔은 굽었고 맛 좋은 술은 목 넘김이 부드럽구나. 그와 사귐에 오만하지 않으니 온갖 복이 와서 모이는구나.

兕觥其觩(시굉기구), 旨酒思柔(지주사유). 彼交匪敖(피교비오), 萬福來求(만복래구).

222 원앙(鴛鴦)

원앙이 날아다니며 날개를 펼쳤다 접었다 하는구나. 그런 군자의 나라는 만년토록 장수하고 복록을 누림이 마땅하다네.

鴛鴦于飛(원앙우비), 畢之羅之(필지라지). 君子萬年(군자만년), 福祿宜之(복록의지).

원앙이 어살에서 왼쪽 날개를 접고 있다네. 군자의 나라는 만년토록 그 긴 복록을 누림이 마땅하다네.

鴛鴦在梁(원앙재량), 戢其左翼(집기좌익). 君子萬年(군자만년), 宜其遐福(의기하복).

네 필의 말이 마구간에서 여물과 꼴을 먹고 있구나. 군자의 나라는 만년토록 그 복록이 오래 가리라.

乘馬在廄(승마재구), 摧之秣之(최지말지). 君子萬年(군자만년), 福祿艾之(복록애지).

네 필의 말이 마구간에서 꼴과 여물을 먹고 있구나. 군자의 나라는 만년토록 그 복록으로 편안하리라.

乘馬在廐(승마재구), 秣之摧之(말지최지). 君子萬年(군자만년), 福祿
綏之(복록수지).

223 고깔(규변頍弁)

뾰족한 가죽 고깔 실제론 누가 쓰고 있는가. 그대의 술은 맛있으
며 안주 또한 훌륭하구나. 어찌 모여 있는 이들이 다른 사람이겠는
가. 형제들은 타인이 아니라네. 담쟁이와 소나무 겨우살이인 여라
가 소나무와 잣나무로 뻗어가는구나. 군자를 아직 보지 못하여 우
울한 마음 크고 크더니 이제 군자를 뵈오니 한없이 기쁘구나.

有頍者弁(유규자변), 實維伊何(실유이하). 爾酒旣旨(이주기지), 爾殽
旣嘉(이효기가). 豈伊異人(기이이인), 兄弟匪他(형제비타). 蔦與女蘿(조
여녀라), 施於松柏(시어송백). 未見君子(미견군자), 憂心奕奕(우심혁혁),
旣見君子(기견군자), 庶幾說懌(서기열역).

뾰족한 가죽 고깔 진실로 누가 쓰고 있는가. 그대의 술은 맛있으
며 안주 또한 훌륭하구나. 어찌 모여 있는 이들이 다른 사람이겠는
가. 형제들이 다 모였다네. 담쟁이와 소나무 겨우살이인 여라가 소
나무 위로 뻗어가는구나. 군자를 아직 보지 못하여 근심하고 근심
하다가 이제 군자를 뵈오니 한없이 좋아졌다네.

有頍者弁(유규자변), 實維何期(실유하기). 爾酒旣旨(이주기지), 爾殽
旣時(이효기시). 豈伊異人(기이이인), 兄弟具來(형제구래). 蔦與女蘿(조

여녀라), 施於松上(시어송상). 未見君子(미견군자), 憂心恓恓(우심병병).
旣見君子(기견군자), 庶幾有臧(서기유장).

뾰족한 가죽 고깔 실제론 머리에 쓰고 있다네. 그대의 술은 맛있
으며 안주도 이미 많구나. 어찌 모여 있는 이들이 다른 사람이겠는
가. 형제와 외척들이라네. 마치 함박눈이 내리기 전에 먼저 싸라기
눈이 내리는 것과 같다네. 죽음에는 정해진 날짜가 없어 서로 보게
될 날이 얼마 없으니 술을 마시며 오늘 밤을 즐기도록 군자께서 이
잔치를 베풀었다네.

　有頍者弁(유규자변), 實維在首(실유재수). 爾酒旣旨(이주기지), 爾殽
旣阜(이효기부). 豈伊異人(기이이인), 兄弟甥舅(형제생구). 如彼雨雪(여
피우설), 先集維霰(선집유산). 死喪無日(사상무일), 無幾相見(무기상견).
樂酒今夕(낙주금석), 君子維宴(군자유연).

224 수레 빗장(거할車舝)

　돌고 도는 수레의 빗장을 걸고 아름다운 막내딸을 생각하며 간
다네. 배고프고 목말라서가 아니라 은덕 깃든 말로 모였으면 한다
네. 비록 좋은 벗이 없더라도 아아! 잔치하고 또한 기뻐하리라.

　間關車之舝兮(간관차지할혜), 思孌季女逝兮(사련계녀서혜). 匪飢匪
渴(비기비갈), 德音來括(덕음래괄). 雖無好友(수무호우), 式燕且喜(식연
차희).

우거진 저 들판의 숲에 꿩들이 모여든다네. 때에 맞추어 훌륭한 여인이 아름다운 덕을 지니고 와 가르쳐준다면 아아! 잔치하고 또한 즐거우리니 그대를 좋아하여 싫어함이 없으리라.

依彼平林(의피평림), 有集維鷮(유집유교). 辰彼碩女(진피석녀), 令德來教(영덕래교). 式燕且譽(식연차예), 好爾無射(호이무사).

비록 맛 좋은 술은 없다지만 아아! 마시기엔 괜찮다네. 비록 좋은 안주는 없을지라도 아아! 먹기엔 괜찮다네. 비록 그대와 같은 덕은 없을지라도 아아! 노래 부르고 또한 춤을 추리라.

雖無旨酒(수무지주), 式飮庶幾(식음서기). 雖無嘉肴(수무가효), 式食庶幾(식식서기). 雖無德與女(수무덕여녀), 式歌且舞(식가차무).

저 높은 산등성이에 올라 베어놓은 땔나무를 쪼갠다네. 그 벤 땔나무를 쪼개는데 그 잎이 무성하다네. 착한 그대를 만났으니 내 마음을 그대에게 쏟아 붓는다네.

陟彼高岡(척피고강), 析其柞薪(석기작신). 析其柞薪(석기작신), 其葉湑兮(기엽서혜). 鮮我覯爾(선아구이), 我心寫兮(아심사혜).

높은 산을 우러러보며 큰길을 가야 한다네. 네 필의 말로 달리고 달리며 여섯 줄 고삐는 마치 거문고를 타듯 한다네. 그대를 만나 새로 결혼을 하니 이내 마음 위로가 된다네.

高山仰止(고산앙지), 景行行止(경행행지). 四牡騑騑(사모비비), 六轡如琴(육비여금). 覯爾新婚(구이신혼), 以慰我心(이위아심).

225 푸른 파리(청승靑蠅)

이리저리 날던 푸른 파리가 울타리에 앉아 있다네. 화락하고 공손한 군자시여! 헐뜯어 참소하는 말을 믿지 마소서.

營營靑蠅(영영청승), 止於樊(지어번). 豈弟君子(기제군자), 無信讒言(무신참언).

이리저리 날던 푸른 파리가 멧대추나무에 앉아 있다네. 참소하는 사람은 끝이 없어서 사방의 나라들을 혼란에 빠지게 한다네.

營營靑蠅(영영청승), 止於棘(지어극). 讒人罔極(참인망극), 交亂四國(교란사국).

이리저리 날던 푸른 파리가 개암나무에 앉아 있다네. 참소하는 사람은 끝이 없어서 우리 두 사람을 이간질한다네.

營營靑蠅(영영청승), 止於榛(지어진). 讒人罔極(참인망극), 構我二人(구아이인).

226 손님들 연회 초반에는(빈지초연賓之初筵)

손님들 연회 초반에는 좌우가 질서정연하다네. 대그릇 나무그릇이 줄지어 놓여 있고 안주와 과일이 가지런히 늘어서 있으며 술은 순하고 맛이 좋아 술 마시기에 참 좋다네. 종과 북은 이미 설치되어 있고 술잔을 주고받으며 마시니 즐겁고 즐겁다네. 큰 과녁을 세워 놓고 활과 화살도 벌려놓으니 활 쏘는 이들도 모여들어 점수를 알리는데, 저 과녁에 활을 쏘아 그대의 벌주를 구하는구나.

賓之初筵(빈지초연), 左右秩秩(좌우질질). 籩豆有楚(변두유초), 殽核
維旅(효핵유려). 酒旣和旨(주기화지), 飮酒孔偕(음주공해). 鐘鼓旣設(종
고기설), 擧酬逸逸(거수일일). 大侯旣抗(대후기항), 弓矢斯張(궁시사장).
射夫旣同(사부기동), 獻爾發功(헌이발공). 發彼有的(발피유적), 以祈爾
爵(이기이작).

피리 불며 춤을 추고 생황과 북으로 음악을 연주한다네. 훌륭한
조상님들을 즐겁게 해드리니 모든 예절들이 흡족하구나. 모든 예
절이 이미 지극하고 제물들이 크고도 많구나. 그대에게 큰 복을 내
리시어 자손들에게도 그 복록이 가득하다네. 복록이 가득하여 즐
거우니 각각 그대들의 능력을 내보이거라. 손님들이 활 쏠 짝을 찾
고 주인도 들어와 돕는다네. 저 큰 술잔에 술을 부어 그대들의 기
량을 알려주는구나.

籥舞笙鼓(약무생고), 樂旣和奏(악기화주). 烝衎烈祖(증간렬조), 以洽
百禮(이흡백례). 百禮旣至(백례기지), 有壬有林(유임유림). 錫爾純嘏
(석이순하), 子孫其湛(자손기담). 其湛曰樂(기담왈락), 各奏爾能(각주이
능). 賓載手仇(빈재수구), 室人入又(실인입우). 酌彼康爵(작피강작), 以
奏爾時(이주이시).

손님들 연회 초반에는 온화하고 공손하다네. 아직 취하지 않았
을 땐 위엄 있는 태도로 삼가고 삼가는구나. 그러나 술 취해서는
위엄 있던 태도가 깃발처럼 흔들린다네. 위엄 있던 태도가 흔들리

니 계속해서 덩실덩실 춤을 추는구나. 술 취하지 않았을 땐 위엄 있는 태도로 조심하고 조심하더니 술이 거나하게 취하면 위엄 있던 태도가 오만방자해지는구나. 한 번 술에 취하면 공경하고 삼감을 모른다네.

賓之初筵(빈지초연), 溫溫其恭(온온기공). 其未醉止(기미취지), 威儀反反(위의반반). 曰旣醉止(왈기취지), 威儀幡幡(위의번번). 威儀幡幡(위의번번), 屢舞仙仙(누무선선). 其未醉止(기미취지), 威儀抑抑(위의억억). 曰旣醉止(왈기취지), 威儀怭怭(위의필필). 是曰旣醉(시왈기취), 不知其秩(부지기질).

손님들이 취함에 이르게 되면 소리 지르고 공연히 떠드는구나. 대그릇과 나무그릇을 어지럽히고 계속해서 비틀비틀 춤을 춘다네. 그래서 말하길 한 번 취하면 자기 허물을 모른다고 했나 보다. 비뚤어진 고깔이 더욱 기울어져도 계속해서 너울너울 춤을 춘다네. 거나하게 술이 취했을 때 그 자리를 벗어나면 그 복을 모두 받을 것이나 취했는데도 그 자리를 벗어나지 않으면 이를 일러 덕을 헤친다고 하는 것이라네. 술을 마심에 큰 훌륭함은 그 거동에 달려 있다네.

賓旣醉止(빈기취지), 載號載呶(재호재노). 亂我籩豆(난아변두), 屢舞僛僛(누무기기). 是曰旣醉(시왈기취), 不知其郵(부지기우). 側弁之俄(측변지아), 屢舞傞傞(누무사사). 旣醉而出(기취이출), 並受其福(병수기복). 醉而不出(취이불출), 是謂伐德(시위벌덕). 飮酒孔嘉(음주공가), 維其令儀(유기령의).

대체로 이와 같이 술을 마셔도 어떤 이는 취하고 어떤 이는 취하지 않는다네. 그래서 음주예절을 감독하는 주감(酒監)을 세우거나 음주 언행을 기록하는 관리인 주사(酒史)가 보좌하더라도 술에 취하면 행동이 좋지 아니한데 취하지 않은 이가 도리어 부끄러워한다네. 아아! 술 취하지 않은 이가 다가가 일러주지 않으니 크게 해이하게 행동하지 말라. 말 같지 않은 말을 하지 말고 근거 없는 걸 말하지 말라. 술 취해서 횡설수설 말하면 불알 깐 양의 새끼 내놓으라 하라. 술 석 잔에도 사리분별하지 못하는데 하물며 감히 또 술을 권하겠는가.

凡此飮酒(범차음주), 或醉或否(혹취혹부). 旣立之監(기립지감), 或佐之史(혹좌지사). 彼醉不臧(피취부장), 不醉反恥(불취반치). 式勿從謂(식물종위), 無俾大怠(무비대태). 匪言勿言(비언물언), 匪由勿語(비유물어). 由醉之言(유취지언), 俾出童羖(비출동고). 三爵不識(삼작불식), 矧敢多又(신감다우).

227 물고기가 수초들 사이에(어조魚藻)

물고기가 수초들 사이에 있는데 그 머리가 참으로 크다네. 왕이 호경에 계시는데 즐겁고도 즐겁게 술을 드시는구나.

魚在在藻(어재재조), 有頒其首(유반기수). 王在在鎬(왕재재호), 豈樂飮酒(기낙음주).

물고기가 수초들 사이에 있는데 그 꼬리가 참으로 길다네. 왕이

호경에 계시는데 즐겁고도 즐겁게 술을 드시는구나.

魚在在藻(어재재조), 有莘其尾(유신기미). 王在在鎬(왕재재호), 飮酒
樂豈(음주낙기).

물고기가 수초들 사이에 있는데 부들에 기대어 사는구나. 왕이
호경에 계시는데 편안하게 지내시는구나.

魚在在藻(어재재조), 依於其蒲(의어기포). 王在在鎬(왕재재호), 有那
其居(유나기거).

228 콩을 따네(채숙采菽)

콩을 따네. 콩을 따서 네모난 광주리와 둥근 광주리에 담는다네.
제후들이 조회에 오니 내 무엇을 그들에게 내려줄까. 비록 그들에
게 줄 만한 것이 없으나 제후용 수레와 네 필 말을 주리라. 또 무엇
을 내려줄까. 검은 곤룡포와 아름답게 수놓은 옷을 주리라.

采菽采菽(채숙채숙), 筐之筥之(광지거지). 君子來朝(군자래조), 何錫
予之(하석여지). 雖無予之(수무여지), 路車乘馬(노거승마). 又何予之(우
하여지), 玄袞及黼(현곤급보).

세차게 샘솟는 샘물가에서 미나리를 뜯고 있다네. 제후들이 조
회하러 오니 그 깃발들이 보이는구나. 그 깃발들이 나부끼고 방울
소리 딸랑딸랑 울린다네. 수레에서 참마 풀어주고 네 필 말 풀어주
는 걸 보니 제후들이 당도한 것이라네.

觱沸檻泉(필비함천), 言采其芹(언채기근). 君子來朝(군자래조), 言觀
其旂(언관기기). 其旂淠淠(기기비비), 鸞聲嘒嘒(난성혜혜). 載驂載駟
(재참재사), 君子所屆(군자소계).

넓적다리에 붉은 슬갑 차고 아랫다리엔 각반을 찼구나. 그 교제
를 소홀함이 없게 하고 천자께서 슬갑과 각반을 주셨다네. 즐거운
제후들이여, 천자께서 작위도 내리시는구나. 즐거운 제후들이여,
복록이 거듭된다네.
赤芾在股(적불재고), 邪幅在下(사폭재하). 彼交匪紓(피교비서), 天子
所予(천자소여). 樂只君子(낙지군자), 天子命之(천자명지). 樂只君子(낙
지군자), 福祿申之(복록신지).

떡갈나무 가지에 그 잎들이 무성하고 무성하구나. 즐거운 제후
들이여, 천자의 나라를 안정시키시오. 즐거운 제후들이여, 만복이
함께하는구나. 좌우 속국도 화목하게 다스리니 또한 그들도 따르
고 복종한다네.
維柞之枝(유작지지), 其葉蓬蓬(기엽봉봉). 樂只君子(낙지군자), 殿天
子之邦(전천자지방). 樂只君子(낙지군자), 萬福攸同(만복유동). 平平左
右(평평좌우), 亦是率從(역시솔종).

두둥실 떠 있는 버드나무 배를 굵은 밧줄로 묶어 놓았다네. 즐거
운 제후들이여, 천자께서 그것들을 살피시고 계신다네. 즐거운 제
후들이여, 복록이 두텁구나. 제후들의 복록이 넉넉하여 즐거우니

또한 이에 천하가 안정된다네.

汎汎楊舟(범범양주), 紼纚維之(불리유지). 樂只君子(낙지군자), 天子
葵之(천자규지). 樂只君子(낙지군자), 福祿膍之(복록비지). 優哉游哉
(우재유재), 亦是戾矣(역시려의).

229 뿔로 만든 활(각궁角弓)

시위와 조화를 이룬 각궁도 시위를 당기면 본래대로 돌아간다
네. 형제들은 혼인을 해도 서로 멀어짐이 없어야 한다네.

騂騂角弓(성성각궁), 翩其反矣(편기반의). 兄弟婚姻(형제혼인), 無胥
遠矣(무서원의).

그대가 형제들을 멀리하면 백성들도 서로 그렇게 된다네. 그대
가 형제들과 우애로움을 가르치면 백성들도 서로 본받게 된다네.

爾之遠矣(이지원의), 民胥然矣(민서연의). 爾之教矣(이지교의), 民胥
效矣(민서효의).

저 훌륭한 형제들은 너그럽고 여유가 있다네. 훌륭하지 않은 형
제들은 서로에게 병이 들게 한다네.

此令兄弟(차령형제), 綽綽有裕(작작유유). 不令兄弟(불령형제), 交相
為癒(교상위유).

백성들은 사이가 좋지 않으면 서로 한쪽을 원망한다네. 작위를

받음에 사양하지 않으면 결국 망함으로 끝날 것이라네.

　民之無良(민지무량), 相怨一方(상원일방). 受爵不讓(수작불양), 至於
己斯亡(지어이사망).

　늙은 말을 도리어 젊은 망아지로 여기고 그 뒤를 되돌아보지도
않는구나. 밥을 먹음에 배부름을 마땅히 여기고 술을 마심에 많이
마셔 취해야 한다고 여기는 것 같구나.

　老馬反為駒(노마반위구), 不顧其後(불고기후). 如食宜饇(여식의어),
如酌孔取(여작공취).

　원숭이에게 나무타기를 가르치지 말라. 이는 마치 진흙에 진흙
을 덧붙이는 것과 같다네. 군자에게 아름다운 도가 있으면 소인들
도 더불어 따를 것이라네.

　毋教猱升木(무교노승목), 如塗塗附(여도도부). 君子有徽猷(군자유휘
유), 小人與屬(소인여속).

　눈비가 세차게 쏟아져 내려도 햇살 비추면 녹아 사라진다네. 몸
을 굽혀 베풀진 않고 지위만 믿고 교만을 떠는구나.

　雨雪瀌瀌(우설표표), 見晛曰消(견현왈소). 莫肯下遺(막긍하유), 式居
婁驕(식거루교).

　눈비가 세차게 쏟아져 내려도 햇살 비추면 녹아 흘러간다네. 그
런데 왕이 남만과 이무의 오랑캐와 같은지라 내가 이 때문에 근심

한다네.

雨雪浮浮(우설부부), 見晛曰流(견현왈류). 如蠻如髦(여만여무, 髦: 오랑캐 무), 我是用憂(아시용우).

230 무성한 버드나무(울류菀柳)

무성한 버드나무 있다고 쉬어가길 원하지 말라. 상제인 천자가 정사를 심하게 뒤흔드니 스스로 사귀지 말아야 한다네. 국정을 도모했다가 뒤에 가선 괴롭힘을 당하리라.

有菀者柳(유울자류), 不尙息焉(불상식언). 上帝甚蹈(상제심도), 無自暱焉(무자닐언). 俾予靖之(비여정지), 後予極焉(후여극언).

무성한 버드나무 있다고 쉬어가길 원하지 말라. 상제인 천자가 정사를 심하게 뒤흔드니 스스로 가까이 하지 말아야 한다네. 국정을 도모했다가 뒤에 가선 쫓겨나리라.

有菀者柳(유울자류), 不尙愒焉(불상게언). 上帝甚蹈(상제심도), 無自瘵焉(무자채언). 俾予靖之(비여정지), 後予邁焉(후여매언).

새가 높이 날면 하늘에 가까워진다네. 저 사람들의 마음은 어디까지 이를 것인가. 어찌 나에게 국정을 다스리라 해놓고 흉하고 위태롭게 살게 하는가.

有鳥高飛(유조고비), 亦傅於天(역부어천). 彼人之心(피인지심), 於何其臻(어하기진). 曷予靖之(갈여정지), 居以凶矜(거이흉긍).

231 도읍의 귀족(도인사都人士)

　저 도시의 귀족들은 누렇고 누런 여우 갖옷을 입었구나. 그 몸가짐과 용모엔 고칠 것이 없었고 하는 말엔 법도가 있구나. 도시인 호경으로 돌아가는 것은 모든 백성들이 바라는 것이라네.

　彼都人士(피도인사), 狐裘黃黃(호구황황). 其容不改(기용불개), 出言有章(출언유장). 行歸於周(행귀어주), 萬民所望(만민소망).

　저 도시의 귀족들은 누렇고 누런 여우 갖옷을 입었구나. 높다란 삿갓에 검은색 베로 만든 치포관을 썼다네. 저 군자의 자식들은 몸가짐이 바르고 곧기가 머리털 같구나. 나는 그러한 도시의 삶을 살아보지 않았으니 내 마음 기쁘진 않다네.

　彼都人士(피도인사), 台笠緇撮(태립치촬). 彼君子女(피군자녀), 綢直如髮(주직여발). 我不見兮(아불견혜), 我心不說(아심불열).

　저 도시의 귀족들은 귀막이를 옥돌로 하였다네. 저 군자의 자식들은 믿음직하고 길하다고 일컬어지고 있다네. 나는 그러한 도시의 삶을 살아보지 않았으니 내 마음은 답답하게 꽉 막혔다네.

　彼都人士(피도인사), 充耳琇實(충이수실). 彼君子女(피군자녀), 謂之尹吉(위지윤길). 我不見兮(아불견혜), 我心苑結(아심원결).

　저 도시의 귀족들은 허리띠를 길게 드리우고 다닌다네. 저 군자의 자식들은 말아 올린 머리털이 전갈과도 같구나. 나는 그러한 도시의 삶을 살아보지 않았으니 이에 그들의 삶을 따라가고도 싶다네.

彼都人士(피도인사), 垂帶而厲(수대이려). 彼君子女(피군자녀), 捲髮
如蠆(권발여채). 我不見兮(아불견혜), 言從之邁(언종지매).

저들이 일부러 늘어뜨린 게 아니라 띠가 남아서라네. 일부러 말
아 올린 게 아니라 머리털이 휘날려서라네. 나는 그러한 도시의 삶
을 살아보지 않았으나 내 어찌 그걸 바라겠는가.

匪伊垂之(비이수지), 帶則有餘(대즉유여). 匪伊卷之(비이권지), 發則
有旟(발즉유여). 我不見兮(아불견혜), 云何盱矣(운하우의).

232 조개풀을 뜯다(채록采綠)

하루 종일 조개풀을 뜯었는데 한 움큼도 채우지 못했다네. 헝클
어진 내 머리나 돌아가서 감으리라.

終朝采綠(종조채록), 不盈一匊(불영일국). 予髮曲局(여발곡국), 薄言
歸沐(박언귀목).

하루 종일 쪽 풀을 뜯었는데 하나의 행주치마에도 채우지 못했
다네. 닷새면 오신다더니 엿새가 되어도 오시지 않는구나.

終朝采藍(종조채람), 不盈一襜(불영일첨). 五日為期(오일위기), 六日
不詹(육일불첨).

그대가 사냥을 가면 활을 활집에 넣어주고, 그대가 낚시를 가면
낚싯줄을 묶어줄 거라네.

之子於狩(지자어수), 言韔其弓(언창기궁). 之子於釣(지자어조), 言綸
之繩(언륜지승).

낚는 것은 무엇인가. 방어와 연어라네. 방어와 연어라면 구경하
러 가야겠네.

其釣維何(기조유하), 維魴及鱮(유방급서). 維魴及鱮(유방급서), 薄言
觀者(박언관자).

233 기장 싹(서묘黍苗)

수북한 기장 싹을 축축한 비가 내려 기름지게 하는구나. 멀고 먼
남쪽으로 부역 가는 길엔 제후 소백이 위로한다네.

芃芃黍苗(봉봉서묘), 陰雨膏之(음우고지). 悠悠南行(유유남행), 召伯
勞之(소백로지).

우린 등짐을 지고 손수레를 끌며 큰 수레와 소를 이끌기도 했다
네. 우리 일이 끝났는데 어찌 집으로 돌아가란 말은 없단 말인가.

我任我輦(아임아련), 我車我牛(아거아우). 我行旣集(아행기집), 蓋云
歸哉(개운귀재).

우린 걷기도 하고 말을 몰기도 하여 사(師: 2,500명) 규모로 일하고
여(旅: 500명) 규모로도 일했다네. 우리 일이 끝났는데 어찌 살던 곳
으로 돌아가란 말이 없단 말인가.

我徒我御(아도아어), 我師我旅(아사아려). 我行旣集(아행기집), 蓋云歸處(개운귀처).

엄숙하고 조용하게 사읍의 일을 하고 소백께서 그곳을 운영하였다네. 굳세고 굳센 무리를 이끌고 가서 소백께서 사읍의 건설을 완성하였다네.

蕭蕭謝功(숙숙사공), 召伯營之(소백영지). 烈烈征師(열렬정사), 召伯成之(소백성지).

언덕이나 습지가 이미 살기에 편안해졌고 샘과 흐르는 물도 이미 맑아졌다네. 소백께서 사읍의 건설을 완성하니 왕의 마음이 곧 편안해졌다네.

原隰旣平(원습기평), 泉流旣淸(천류기청). 召伯有成(소백유성), 王心則寧(왕심즉녕).

234 진펄의 뽕나무(습상隰桑)

진펄의 뽕나무가 가지를 길게 뻗어 아름답고 그 잎들도 무성하다네. 이윽고 군자를 만났으니 어찌 즐겁지 않겠는가.

隰桑有阿(습상유아), 其葉有難(기엽유난). 旣見君子(기견군자), 其樂如何(기락여하).

진펄의 뽕나무가 가지를 길게 뻗어 아름답고 그 잎들도 윤택하다네. 이윽고 군자를 만났으니 어찌 즐겁지 않겠는가.

隰桑有阿(습상유아), 其葉有沃(기엽유옥). 旣見君子(기견군자), 云何
不樂(운하불락).

진펄의 뽕나무가 가지를 길게 뻗어 아름답고 그 잎들도 검푸르
다네. 이윽고 군자를 만났으니 정담이 매우 굳세고 따뜻하다네.

隰桑有阿(습상유아), 其葉有幽(기엽유유). 旣見君子(기견군자), 德音
孔膠(덕음공교).

마음으로 사랑하고 있는데 어찌 말하지 않겠는가. 마음속에 그
를 품고 있는데 어찌 하루라도 그를 잊겠는가.

心乎愛矣(심호애의), 遐不謂矣(하불위의). 中心藏之(중심장지), 何日
忘之(하일망지)!

235 하얀 꽃(백화白華)

하얀 꽃 핀 왕골을 흰 띠 풀로 묶는다네. 그 사람 마음이 멀어지
니 나 홀로 외롭구나.

白華菅兮(백화관혜), 白茅束兮(백모속혜). 之子之遠(지자지원), 俾我
獨兮(비아독혜).

꽃송이 같은 흰 구름이 저 왕골과 띠 풀에 이슬을 내린다네. 국운
이 힘들고 어려운데 그대에게는 해결할 계책도 없구나.

英英白雲(영영백운), 露彼菅茅(노피관모). 天步艱難(천보간난), 之子
不猶(지자불유).

서안의 연못인 표지의 물 흐름은 북쪽으로 흘러서 저 벼논에 물
을 댄다네. 아픈 마음에 휘파람 불며 저 큰사람을 생각한다네.
　滮池北流(표지북류), 浸彼稻田(침피도전). 嘯歌傷懷(소가상회), 念彼
碩人(염피석인).

저 뽕나무 땔감을 베어다가 화덕에 불을 땐다네. 저 큰사람을 생
각하니 참으로 내 마음이 괴롭다네.
　樵彼桑薪(초피상신), 卬烘於煁(앙홍어심). 維彼碩人(유피석인), 實勞
我心(실로아심).

궁에서 종을 치니 궁 밖에서도 소리 들린다네. 그대 생각에 근심
하고 근심하는데 나를 돌보는 마음이 멀리멀리 떠났구나.
　鼓鍾於宮(고종어궁), 聲聞於外(성문어외). 念子懆懆(염자조조), 視我
邁邁(시아매매).

물수리는 어살에 있고 두루미는 숲에 있다네. 저 큰사람을 생각
하니 참으로 내 마음이 괴롭구나.
　有鷲在梁(유추재량), 有鶴在林(유학재림). 維彼碩人(유피석인), 實勞
我心(실로아심).

원앙이 어살에서 왼쪽 날개를 접고 있다네. 그대는 어질지 않아 그 은덕이 한결같지 않구나.

鴛鴦在梁(원앙재량), 戢其左翼(집기좌익). 之子無良(지자무량), 二三其德(이삼기덕).

낮고 낮은 이 돌은 그것을 밟으면 밟는 사람도 낮아진다네. 그대가 나를 멀리하니 내가 병이 든다네.

有扁斯石(유편사석), 履之卑兮(이지비혜). 之子之遠(지자지원), 俾我疧兮(비아저혜).

236 아주 작은 새(면만綿蠻)

아주 작은 꾀꼬리가 언덕 위에 앉아 있구나. 길이 멀기도 하니 내 수고로움이 어떠하겠는가. 그러니 마실 것을 주고 먹을 것을 주며 가르쳐 주고 일깨워 주며 저 뒤따르는 수레에 명하여 태우고 가라고 말한다네.

綿蠻黃鳥(면만황조), 止於丘阿(지어구아). 道之云遠(도지운원), 我勞如何(아로여하). 飲之食之(음지식지), 教之誨之(교지회지). 命彼後車(명피후거), 謂之載之(위지재지).

아주 작은 꾀꼬리가 언덕 모퉁이에 앉아 있구나. 어찌 감히 가는 걸 꺼리랴만 목적지에 이를 수 없을까봐 두렵다네. 그러니 마실 것을 주고 먹을 것을 주며 가르쳐 주고 일깨워 주며 저 뒤따르는 수레에 명하여 태우고 가라고 말한다네.

綿蠻黃鳥(면만황조), 止於丘隅(지어구우). 豈敢憚行(기감탄행), 畏不能趨(외불능추). 飮之食之(음지식지), 敎之誨之(교지회지). 命彼後車(명피후거), 謂之載之(위지재지).

아주 작은 꾀꼬리가 언덕 곁에 앉아 있구나. 어찌 감히 가는 걸 꺼리랴만 목적지에 이를 수 없을까봐 두렵다네. 그러니 마실 것을 주고 먹을 것을 주며 가르쳐 주고 일깨워 주며 저 뒤따르는 수레에 명하여 태우고 가라고 말한다네.

綿蠻黃鳥(면만황조), 止於丘側(지어구측). 豈敢憚行(기감탄행), 畏不能極(외불능극). 飮之食之(음지식지), 敎之誨之(교지회지). 命彼後車(명피후거), 謂之載之(위지재지).

237 박잎(호엽瓠葉)

펄럭 펄럭이는 박잎을 뜯어서 삶아내네. 군자가 주연을 베푸니 술을 잔에 따라서 맛을 본다네.

幡幡瓠葉(번번호엽), 采之亨之(채지형지). 君子有酒(군자유주), 酌言嘗之(작언상지).

흰 머리 토끼 있으니 통째로 굽고 불살라서 굽는다네. 군자가 주연을 베푸니 술을 잔에 따라서 손님들에게 바친다네.

有兔斯首(유토사수), 炮之燔之(포지번지). 君子有酒(군자유주), 酌言

獻之(작언헌지).

흰 머리 토끼 있으니 불살라서 굽고 꿰어 굽는다네. 군자가 주연을 베푸니 술을 잔에 따라서 사람들에게 돌린다네.

有兔斯首(유토사수), 燔之炙之(번지자지). 君子有酒(군자유주), 酌言酢之(작언초지).

흰 머리 토끼 있으니 불살라서 굽고 통째로 굽는다네. 군자가 주연을 베푸니 술을 잔에 따라서 또다시 권한다네.

有兔斯首(유토사수), 燔之炮之(번지포지). 君子有酒(군자유주), 酌言酬之(작언수지).

238 깎아지른 바위산(점점지석漸漸之石)

험하고 험한 바위산이 높기도 하구나. 가야 할 산천은 멀고도 멀어 갈수록 고생이라네. 무인으로서 동쪽을 정벌하러 가느라 하루도 쉴 틈이 없구나.

漸漸之石(점점지석), 維其高矣(유기고의). 山川悠遠(산천유원), 維其勞矣(유기로의). 武人東征(무인동정), 不遑朝矣(불황조의).

험하고 험한 바위산이 높기도 하구나. 가야 할 산천은 멀고도 멀어 어디가 그 끝인지. 무인으로서 동쪽을 정벌하러 가느라 벗어날 틈이 없구나.

漸漸之石(점점지석), 維其卒矣(유기졸의). 山川悠遠(산천유원), 曷其沒矣(갈기몰의). 武人東征(무인동정), 不遑出矣(불황출의).

흰 발굽의 돼지들이 떼 지어 물길을 건너는구나. 달이 필성에 걸려 있으니 세차게 비가 내린다네. 무인으로서 동쪽을 정벌하러 가느라 다른 일은 돌볼 겨를이 없구나.

有豕白蹢(유시백척), 烝涉波矣(증섭파의). 月離於畢(월리어필), 俾滂沱矣(비방타의). 武人東征(무인동정), 不皇他矣(불황타의).

능소화 꽃이 진한 노란색으로 피었구나. 마음의 근심으로 애달프다네.

苕之華(초지화), 芸其黃矣(운기황의). 心之憂矣(심지우의), 維其傷矣(유기상의).

능소화 꽃 그 잎들이 푸르고 푸르구나. 내 이와 같은 줄 알았더라면 태어나지도 않았을 것을.

苕之華(초지화), 其葉靑靑(기엽청청). 知我如此(지아여차), 不如無生(불여무생).

암컷 양은 머리만 크고 오리온자리의 세 별은 통발에 떠 있다네. 사람이 먹을 수는 있어도 배부른 적 드물다네.

牂羊墳首(장양분수), 三星在罶(삼성재류). 人可以食(인가이식), 鮮可以飽(선가이포).

240 어느 풀인들 시들지 않으랴(하초불황何草不黃)

어느 풀인들 시들지 않으랴! 어느 날인들 가지 않으랴! 어느 사람인들 부역 나가지 않으랴! 사방에서 경영해야 한다네.

何草不黃(하초불황), 何日不行(하일불행). 何人不將(하인부장), 經營四方(경영사방).

어느 풀인들 썩어 검어지지 않으랴! 어떤 사람인들 불쌍하지 않으랴. 애달프구나! 우리 정벌에 나선 사내들이여! 우리만 홀로 백성이 아니던가.

何草不玄(하초불현), 何人不矜(하인불궁). 哀我征夫(애아정부), 獨為匪民(독위비민).

외뿔소도 아니고 호랑이도 아닌데 저 황량한 들판을 따르게 하는구나. 애달프구나! 우리 정벌에 나선 사내들이여! 하루 종일 쉴 틈이 없구나.

匪兕匪虎(비시비호), 率彼曠野(솔피광야). 哀我征夫(애아정부), 朝夕不暇(조석불가).

털이 무성한 저 여우는 저 으슥한 풀숲으로 유인되는구나. 전쟁

터로 가는 사다리 달린 수레는 저 큰길을 따라가야 한다네.

有芃者狐(유봉자호), 率彼幽草(솔피유초). 有棧之車(유잔지거), 行彼
周道(행피주도).

대아(大雅)

241 문왕(문왕文王)

　문왕께서 하늘에 계시면서 아! 하늘에서 밝게 비추어 주시는구나. 주나라가 비록 오래되었지만 그 천명은 새롭게 유지되고 있다네. 주나라가 빛나지 않을까, 천제의 명이 때에 맞지 않을까. 문왕께서 오르내리시며 천제의 곁에 계시는구나.

　文王在上(문왕재상), 於昭於天(어소어천). 周雖舊邦(주수구방), 其命維新(기명유신). 有周不顯(유주불현), 帝命不時(제명불시). 文王陟降(문왕척강), 在帝左右(재제좌우).

　백성을 위해 힘쓰시고 힘쓰시는 문왕께서는 훌륭한 명성이 그치지 않는구나. 주나라에 복록을 주시는데 문왕의 자손들에게 내린

다네. 문왕의 자손들인 본손과 지손이 백세에 이르게 하신다네. 주
나라의 관리들도 크게 드러나 또한 대를 잇는다네.

亹亹文王(미미문왕), 令聞不已(영문불이). 陳錫哉周(진석재주), 侯文
王孫子(후문왕손자). 文王孫子(문왕손자), 本支百世(본지백세). 凡周之
士(범주지사), 不顯亦世(불현역세).

대대로 큰 영달을 누리도록 그 계책들이 많고도 많구나. 훌륭한
많은 관리들이 이 왕국에 태어나니 왕국을 잘 생장시키는 주나의
기둥이 되었다네. 주왕조를 돕고 돕는 많은 관리들로 인해 문왕께
선 편안하시겠구나.

世之不顯(세지불현), 厥猶翼翼(궐유익익). 思皇多士(사황다사), 生此
王國(생차왕국). 王國克生(왕국극생), 維周之楨(유주지정). 濟濟多士(제
제다사), 文王以寧(문왕이녕).

아름답고 훌륭한 문왕께선 하늘의 광명을 잇고 공경하셨다네.
크나큰 천명이 상나라 자손에게 있어 그 상나라 자손들은 그 수를
셀 수 없지만 상제께서 명을 내려 주나라에 복종하였다네.

穆穆文王(목목문왕), 於緝熙敬止(어집희경지). 假哉天命(가재천명).
有商孫子(유상손자). 商之孫子(상지손자), 其麗不億(기려불억). 上帝旣
命(상제기명), 侯於周服(후어주복).

이에 주나라에 복종하니 천명은 영원하지만은 않구나. 귀의한
은나라 관리들이 매우 민첩하게 주왕조의 도읍인 호경에서 강신제

를 돕는다네. 그들은 강신제를 돕는 일을 하며 평상복과 수놓은 은나라 관을 썼다네. 왕의 충성스런 신하들이여, 그대들의 은나라 조상은 생각하지 말라.

侯服於周(후복어주), 天命靡常(천명미상). 殷士膚敏(은사부민), 祼將於京(관장어경). 厥作祼將(궐작관장), 常服黼冔(상복보후). 王之藎臣(왕지신신), 無念爾祖(무념이조).

그대들 조상은 생각하지 말고 그 덕을 닦아 펼치는 것이 길이 천명에 짝이 되어 스스로 많은 복을 구하는 것이라네. 은나라가 천하의 백성을 잃지 않았을 적엔 상제의 짝이었으니 마땅히 은나라를 거울로 삼아야 한다네. 크나큰 천명을 보존하기가 쉽지 않아서라네.

無念爾祖(무념이조), 聿修厥德(율수궐덕). 永言配命(영언배명), 自求多福(자구다복). 殷之未喪師(은지미상사), 克配上帝(극배상제). 宜鑒於殷(의감어은), 駿命不易(준명불역)!

천명은 보존하기 쉽지 않으니 그대 자신으로 인하여 끊어지게 하지 말아야 한다네. 의롭다는 소문이 밝게 알려지게 하고 은나라를 헤아려 천제를 따라야 하나니 천제가 하시는 일은 소리도 없고 냄새도 없다네. 문왕을 본받으면 천하가 주왕조를 믿게 될 것이라네.

命之不易(명지불역), 無遏爾躬(무알이궁). 宣昭義問(선소의문), 有虞殷自天(유우은자천). 上天之載(상천지재), 無聲無臭(무성무취). 儀刑文王(의형문왕), 萬邦作孚(만방작부).

인간세상인 땅에서 그 덕이 분명하게 드러나면 하늘에서도 그
덕이 분명하게 드러난다네. 천제는 믿기 어렵고 이에 왕 노릇도 하
기 쉽지 않다네. 천자의 자리가 은나라로 갔으나 지금은 은나라로
하여금 천하를 소유하지 못하게 했다네.

明明在下(명명재하), 赫赫在上(혁혁재상). 天難忱斯(천난침사), 不易
維王(불역유왕). 天位殷適(천위은적), 使不挾四方(사불협사방).

지나라 둘째 따님인 태임 씨는 저 은상(상나라)으로부터 주나라에
시집오셔서 도읍에서 신부가 되었다네. 곧 왕계를 받들어서 오직
덕을 행하다가 태임께서 임신하시어 문왕을 낳으셨다네.

摯仲氏任(지중씨임), 自彼殷商(자피은상), 來嫁於周(내가어주), 曰嬪
於京(왈빈어경). 乃及王季(내급왕계), 維德之行(유덕지행). 大任有身(대
임유신), 生此文王(생차문왕).

오직 문왕께서는 늘 조심하고 공경하였다네. 밝게 상제를 섬기
셨고 많은 복이 오게 하심에 그 덕에 어그러짐이 없게 하여 사방
나라의 신임을 받았다네.

維此文王(유차문왕), 小心翼翼(소심익익). 昭事上帝(소사상제), 聿懷
多福(율회다복). 厥德不回(궐덕불회), 以受方國(이수방국).

천제께서 인간세상에서 문왕의 덕업을 살펴보시고 이미 천명이
문왕에게 모아졌음을 알았다네. 문왕이 왕위에 오른 첫해에 천제

께서 배필을 정하시니 그 나라가 흡수의 북쪽 위수의 물가에 있었다네. 문왕께서 아름답게 여길 만하신 큰 나라의 따님이라네.

天監在下(천감재하), 有命旣集(유명기집). 文王初載(문왕초재), 天作之合(천작지합). 在洽之陽(재흡지양), 在渭之涘(재위지사). 文王嘉止(문왕가지), 大邦有子(대방유자).

큰 나라의 따님이라 천제의 여동생에 견줄 만하다네. 점을 쳐서 그 길한 날을 정하시고 위수에서 신부를 맞이하심에 배를 모아 다리를 놓으시니 그 빛이 찬란하게 빛났다네.

大邦有子(대방유자), 俔天之妹(현천지매). 文定厥祥(문정궐상), 親迎於渭(친영어위). 造舟為梁(조주위량), 不顯其光(불현기광).

하늘로부터 천명이 있어 이러하신 문왕에게 천명을 내려 주나라라 하시고 도읍을 정하시면서 신나라의 여식을 신부로 맞이했다네. 신나라의 큰따님으로서 문왕에게 시집와 덕이 두터운 무왕을 낳았다네. 보살피고 도와주시며 무왕에게 명하시어 상나라를 정벌하여 화합하게 하였다네.

有命自天(유명자천), 命此文王(명차문왕). 於周於京(어주어경), 纘女維莘(찬녀유신). 長子維行(장자유행), 篤生武王(독생무왕). 保右命爾(보우명이), 燮伐大商(섭벌대상).

은(은상)나라 군사들이 숲과 같이 모여 있다네. 무왕이 목야에서 맹세하길 천제께서 나에게 정벌을 부흥하게 하였다네. 상제께서 너희를 지켜줄 것이니 너희 마음속에 승리를 의심치 말라 하시네.

殷商之旅(은상지려), 其會如林(기회여림). 矢於牧野(시어목야), 維予侯興(유여후흥). 上帝臨女(상제림녀), 無貳爾心(무이이심).

목야는 넓고 넓으며 박달나무 수레는 휘황찬란하다네. 네 필의 배가 희고 갈기가 검붉은 원마는 태사인 상보가 때에 맞추어 매처럼 날아올라 저 무왕을 도와 마침내 상나라를 정벌하니 때마침 맑고 밝은 아침이 되었다네.

牧野洋洋(목야양양), 檀車煌煌(단거황황), 駟騵彭彭(사원팽팽). 維師尙父(유사상보), 時維鷹揚(시유응양). 涼彼武王(량피무왕), 肆伐大商(사벌대상), 會朝清明(회조청명).

243 이어짐(면綿)

이어지고 이어지며 오이들이 열리듯 주나라 백성들이 처음 살았던 곳은 저수와 칠수 땅이었다네. 주나라 태왕이었던 고공단보께서 언덕에 아궁이같이 굴을 파게 하였으니 지금과 같은 가옥이 아직은 있지 않았다네.

綿綿瓜瓞(면면과질), 民之初生(민지초생), 自土沮漆(자토저칠). 古公亶父(고공단보), 陶復陶穴(도복도혈), 未有家室(미유가실).

주나라의 시조인 고공단보께서 어느 날 아침에 말을 몰아 서쪽 물가를 따라 기산 아래에 이르렀다네. 이에 왕비인 강녀와 함께 도읍의 터를 보셨다네.

古公亶父(고공단보), 來朝走馬(내조주마). 率西水滸(솔서수호), 至於
岐下(지어기하). 爰及姜女(원급강녀), 聿來胥宇(율래서우).

주나라 땅은 매우 비옥하고 제비꽃과 씀바귀도 달콤하기가 엿과
같았다네. 이에 도읍건설을 계획하고 거북점을 치니 살 만하고 좋
다고 하니 이곳에 집들을 짓게 하였다네.

周原膴膴(주원무무), 菫荼如飴(근도여이). 爰始爰謀(원시원모), 爰契
我龜(원계아구), 曰止曰時(왈지왈시), 築室於茲(축실어자).

이에 안심하고 머무르며 좌우로 집을 지으며 경계 긋고 길을 내
서 밭을 갈고 이랑을 냈다네. 서쪽으로부터 동쪽까지 철저하게 모
든 일을 처리했다네.

乃慰乃止(내위내지), 乃左乃右(내좌내우), 乃疆乃理(내강내리), 乃宣
乃畝(내선내무). 自西徂東(자서조동), 周爰執事(주원집사).

이에 수리와 토목건설 등을 담당하는 사공을 부르고 재정과 교
육을 담당하는 사도를 불러 가옥들을 짓게 하였다네. 먹줄 곧게 긋
고 설계도로 일을 하니 사당을 질서정연하게 건설하였다네.

乃召司空(내소사공), 乃召司徒(내소사도), 俾立室家(비립실가). 其繩
則直(기승즉직), 縮版以載(축판이재), 作廟翼翼(작묘익익).

광주리에 흙 담는 소리 잉잉, 흙 담은 광주리 던지는 소리 훙훙,

흙 다지는 소리 둥둥, 담장 깎아내리는 소리 빙빙 나는구나. 모든 담벽 세우니 큰북 작은북 소리 그치질 않네.

捄之陾陾(구지잉잉), 度之薨薨(도지훙훙), 築之登登(축지등등), 削屢馮馮(삭루빙빙, 馮: 소리일 경우 '빙'으로 독음). 百堵皆興(백도개흥), 鼛鼓弗勝(고고불승).

이에 궁성의 바깥문인 고문을 세우니 고문이 높이 솟아 있고, 궁중의 정문인 응문을 세우니 응문이 크고도 크구나. 이어 토지 신에게 제사지내는 총토 세우니 오랑캐 무리들이 달아나는구나.

乃立臯門(내립고문), 臯門有伉(고문유항). 乃立應門(내립응문), 應門將將(응문장장). 乃立冢土(내립총토), 戎丑攸行(융축유행).

오랑캐에 대한 근심을 완전하게 끊어내진 못했으나 또한 그들에게 교화를 위해 선물하는 것도 빠뜨리지 않았다네. 떡갈나무와 상수리나무 뽑아내어 다니는 길 소통시켰다네. 오랑캐들 말달려 도망가느라 숨이 차 헐떡거렸다네.

肆不殄厥慍(사부진궐온), 亦不隕厥問(역불운궐문). 柞棫拔矣(작역발의), 行道兌矣(행도태의). 混夷駾矣(혼이태의), 維其喙矣(유기훼의).

우나라와 예나라의 영토분쟁을 해결하러 왔다가 문왕께서 그들의 마음을 움직이게 하였다네. 문왕인 내가 이르노니 "멀리할 것과 가까이할 게 있고, 먼저 할 것과 나중에 할 것이 있으며, 나랏일로 달리고 달려야 할 것도 있고, 외부의 침략을 방어도 해야 한다"고

하셨다네.

虞芮質厥成(우예질궐성), 文王蹶厥生(문왕궐궐생). 予曰有疏附(여왈유소부), 予曰有先後(여왈유선후). 予曰有奔奏(여왈유분주), 予曰有禦侮(여왈유어모).

244 무성한 느릅나무(역복棫樸, 樸: 빽빽할 복)

무성하고 무성한 느릅나무를 베어다가 쌓아 놓고 태운다네. 엄숙하고 엄숙한 위대한 왕에게 좌우에서 달려온다네.

芃芃棫樸(봉봉역복), 薪之槱之(신지유지). 濟濟辟王(제제벽왕), 左右趣之(좌우취지).

엄숙하고 엄숙한 위대한 왕에게 좌우에서 강신제의 술잔인 장찬(璋瓚)을 받들어 올린다네. 장찬 받들기를 엄숙하고 위엄 있어야 하니, 훌륭한 관리라야 어울린다네.

濟濟辟王(제제벽왕), 左右奉璋(좌우봉장). 奉璋峨峨(봉장아아), 髦士攸宜(모사유의).

많은 저 경수의 배들을 많은 무리들이 노 저어가네. 주나라 왕이 멀리 출정을 나가니 육사(병사 15,000명)가 함께 가는구나.

淠彼涇舟(비피경주), 烝徒楫之(증도즙지). 周王於邁(주왕어매), 六師及之(육사급지).

밝은 저 은하수 밤하늘을 아름답게 수놓았네. 주 문왕께서 장수하셨으니 어찌 사람들을 훌륭하게 육성하지 않았겠는가.

倬彼雲漢(탁피운한), 為章於天(위장어천). 周王壽考(주왕수고), 遐不作人(하부작인).

갈고 닦아 만든 법률은 금과 옥과도 같은 다스림이라네. 덕을 베풀어 힘쓰고 힘쓰신 우리 문왕은 온 세상의 벼리로구나.

追琢其章(퇴탁기장, 追: 갈다 퇴), 金玉其相(금옥기상). 勉勉我王(면면아왕), 綱紀四方(강기사방).

245 한산 기슭(한록旱麓)

저 한산 기슭을 바라보니 개암나무와 싸리나무가 우거지고 우거졌구나. 화락하고 편안한 군자는 복록을 구함에도 화락하고 편안하시구나.

瞻彼旱麓(첨피한록), 榛楛濟濟(진호제제). 豈弟君子(개제군자), 干祿豈弟(간록기제).

아름다운 저 옥잔에 누런 울창주가 담겨 있다네. 화락하고 편안한 군자에게 복록을 내리시는구나.

瑟彼玉瓚(슬피옥찬), 黃流在中(황류재중). 豈弟君子(개제군자), 福祿攸降(복록유강).

솔개는 하늘로 날아오르고 물고기는 연못에서 뛰논다네. 화락하고 편안한 군자가 어찌 사람을 사람답게 교화하지 않겠는가.

鳶飛戾天(연비려천), 魚躍於淵(어약어연). 豈弟君子(개제군자), 遐不作人(하부작인).

맑은 술 담아 놓고 붉은 황소 희생물로 준비하였다네. 제단에 바치고 제사 올리니 큰 복이 내리리라.

清酒既載(청주기재), 騂牡既備(성모기비). 以享以祀(이향이사), 以介景福(이개경복).

무성한 저 떡갈나무와 상수리나무를 백성들이 제사를 알리기 위해 불태운다네. 화락하고 편안한 군자를 신께서 도와주시는구나.

瑟彼柞棫(슬피작역), 民所燎矣(민소료의). 豈弟君子(개제군자), 神所勞矣(신소로의).

넓고 넓게 뻗는 칡넝쿨과 등나무가 나뭇가지와 줄기에 얽혀 있구나. 화락하고 편안한 군자여! 복을 구함에 어긋남이 없구나.

莫莫葛藟(막막갈류), 施於條枚(시어조매). 豈弟君子(개제군자), 求福不回(구복불회).

246 재계하시는(사제思齊)
항상 재계하시는 태임은 문왕의 어머니이시며, 문왕의 할머니이신 주강께 순종하셨던 왕실의 며느리셨네. 문왕의 정비이신 태사께선 아름다운 덕행과 언어를 이으시고, 곧 많은 사내아이들을 낳으셨다네.

思齊大任(사제대임), 文王之母(문왕지모), 思媚周姜(사미주강), 京室之婦(경실지부). 大姒嗣徽音(대사사휘음), 則百斯男(즉백사남).

문왕께서 종묘의 조상들께 제사지내시니, 조상신들께서 원망함도 없었고 애통함도 없었다네. 본처에게도 본보기가 되었으며, 형제들에게도 우애를 극진히 하여 나라를 다스렸다네.

惠於宗公(혜어종공), 神罔時怨(신망시원), 神罔時恫(신망시통). 刑於寡妻(형어과처), 至於兄弟(지어형제), 以御於家邦(이어어가방).

문왕께서 궁에 계실 때엔 화평하고 즐거워 하셨으며, 종묘에 계실 적엔 엄숙하고 공경하는 태도셨다네. 드러나지 않게 신께서 임하시어, 싫증냄 없이 또한 보살펴 주셨다네.

雍雍在宮(옹옹재궁), 肅肅在廟(숙숙재묘). 不顯亦臨(불현역림), 無射亦保(무사역보).

문왕께서 그렇게 하심으로써도 오랑캐의 침입을 없애진 못하셨으나, 세운 공적에 흠이 되진 않았다네. 들어보지 못한 것은 또한 법도에 따랐으며, 아무도 간언하지 않더라도 받아들이도록 하셨다네.

肆戎疾不殄(사융질부진), 烈假不瑕(열가불하). 不聞亦式(불문역식),

不諫亦入(불간역입).

　그렇게 하심으로 어른들은 덕이 있었고, 아이들은 덕을 기를 수 있었다네. 후대사람들은 옛사람이 된 문왕을 싫어하지 않았고, 훌륭한 선비들은 문왕을 찬양하며 기렸다네.

　肆成人有德(사성인유덕), 小子有造(소자유조). 古之人無斁(고지인무두), 譽髦斯士(예모사사).

247 위대함(황의皇矣)

　위대하신 상제께서 아래세상을 밝게 내려다보신다네. 사방의 인간세상을 살펴보시고 백성들이 안정되게 살 곳을 찾으시는구나. 하와 은 두 나라는 그 정사가 마땅함을 얻지 못하였기에 저 사방의 모든 나라에서 조사하고 헤아려보곤 하였다네. 상제께선 천명에 맞는 나라를 찾으시고 상나라의 악행이 큰 것을 미워하시곤 마침내 서쪽을 돌아보시고 관찰한 끝에 이곳을 주나라로 정하시곤 천명을 주셨다 하였다네.

　皇矣上帝(황의상제), 臨下有赫(임하유혁). 監觀四方(감관사방), 求民之莫(구민지막). 維此二國(유차이국), 其政不獲(기정불획). 維彼四國(유피사국), 爰究爰度(원구원도). 上帝耆之(상제기지), 憎其式廓(증기식곽). 乃眷西顧(내권서고), 此維與宅(차유여댁).

　그것들을 베어내고 제거하니 그곳 기산의 고목들과 쓰러져 있는

나무들이라네. 그것들을 정리하고 제거하는데 바로 덤불숲의 늘어진 나무들이라네. 그것들을 베고 없애는데 능수버들과 느티나무들이지. 임금인 고공단보께서 밝은 덕으로 나라의 터전을 옮기시니 포로로 잡힌 오랑캐들이 거리에 넘쳐나고 천제께서 고공단보의 배필을 내세우니 천명을 받음이 이미 확고해졌다네.

作之屏之(작지병지), 其菑其翳(기치기예). 修之平之(수지평지), 其灌其栵(기관기렬). 啟之辟之(계지벽지), 其檉其椐(기정기거). 攘之剔之(양지척지), 其檿其柘(기염기자). 帝遷明德(제천명덕), 串夷載路(관이재로). 天立厥配(천립궐배), 受命旣固(수명기고).

상제께서 그 산을 살펴보시곤 떡갈나무와 상수리나무를 뽑아내시고 소나무와 잣나무로 바꾸어 심으셨네. 상제께서 나라를 세워 맡기시니 큰 제후인 태백인 왕계로부터라네. 이 왕계께선 깊은 마음으로 우애하고 곧 그 형제들과 우애하시어 그 복록을 돈독하게 하시니 천제께서 영예를 주셨고 받은 복록을 잃지 않으시니 나라를 사방으로 넓혀 소유하셨다네.

帝省其山(제성기산), 柞棫斯拔(작역사발), 松柏斯兌(송백사태). 帝作邦作對(제작방작대), 自大伯王季(자대백왕계). 維此王季(유차왕계), 因心則友(인심즉우). 則友其兄(즉우기형), 則篤其慶(즉독기경), 載錫之光(재석지광). 受祿無喪(수록무상), 奄有四方(엄유사방).

이 왕계께서 상제의 마음을 헤아리시고 그 좋은 평판을 드러나지 않게 하셨으나 그 덕이 능히 밝으셨다네. 능히 사리에 밝으시고 착하시어 우두머리 노릇을 하시고 임금 노릇을 하시며 큰 나라의 왕이 되시어 백성들을 순종케 하시고 친밀하게 지내셨다네. 문왕에 이르러 그 덕에 백성들의 원망이 없었으니 상제께 받은 복을 자손들에게까지 이어지게 하셨다네.

維此王季(유차왕계), 帝度其心(제도기심). 貊其德音(맥기덕음), 其德克明(기덕극명). 克明克類(극명극류), 克長克君(극장극군). 王此大邦(왕차대방), 克順克比(극순극비). 比於文王(비어문왕), 其德靡悔(기덕미회). 旣受帝祉(기수제지), 施於孫子(시어손자).

상제께서 문왕에게 이르시길 '그대는 배반하거나 횡포함도 없고 탐내거나 잘못함도 없으니 그대는 뛰어남으로 먼저 공을 이루리라' 하셨다네. 이때에 밀국 사람들이 공손치 아니하고 감히 큰 나라인 주나라에 대항하여 완국을 치고 공국으로 가니 왕께서 대단히 노하셨다네. 군대를 정비하시고 밀국의 군대를 막으시어 주나라의 복을 돈독히 하시니 그로써 천하의 안정을 이루셨다네.

帝謂文王(제위문왕), 無然畔援(무연반원), 無然歆羡(무연흠선), 誕先登於岸(탄선등어안). 密人不恭(밀인불공), 敢距大邦(감거대방), 侵阮徂共(침완조공). 王赫斯怒(왕혁사노), 爰整其旅(원정기려), 以按徂旅(이안조려). 以篤於周祜(이독어주호), 以對於天下(이대어천하).

그들 밀국 사람들은 높은 언덕에 의지하여 완국 경계로부터 침략하여 우리의 높은 언덕에 올라갈 것이니 그들이 우리의 언덕을 등지게 하지 말라 하시네. 우리의 언덕이요, 우리의 기슭이니, 우리의 샘물 마시게 하지 말라셨다네. 우리의 샘이요, 연못이라네. 그곳의 좋은 언덕을 찾아 기산의 남쪽에 머물며 위수 곁에 계시니 모든 나라의 백성들이 우러르는 백성들의 왕이시라네.

依其在京(의기재경), 侵自阮疆(침자완강). 陟我高岡(척아고강), 無矢我陵(무시아릉). 我陵我阿(아릉아아), 無飮我泉(무음아천), 我泉我池(아천아지). 度其鮮原(도기선원), 居岐之陽(거기지양), 在渭之將(재위지장). 萬邦之方(만방지방), 下民之王(하민지왕).

상제께서 문왕에게 이르시길 '나는 밝은 덕을 가슴에 품고 있으니 다스림에 큰 소리로 노한 기색 띠지 말며 형벌도구나 전쟁도구를 귀히 여기지 말아야 한다. 인식하고 알지 못하는 것은 상제의 법도를 따르라' 하시네. 또 상제께서 문왕에게 이르시길 '그대의 동맹국에 자문을 구하고 그대의 형제국과 함께하여 그대의 성 오르는 사다리와 적의 동태를 살필 수 있는 수레인 임거와 성문과 성벽을 부수는 수레인 충거를 이용하여 숭나라의 성채를 공격하라' 하시네.

帝謂文王(제위문왕), 予懷明德(여회명덕), 不大聲以色(불대성이색), 不長夏以革(부장하이혁). 不識不知(불식부지), 順帝之則(순제지칙). 帝謂文王(제위문왕), 同爾弟兄(동이제형), 以爾鉤援(이이구원), 與爾臨沖(여이림충), 以伐崇墉(이벌숭용).

임거와 충거가 천천히 움직여도 숭나라의 성채가 무너지는구나. 포로를 잡아 심문을 해도 살살하고 적의 왼쪽 귀를 베는 것도 난폭

하지 않게 편안케 하라 하시네. 이에 출정 전에 제사지내는 류제나 정벌하려는 땅에서 마제를 지내시어 이에 숭국에 승리를 거두시고 백성을 따르게 하니 사방나라들도 업신여김이 없었다네. 임거와 충거가 튼실하니 숭국 성채가 높고 크나 치고 돌격하여 무찌르니 숭국의 대가 끊어지고 멸망하여 사방 나라들이 주나라를 거스르지 못하였다네.

臨沖閑閑(임충한한), 崇墉言言(숭용언언). 執訊連連(집신련련), 攸馘安安(유괵안안). 是類是禡(시류시마), 是致是附(시치시부), 四方以無侮(사방이무모). 臨沖茀茀(임충불불), 崇墉仡仡(숭용흘흘). 是伐是肆(시벌시사), 是絕是忽(시절시홀). 四方以無拂(사방이무불).

248 영대(靈臺)

아름다운 영대를 짓기 시작할 때 터를 측량하고 지을 적엔 여러 백성들이 짓는 데 참여하여 기한도 안 되어 완성했다네. 영대를 짓기 시작할 때 서두르지 말라 하셨으나 여러 백성들이 자식처럼 달려왔다네.

經始靈臺(경시영대), 經之營之(경지영지). 庶民攻之(서민공지), 不日成之(불일성지). 經始勿亟(경시물극), 庶民子來(서민자래).

문왕께서 아름다운 동산에 계시니 암사슴이 엎드린다네. 암사슴은 씻은 듯 밝게 빛나고 백조들은 깃이 하얗고도 희다네. 문왕께서 아름다운 연못에 계시니 연못 가득한 물고기들이 뛰어오른다네.

王在靈囿(왕재령유), 麀鹿攸伏(우록유복). 麀鹿濯濯(우록탁탁), 白鳥鶴鶴(백조학학). 王在靈沼(왕재령소), 於牣魚躍(어인어약).

악기 거는 틀 기둥과 걸대에는 큰북과 쇠북종이 걸려 있네. 아아! 북과 종을 차례대로 치니 임금님 노니는 곳이 즐겁다네.

虡業維樅(거업유종), 賁鼓維鏞(분고유용). 於論鼓鍾(어론고종), 於樂辟雍(어락벽옹).

아아! 북과 종을 차례대로 치니 임금님 노니는 곳이 즐겁다네. 악어가죽으로 만든 북을 둥둥 울리며 악사들이 연주를 하네.

於論鼓鍾(어론고종), 於樂辟雍(어락벽옹). 鼉鼓逢逢(타고봉봉). 矇瞍奏公(몽수주공).

249 발자취(하무下武)

주나라 발자취 이어서 대대로 밝은 임금 나셨다네. 세 분 조상님은 하늘에 계시고 무왕께선 수도 서울에서 그분들 유지를 받든다네.

下武維周(하무유주), 世有哲王(세유철왕). 三后在天(삼후재천), 王配於京(왕배어경).

무왕께선 수도 서울에서 그분들 유지를 받들며 대대로 덕을 추구한다네. 길이 천명을 받들며 임금으로서 믿음을 이루셨다네.

王配於京(왕배어경), 世德作求(세덕작구). 永言配命(영언배명), 成王之孚(성왕지부).

임금으로서 믿음 이루니 세상 사람들이 본받는다네. 오래도록 효도하시니 그 효도는 조상님들 본받았다네.

成王之孚(성왕지부), 下土之式(하토지식). 永言孝思(영언효사), 孝思維則(효사유칙).

이 한 분 무왕을 사랑하시어 마땅히 덕을 따른다네. 길이 효도하시니 밝게 후사를 이으셨다네.

媚兹一人(미자일인), 應侯順德(응후순덕). 永言孝思(영언효사), 昭哉嗣服(소재사복).

앞으로 올 날 밝히어 조상의 발자취 이으신다면 아아! 만년토록 하늘의 복 받으시리라.

昭兹來許(소자래허), 繩其祖武(승기조무). 於萬斯年(어만사년), 受天之祜(수천지호).

하늘의 복 받으니 사방 나라들이 하례하러 온다네. 아아! 만년토록 어찌 도움이 없으리오.

受天之祜(수천지호), 四方來賀(사방래하). 於萬斯年(어만사년), 不遐有佐(불하유좌).

250 문왕의 명성(문왕유성文王有聲)

문왕을 기리는 소리 있어 그 칭송의 소리 크기도 하구나. 그 백성들의 안녕을 추구하시어 그것을 이루시는 걸 보게 되니 문왕께선 군주답구나!

文王有聲(문왕유성), 遹駿有聲(휼준유성). 遹求厥寧(휼구궐녕), 遹觀厥成(휼관궐성). 文王烝哉(문왕증재)!

문왕께서 천명을 받아 저 무공을 세우셨다네. 숭나라를 정벌하고 풍 땅에 도읍을 세우시니 문왕께선 군주답구나!

文王受命(문왕수명), 有此武功(유차무공). 旣伐於崇(기벌어숭), 作邑於豐(작읍어풍). 文王烝哉(문왕증재)!

성을 쌓고 해자를 파서 풍 땅에 걸맞게 만드셨네. 욕심대로 급하게 서두르지 않고 선왕의 뜻을 따라 효도를 다하셨으니 문왕께선 군주답구나!

築城伊淢(축성이혁, 淢: 도랑 혁), 作豐伊匹(작풍이필). 匪棘其欲(비극기욕), 遹追來孝(휼추래효). 王后烝哉(왕후증재)!

왕의 공이 저토록 밝게 드러남은 풍 땅에 담을 쌓은 것이라네. 사방 나라들이 함께하여 문왕을 기둥으로 삼으니 문왕께선 군주답구나!

王公伊濯(왕공이탁), 維豐之垣(유풍지원). 四方攸同(사방유동), 王后維翰(왕후유한). 王后烝哉(왕후증재)!

풍수는 동쪽으로 흐르니 우임금의 공적이라네. 사방 나라들이 함께하여 황왕인 무왕을 임금으로 삼으니 무왕께서도 군주답구나!

豊水東注(풍수동주), 維禹之績(유우지적). 四方攸同(사방유동), 皇王維辟(황왕유벽). 皇王烝哉(황왕증재)!

호경에 대학인 벽옹을 세우시니 서쪽에서 동쪽까지 남쪽에서 동쪽까지 생각함에 복종하지 않음이 없으니 무왕께서도 군주답구나!

鎬京辟雍(호경벽옹), 自西自東(자서자동), 自南自北(자남자북), 無思不服(무사불복). 皇王烝哉(황왕증재)!

무왕이 점을 쳐서 이곳 호경으로 옮겨 오셨다네. 오직 거북점이 정해 주고 무왕께서 완성하였으니 무왕께서는 어진 군주셨구나!

考卜維王(고복유왕), 宅是鎬京(댁시호경). 維龜正之(유구정지), 武王成之(무왕성지). 武王烝哉(무왕증재)!

풍수에는 씀바귀가 있으니 무왕께서 어찌 벼슬하지 않으셨겠는가. 자손들에게 계책을 내리시어 공경히 하는 자식들을 편안케 하시니 무왕께서는 어진 군주셨구나!

豊水有芑(풍수유기), 武王豈不仕(무왕기불사). 詒厥孫謀(이궐손모), 以燕翼子(이연익자). 武王烝哉(무왕증재)!

맨 처음 주나라 백성을 내신 분은 고신 씨(高辛氏)의 세비(世妃)가 된 강원이시라네. 백성을 어떻게 내셨냐 하면 정성스레 제사를 올리고 자식 없는 부정을 쫓아내었다네. 상제의 엄지발가락 자국 밟고 기쁜 마음에 그 자리에 머물러 쉬니, 곧 회임하여 낳아서 기르시니 바로 주나라의 창업자이자 농업의 신 후직이시라네.

厥初生民(궐초생민), 時維姜嫄(시유강원). 生民如何(생민여하), 克禋克祀(극인극사), 以弗無子(이불무자). 履帝武敏歆(리제무민흠), 攸介攸止(유개유지), 載震載夙(재신재숙). 載生載育(재생재육), 時維后稷(시유후직).

그 산달 열 달을 채워 초산에도 양을 낳듯 쉽게 나셨네. 터지지도 찢어지지도 않았으며 재앙도 폐해도 없이 그 신령함을 빛내시니, 상제께서 편안하지 않으시랴! 정성스러운 제사를 편안히 흠향하지 않으시랴. 의연히 아들을 낳으셨다네.

誕彌厥月(탄미궐월), 先生如達(선생여달). 不拆不副(불탁불픕), 無菑無害(무재무해). 以赫厥靈(이혁궐령). 上帝不寧(상제불녕), 不康禋祀(불강인사), 居然生子(거연생자).

낳자마자 좁은 골목에 버려두니 소와 양이 감싸주고, 낳자마자 숲속에 버려두니 벌목꾼이 거두어 주었다네. 낳자마자 찬 얼음 위에 버려두니 새가 날개로 덮어 주었다네. 새가 곧 날아가 버려 후직이 울어대니, 울음소리 실로 길고 커서 그 울음소리가 길에 가득

하였다네.

誕寘之隘巷(탄치지애항), 牛羊腓字之(우양비자지). 誕寘之平林(탄치
지평림), 會伐平林(회벌평림). 誕寘之寒冰(탄치지한빙), 鳥覆翼之(조복
익지). 鳥乃去矣(조내거의), 后稷呱矣(후직고의). 實覃實訏(실담실우),
厥聲載路(궐성재로).

엉금엉금 기어 다니며 영특하게 자라시더니, 밥 먹게 되자 들깨
와 콩을 심으시니 쑥쑥 잘 자랐다네. 벼도 이삭이 잘 영글고 삼과
보리도 무성하게 자랐으며, 오이 넝쿨에도 오이가 주렁주렁 열렸
다네.

誕實匐匐(탄실포복), 克岐克嶷(극기극억). 以就口食(이취구식). 蓺之
荏菽(예지임숙), 荏菽旆旆(임숙패패). 禾役穟穟(화역수수), 麻麥幪幪(마
맥몽몽), 瓜瓞唪唪(과질봉봉).

후직이 지으신 농사는 땅의 도리에 따랐다네. 무성하게 자란 풀
을 뽑아내고 좋은 씨앗을 뿌리니, 곡식의 싹이 트고 우거지게 자라
이삭 패고 여물어 열매가 단단히 영그니, 영근 이삭 축축 늘어졌다
네. 그러고는 태나라의 봉함을 받으셨다네.

誕后稷之穡(탄후직지색), 有相之道(유상지도). 茀厥豐草(불궐풍초),
種之黃茂(종지황무). 實方實苞(실방실포), 實種實襃(실종실유). 實發實
秀(실발실수), 實堅實好(실견실호). 實穎實栗(실영실률), 即有邰家室(즉
유태가실).

하늘에서 좋은 씨앗 내려주시니, 검은 기장과 두알 기장이며, 붉은 수수와 흰 조라네. 검은 기장과 두알 기장 두루 심어 수확하여, 어깨에 메고 등짐 져서 돌아와, 처음으로 제사를 올렸다네.

誕降嘉種(탄강가종), 維秬維秠(유거유비), 維穈維芑(유미유기). 恆之秬秠(긍지거비), 是獲是畝(시획시무). 恆之穈芑(긍지미기), 是任是負(시임시부). 以歸肇祀(이귀조사).

제사는 어떻게 지내셨을까! 방아 찧어 퍼내고 키질하여, 골라내고 물에 싹싹 일어서, 가마솥에 푹푹 쪄냈다네. 길일을 잡아 재계하고, 쑥을 기름에 섞어 태워 하늘에 제사지내고, 숫양을 잡아선 노제를 올리고, 구워내고 익혀내어선, 다음 해에도 풍년들길 빌었다네.

誕我祀如何(탄아사여하), 或舂或揄(혹용혹유), 或簸或蹂(혹파혹유). 釋之叟叟(석지수수), 烝之浮浮(증지부부). 載謀載惟(재모재유). 取蕭祭脂(취소제지), 取羝以軷(취저이발), 載燔載烈(재번재렬), 以興嗣歲(이흥사세).

높고도 풍성하게 나무 그릇 제기와 질그릇에 제물을 올려 그 향기가 피어오르니 상제께서 흠향하셨다네. 드리운 그 냄새 진실로 때에 맞으니 후직께서 비로소 제사를 지내심으로 죄와 회한도 없이 지금에까지 이르렀다네.

卬盛於豆(앙성어두), 於豆於登(어두어등). 其香始升(기향시승), 上帝居歆(상제거흠). 胡臭亶時(호취단시), 后稷肇祀(후직조사). 庶無罪悔(서

무죄회), 以迄於今(이흘어금).

252 길가의 갈대(행위行葦)

수북하게 자란 저 길가의 갈대를 소와 양이 밟지 아니하면 움이 트고 싹이 자라나 그 잎사귀들이 윤택하리라. 인척이나 형제들 멀리하지 말고 가까이하면 대자리를 깔거나 기댈 안석을 드리리라.

敦彼行葦(단피행위, 敦: 모일 단), 牛羊勿踐履(우양물천리). 方苞方體(방포방체), 維葉泥泥(유엽니니). 戚戚兄弟(척척형제), 莫遠具爾(막원구이). 或肆之筵(혹사지연), 或授之几(혹수지궤).

대자리 깔아 방석 내놓고 기댈 안석 드리며 모시는 이가 있다네. 술잔을 올리고 권하면서 잔을 씻어 술잔을 두 손으로 공손이 올린다네. 젓국과 육젓을 올리며 고기도 굽고 산적도 구우며 빛깔 좋은 안주와 지라와 순대가 있으니 노래하고 북을 친다네.

肆筵設席(사연설석), 授几有緝御(수기유집어). 或獻或酢(혹헌혹초), 洗爵奠斝(세작전가). 醓醢以薦(탐해이천), 或燔或炙(혹번혹자). 嘉肴脾臄(가효비갹), 或歌或咢(혹가혹악).

아로 새긴 활 튼실하고 네 개의 화살촉 고르거늘 활을 쏘면 다 적중을 하니 손님들 나이순으로 정하되 좀 더 나은 사람 순으로 정하기도 한다네. 아로 새긴 활시위를 당겨 네 개의 화살을 끼워 쏘면 네 개의 화살이 손으로 꽂아놓은 듯 적중하니 손님의 나이 순으로 하지만 조롱하진 않는다네.

敦弓旣堅(조궁기견), 四鍭旣均(사후기균), 舍矢旣均(사시기균), 序賓
以賢(서빈이현). 敦弓旣句(조궁기구), 旣挾四鍭(기협사후). 四鍭如樹(사
후여수), 序賓以不侮(서빈이불모).

제사를 맡은 증손이 주인으로 내놓은 술과 단술이 좋은 마실 것
이라네. 큰 국자로 떠서 노인들의 장수를 빈다네. 노인 중에서도
등 굽은 노인이 오시면 이끌고 부축하여 장수하고 편안하도록 헤
아리며 커다란 행복에 들도록 모신다네.

曾孫維主(증손유주), 酒醴維醹(주례유령), 酌以大斗(작이대두), 以祈
黃耉(이기황구). 黃耉台背(황구대배, 台: 어른의 존칭 대), 以引以翼(이인
이익). 壽考維祺(수고유기), 以介景福(이개경복).

253 술에 취해(기취旣醉)

술은 벌써 취했고 그대 베푼 은덕으로 배도 부르니, 군자가 만년
토록 그대에게 커다란 복락에 들도록 할 거라네.

旣醉以酒(기취이주), 旣飽以德(기포이덕). 君子萬年(군자만년), 介爾
景福(개이경복).

술은 이미 취했고 그대가 안주도 내었으니, 군자가 만년토록 그
대가 밝고 밝도록 할 거라네.

旣醉以酒(기취이주), 爾殽旣將(이효기장). 君子萬年(군자만년), 介爾

昭明(개이소명).

밝고 밝음이 더욱 융성하니 높고 밝아서 끝맺음을 잘하겠네. 끝맺음을 잘함은 곧 새로운 시작이니 임금의 시동이 기쁜 말로 알린다네.

昭明有融(소명유융), 高朗令終(고랑령종). 令終有俶(영종유숙), 公尸嘉告(공시가고).

무엇을 알린다는 건가. 제기들이 정갈하고 아름답고 벗들이 돕는 게 엄숙하고 위엄이 있다네.

其告維何(기고유하), 籩豆靜嘉(변두정가). 朋友攸攝(붕우유섭), 攝以威儀(섭이위의).

엄숙하고 위엄이 매우 때에 맞거늘 군자에게 효성스러운 아들이 있다네. 효자가 끊이질 않으니 길이 그대에게 선함을 주리라.

威儀孔時(위의공시), 君子有孝子(군자유효자). 孝子不匱(효자불궤), 永錫爾類(영석이류).

선하다는 건 무엇인가! 집안의 화목이라네. 군자가 만년토록 길이길이 복록과 자손을 주리라.

其類維何(기류유하), 室家之壼(실가지호). 君子萬年(군자만년), 永錫祚胤(영석조윤).

그 자손은 어떠한가, 하늘이 그대에게 복록을 내리리라. 군자가
만년토록 큰 천명이 따르도록 하리라.

其胤維何(기윤유하), 天被爾祿(천피이록). 君子萬年(군자만년), 景命
有僕(경명유복).

그 따르리라는 건 무엇인가, 그대에게 배필을 내려준다네. 그대
에게 배필을 내려주니 자손들을 이으리라.

其僕維何(기복유하), 釐爾女士(이이녀사), 釐爾女士(이이녀사), 從以
孫子(종이손자).

254 들오리와 갈매기(부예鳧鷖)

들오리와 갈매기가 경수에서 노닐고 임금님의 시동이 잔치에
와서 편안하게 즐긴다네. 그대의 술은 맑고 안주는 향기롭다네.
임금님의 시동이 잔치에서 마시고 즐기니 복록이 내려서 이루어
지리라.

鳧鷖在涇(부예재경), 公屍在燕來寧(공시재연래녕). 爾酒旣淸(이주기
청), 爾餚旣馨(이효기형). 公屍燕飲(공시연음), 福祿來成(복록래성).

들오리와 갈매기가 모래톱에서 노닐고 임금님의 시동이 잔치에
와서 화목하다네. 그대의 술은 많고 안주는 맛이 좋다네. 임금님의
시동이 잔치에서 마시고 즐기니 복록이 내려서 이루어지리라.

鳧鷖在沙(부예재사), 公屍來燕來宜(공시래연래의). 爾酒旣多(이주기

다), 爾餚既嘉(이효기가). 公尸燕飮(공시연음), 福祿來爲(복록래위).

　들오리와 갈매기가 물가에서 노닐고 임금님의 시동이 잔치에 와서 머무른다네. 그대의 술은 걸러 놓았고 안주는 육포라네. 임금님의 시동이 잔치에서 마시고 즐기니 복록이 내려오리라.

　鳧鷖在渚(부예재저), 公尸來燕來處(공시래연래처). 爾酒旣湑(이주기서), 爾餚伊脯(이효이포). 公尸燕飮(공시연음), 福祿來下(복록래하).

　들오리와 갈매기가 물이 모인 곳에서 노닐고 임금님의 시동이 잔치에 와서 높은 곳에 있다네. 이미 종묘에서 잔치하였으니 복록이 내려온다네. 임금님의 시동이 잔치에서 마시고 즐기니 복록이 높이 쌓인다네.

　鳧鷖在潀(부예재총), 公尸來燕來宗(공시래연래종), 旣燕於宗(기연어종), 福祿攸降(복록유강). 公尸燕飮(공시연음), 福祿來崇(복록래숭).

　들오리와 갈매기가 물어귀에서 노닐고 임금님의 시동이 잔치에 머무르니 훈훈하다네. 맛있는 술에 기쁘고 불고기와 산적이 향기롭다네. 임금님의 시동이 잔치에서 마시고 즐기니 훗날 어려움이 없으리라.

　鳧鷖在亹(부예재문, 亹: 골목어귀 문), 公尸來止熏熏(공시래지훈훈). 旨酒欣欣(지주흔흔), 燔炙芬芬(번자분분). 公尸燕飮(공시연음), 無有後艱(무유후간).

255 아름답고 즐거운(가락假樂)

아름답고 즐거우신 군자시여, 드러나고 드러난 훌륭한 덕으로 백성들을 마땅하게 하고 사람들과도 어울린다네. 하늘에서 복록을 받거늘 보우하라고 명하시니 하늘로부터 거듭난다네.

假樂君子(가락군자), 顯顯令德(현현령덕), 宜民宜人(의민의인). 受祿 於天(수록어천), 保右命之(보우명지), 自天申之(자천신지).

행복을 추구하다 모든 복을 얻었으니 자손들이 많고도 많다네. 공경하고 아름다워 인군에게도 마땅히 하고 왕에게도 마땅히 한다네. 허물을 짓지 않고 잊지도 않아 옛 법도를 따르는구나.

干祿百福(간록백복), 子孫千億(자손천억). 穆穆皇皇(목목황황), 宜君 宜王(의군의왕). 不愆不忘(불건불망), 率由舊章(솔유구장).

위엄과 예의에 빈틈이 없고 임금으로서의 말씀이 떳떳하다네. 원망도 없고 증오도 없으니 여러 사람들이 잘 따른다네. 복을 받음에 끝이 없어 사방 나라들의 벼리라네.

威儀抑抑(위의억억), 德音秩秩(덕음질질). 無怨無惡(무원무오), 率由 群匹(솔유군필). 受福無疆(수복무강), 四方之綱(사방지강).

세상의 벼리가 되고 줄기가 되니 그 편안함이 벗들에게까지 미쳤다네. 모든 제후와 신하들이 천자를 사랑하여 자기 지위를 게을리하지 않았으니 백성들이 편히 쉴 수 있었다네.

之綱之紀(지강지기), 燕及朋友(연급붕우). 百辟卿士(백벽경사), 媚於

天子(미어천자). 不解於位(불해어위), 民之攸墍(민지유기).

256 후직의 증손 공류(공류公劉)

후덕하신 후직(后稷)의 증손 공류께서 편안하게 거처하지 않고 밭둑과 경계를 그어 노적을 쌓고 창고에 거둬들이셨네. 마른 밥과 양식을 싸서 전대와 자루에 넣고 백성들 평화롭게 하고 빛내시고자 활과 화살을 마련하고 방패와 창, 도끼를 들고서 비로소 길을 떠나신다네.

篤公劉(독공류), 匪居匪康(비거비강). 迺場迺疆(내역내강), 迺積迺倉(내적내창). 迺裹餱糧(내과후량), 于橐于囊(우탁우낭). 思輯用光(사집용광), 弓矢斯張(궁시사장). 干戈戚揚(간과척양), 爰方啟行(원방계행).

후덕하신 공류께서 이 빈 땅의 들판을 보시고 이미 많은 사람들이 번성하여 편안하게 퍼져 살고 있으니 길게 탄식함도 없었다네. 올라가서는 산마루에 계시고 다시 내려가서서는 들판에 계신다네. 무엇을 허리에 차고 있나. 오직 아름다운 옥과 구슬과 칼집과 장식한 칼이라네.

篤公劉(독공류), 于胥斯原(우서사원). 旣庶旣繁(기서기번), 旣順乃宣(기순내선), 而無永嘆(이무영탄). 陟則在巘(척즉재헌), 復降在原(부강재원). 何以舟之(하이주지), 維玉及瑤(유옥급요), 鞞琫容刀(병봉용도).

후덕하신 공류께서 저 백천에 가서서 저 넓은 언덕을 보시고 곧 남쪽 산등성이에 오르셔서 산 높은 것을 보시니, 산이 높고 높아 많은 무리가 살 만한 들판이었다네. 이에 그곳에 거처하게 하였으며, 무리들을 머물게 하면서 말할 것을 말하게 하였으며, 의논할 것을 의논하게 하였다네.

篤公劉(독공류), 逝彼百泉(서피백천). 瞻彼溥原(첨피부원), 乃陟南岡(내척남강). 乃覯於京(내구어경), 京師之野(경사지야). 於時處處(어시처처), 於時廬旅(어시려려), 於時言言(어시언언), 於時語語(어시어어).

후덕하신 공류께서 높은 언덕에서 편안하게 머무르시니 훌륭한 신하들이 대자리 깔고 궤를 설치하니 벌써 올라가 편안히 앉는다네. 목장으로 나아가서 우리에서 돼지 잡아 안주하고 바가지로 술을 따르니 먹고 마시며 인군으로 모시고 종주로 삼는구나.

篤公劉(독공류), 於京斯依(어경사의). 蹌蹌濟濟(창창제제), 俾筵俾几(비연비궤). 旣登乃依(기등내의), 乃造其曹(내조기조). 執豕於牢(집시어뢰), 酌之用匏(작지용포). 食之飮之(식지음지), 君之宗之(군지종지).

후덕하신 공류께서 이미 영토를 넓히고 넓혔거늘 해 그림자를 관찰하고 산등성이에 올라가 그 음양을 보며 그 흐르는 샘을 관찰하시는구나. 그 군대는 삼단으로 편성하고 습지와 언덕을 헤아려 배치했다네. 밭을 통해 양식을 마련하고 그 석양빛에 헤아려보니 빈 땅에 거주하는 사람들이 정말로 많았다네.

篤公劉(독공류), 旣溥旣長(기부기장). 旣景迺岡(기경내강), 相其陰陽(상기음양), 觀其流泉(관기류천). 其軍三單(기군삼단), 度其隰原(도기습원), 徹田爲糧(철전위량), 度其夕陽(도기석양), 豳居允荒(빈거윤황).

후덕하신 공류께서 빈 땅에 관사를 정하시고 위수를 가로질러 건너가 숫돌과 대장간을 취해 터를 닦고 다스렸다네. 이에 백성들이 많아지고 재물도 많아져 황간을 가운데 끼고 돌며 그 과간을 거슬러 올라가니 사는 사람 너무 많아 예수의 물가에까지 나아가 살았다네.

篤公劉(독공류), 於豳斯館(어빈사관). 涉渭爲亂(섭위위란), 取厲取鍛(취려취단), 止基迺理(지기내리). 爰衆爰有(원중원유), 夾其皇澗(협기황간). 溯其過澗(소기과간). 止旅乃密(지려내밀), 芮鞫之卽(예국지즉).

257 멀리 길바닥에 고인 물(형작泂酌)

멀리 저 길바닥에 고인 물을 떠서 이곳에 붓더라도 술 담그는 고두밥을 쪄낼 수 있다네. 편안하고 화락한 군자여, 백성의 부모라네.

泂酌彼行潦(형작피행료), 挹彼注茲(읍피주자), 可以餴饎(가이분희). 豈弟君子(기제군자), 民之父母(민지부모).

멀리 저 길바닥에 고인 물을 떠서 이곳에 붓더라도 술독을 씻을 수 있다네. 편안하고 화락한 군자여, 백성들이 돌아갈 곳이라네.

泂酌彼行潦(형작피행료), 挹彼注茲(읍피주자), 可以濯罍(가이탁뢰). 豈弟君子(기제군자), 民之攸歸(민지유귀).

멀리 저 길바닥에 고인 물을 떠서 이곳에 붓더라도 그릇들을 씻어내고 행구어낼 수 있다네. 편안하고 화락한 군자여, 백성들이 편안히 쉴 곳이라네.

泂酌彼行潦(형작피행료), 挹彼注茲(읍피주자), 可以濯漑(가이탁개). 豈弟君子(기제군자), 民之攸墍(민지유기).

258 굽이진 언덕(권아卷阿)

굽이진 언덕 위로 남쪽에서 회오리바람이 불어온다네. 편안하고 화락한 군자께서 놀러 와선 노래 부르며 그 음성 들려주시는구나.

有卷者阿(유권자아), 飄風自南(표풍자남). 豈弟君子(기제군자), 來游來歌(내유래가), 以矢其音(이시기음).

한가롭게 노닐고 느긋하게 노닐며 그대 쉬고 있구나. 편안하고 화락한 군자께서 그대로 하여금 그대의 성명 다 마쳐서 조상님들과 같아지길 빈다네.

伴奐爾游矣(반환이유의), 優遊爾休矣(우유이휴의). 豈弟君子(기제군자), 俾爾彌爾性(비이미이성), 似先公酋矣(사선공추의).

그대의 흙집이 크게 밝으면서도 또한 아주 넉넉하다네. 편안하고 화락한 군자께서 그대로 하여금 그대의 성명 다 마치니 여러 신들이 그대를 주인으로 삼으려 한다네.

爾土宇昄章(이토우판장), 亦孔之厚矣(역공지후의). 豈弟君子(기제군자), 俾爾彌爾性(비이미이성), 百神爾主矣(백신이주의).

그대 하늘에서 받은 명으로 장수할 것이고 받은 복록으로 그대 편안하리. 편안하고 화락한 군자께서 그대로 하여금 그대의 성품을 다하여 큰 복을 항상 누리게 하리라.

爾受命長矣(이수명장의), 茀祿爾康矣(불록이강의). 豈弟君子(기제군자), 俾爾彌爾性(비이미이성), 純嘏爾常矣(순하이상의).

의지할 이도 있고 도와줄 자도 있으며. 효도하는 이도 있고 덕 있는 자도 있다네. 편안하고 화락한 군자여, 사방 나라들이 본받으려 한다네.

有馮有翼(유빙유익), 有孝有德(유효유덕), 以引以翼(이인이익). 豈弟君子(기제군자), 四方為則(사방위칙).

온화하고 높고 밝은 홀과 구슬과도 같아 명예도 있고 덕망도 있다네. 편안하고 화락한 군자여, 사방 나라들이 기강으로 삼으리라.

顒顒卬卬(옹옹앙앙), 如圭如璋(여규여장), 令聞令望(영문령망). 豈弟君子(기제군자), 四方為綱(사방위강).

봉황이 나니 그 깃을 퍼드덕거리며 또한 모여들어 앉는다네. 점잖고 포근한 왕의 훌륭한 선비들 많으니 오직 군자가 부리며 천자를 사랑하는구나.

鳳凰于飛(봉황우비), 翽翽其羽(홰홰기우), 亦集爰止(역집원지). 藹藹

王多吉士(애애왕다길사), 維君子使(유군자사), 媚於天子(미어천자).

봉황이 나니 퍼드덕거리는 그 깃으로 또한 하늘에 이르는구나. 점잖고 포근한 왕의 훌륭한 선비들 많으니 오직 군자가 부리며 백성들을 사랑하는구나.

鳳凰于飛(봉황우비), 翽翽其羽(홰홰기우), 亦傅於天(역부어천). 藹藹王多吉人(애애왕다길인), 維君子命(유군자명), 媚於庶人(미어서인).

봉황의 울음소리 들려오니 저 높은 산등성이로구나. 오동나무 자라나니 저 아침 해가 뜨는 곳이라네. 오동나무 무성하고 봉황의 울음소리 화평하다네.

鳳凰鳴矣(봉황명의), 於彼高岡(어피고강). 梧桐生矣(오동생의), 於彼朝陽(어피조양). 菶菶萋萋(봉봉처처), 雍雍喈喈(옹옹개개).

군자의 수레가 이미 많고도 또한 많다네. 군자의 말은 이미 기품이 갖추어져 있고 또한 잘 달린다네. 지어 읊은 시 많지는 않으나 오직 노래로만 답습할 뿐이라네.

君子之車(군자지거), 旣庶且多(기서차다). 君子之馬(군자지마), 旣閑且馳(기한차치). 矢詩不多(시시부다), 維以遂歌(유이수가).

259 백성들의 수고로움(민로民勞)

백성들 또한 수고로움 멈추게 하여 조금이나마 편안하게 하면

이 나라 안이 유순해져 사방으로 편안해질 것이라네. 속이는 자를 함부로 따르지 못하게 하고 어질지 못한 이를 단속하며 도적과 포악한 자 물리쳐서 밝은 법을 두려워하지 않음을 막아야, 먼 데 사람 부드러워지고 가까운 사람들을 화목하게 해야 우리 왕이 안정된다네.

民亦勞止(민역로지), 汔可小康(흘가소강). 惠此中國(혜차중국), 以綏四方(이수사방). 無縱詭隨(무종궤수), 以謹無良(이근무량). 式遏寇虐(식알구학), 憯不畏明(참불외명). 柔遠能邇(유원능이), 以定我王(이정아왕).

백성들 또한 수고로움 멈추게 하여 조금이나마 쉬게 하면 이 나라 안이 유순해져 백성들이 모여들 것이라네. 속이는 자를 함부로 따르지 못하게 하고 어질지 못한 이를 단속하며 도적질하고 모진 자들을 막아서 백성들로 하여금 근심 없도록 해야 한다네. 그대의 수고로움을 포기하지 말고 왕을 아름답게 하여야 한다네.

民亦勞止(민역로지), 汔可小休(흘가소휴). 惠此中國(혜차중국), 以為民逑(이위민구). 無縱詭隨(무종궤수), 以謹惛怓(이근혼노). 式遏寇虐(식알구학), 無俾民憂(무비민우). 無棄爾勞(무기이로), 以為王休(이위왕휴).

백성들 또한 수고로움 멈추게 하여 조금이나마 쉬게 하면 이 수도의 벼슬아치들도 유순해져 사방 나라들의 백성이 편안해질 것이라네. 속이는 자를 함부로 따르지 못하게 하고 망극한 이를 단속하며 도적질하고 모진 자들을 막아서 사특함을 짓지 못하게 하고 의를 공경하고 덕을 갖춘 자를 가까이해야 한다네.

民亦勞止(민역로지), 汔可小息(흘가소식). 惠此京師(혜차경사), 以綏
四國(이수사국). 無縱詭隨(무종궤수), 以謹罔極(이근망극). 式遏寇虐(식
알구학), 無俾作慝(무비작특). 敬愼威儀(경신위의), 以近有德(이근유덕).

백성들 또한 수고로움 멈추게 하여 조금이나마 쉬게 하면 이 나
라 안이 유순해져 백성들로 하여금 근심을 덜게 해야 한다네. 속이
는 자를 함부로 따르지 못하게 하고 추악하고 사나운 이들을 단속
하며 도적질하고 모진 자들을 막아서 백성들로 하여금 올바름이
깨뜨려지지 않도록 혜야 한다네. 그대가 비록 나이 적다지만 그대
의 직책은 크고도 크다네.

民亦勞止(민역로지), 汔可小愒(흘가소게). 惠此中國(혜차중국), 俾民
憂泄(비민우설). 無縱詭隨(무종궤수), 以謹丑厲(이근축려). 式遏寇虐(식
알구학), 無俾正敗(무비정패). 戎雖小子(융수소자), 而式弘大(이식홍대).

백성들 또한 수고로움 멈추게 하여 조금이나마 편안하게 하면
이 나라 안이 유순해져 나라에 흉포함이 없어질 거라네. 속이는 자
를 함부로 따르지 못하게 하고 얽어매는 자를 단속하여 도적질하
고 모진 자들을 막아서 백성들로 하여금 올바름을 배반하지 않도
록 혜야 한다네. 왕이 그대를 보옥으로 만들고자 하시니 이에 크게
간언하는 것이리라.

民亦勞止(민역로지), 汔可小安(흘가소안). 惠此中國(혜차중국), 國無
有殘(국무유잔). 無縱詭隨(무종궤수), 以謹繾綣(이근견권). 式遏寇虐(식
알구학), 無俾正反(무비정반). 王欲玉女(왕욕옥녀), 是用大諫(시용대간).

260 판도를 뒤집은지라(판판板板)

상제가 일상의 판도를 뒤집은지라 백성들이 모두 병들었다네. 내놓은 말마다 옳지가 않고 계책도 멀리 내다보지 못하면서 성인도 필요 없다며 제멋대로라네. 믿음이 있어야 할 데에 진실하지 못하고 계책도 원대하지 못하니 이 때문에 크게 간언을 하는 것이라네.

上帝板板(상제판판), 下民卒癉(하민졸단). 出話不然(출화불연), 為猶不遠(위유불원). 靡聖管管(미성관관). 不實於亶(불실어단). 猶之未遠(유지미원), 是用大諫(시용대간).

하늘이 바야흐로 어려움을 내리는데 그렇게 희희낙락해선 안 된다네. 하늘이 바야흐로 넘어뜨리려 하니 그렇게 태연해선 안 된다네. 하는 말이 부드러우면 백성들이 잘 다스려지고 하는 말이 즐거우면 백성들이 안정된다네.

天之方難(천지방난), 無然憲憲(무연헌헌). 天之方蹶(천지방궐), 無然泄泄(무연설설). 辭之輯矣(사지집의), 民之洽矣(민지흡의). 辭之懌矣(사지역의), 民之莫矣(민지막의).

내 비록 하는 일은 다르나 그대들과는 동료라네. 내가 그대들과 계책을 상의해도 내 말 듣길 귓전으로 흘려버리더군. 내가 한 말 잘 들어두어야 할 텐데도 제발 웃음거리로 삼지들 말게나. 옛 어른들 말씀에도 있잖나, 꼴을 베는 초동이나 나무꾼에게도 물으라고 말이지.

我雖異事(아수이사), 及爾同僚(급이동료). 我即爾謀(아즉이모), 聽我

囂囂(청아효효). 我言維服(아언유복), 勿以為笑(물이위소). 先民有言(선민유언), 詢於芻蕘(순어추요).

하늘이 바야흐로 모진지라 그렇게들 농담하거나 희롱 삼으면 안 된다네. 늙은이가 정성스레 타일러도 젊은 놈들 교만하기 짝이 없구나. 망령되게 말하지 않았거늘 젊은 놈들은 우려 섞인 걸 희롱만 해대니, 그러다 다분히 불꽃처럼 타올라서 어떤 약으로도 구제할 수 없으리라.

天之方虐(천지방학), 無然謔謔(무연학학). 老夫灌灌(노부관관), 小子蹻蹻(소자교교). 匪我言耄(비아언모), 爾用憂謔(이용우학). 多將熇熇(다장학학), 不可救藥(불가구약).

하늘이 바야흐로 노하는데 쓸모도 없이 아첨하지 말라네. 위엄과 예의가 모두 혼미해지니 착한 사람들 맥을 못 춘다네. 백성들이 신음소릴 내어도 법마저도 우릴 감히 헤아려 주질 않는다네. 사람 죽어가는 상란을 당해 물자가 부족해도 우리 백성들 전혀 구제하질 못한다네.

天之方懠(천지방제), 無為夸毗(무위과비). 威儀卒迷(위의졸미), 善人載尸(선인재시). 民之方殿屎(민지방전시), 則莫我敢葵(칙막아감규). 喪亂蔑資(상란멸자), 曾莫惠我師(증막혜아사).

하늘이 백성들 깨우쳐 줌이 질나발 같고 젓대 같고 장옥 같고 규옥 같아 도와주고 이끌어 주신 듯하다네. 이끌어 주심을 막지 않는다면 백성들은 쉽사리 인도되리라. 백성들 중엔 편벽된 자 많으니 그대들 스스로는 편벽되지 말기를 바란다네.

天之牖民(천지유민), 如塤如篪(여훈여지), 如璋如圭(여장여규), 如取如攜(여취여휴). 攜無曰益(휴무왈익), 牖民孔易(유민공역). 民之多辟(민지다벽). 無自立辟(무자립벽).

갑옷 입은 군인은 나라의 울타리요, 나랏일 맡은 삼공은 나라의 담이 되고, 제후국은 나라의 병풍과 같으며, 종친은 나라의 기둥과 같고, 덕을 품으면 나라가 평안하며, 종친의 자식들은 나라의 성곽과 같다네. 성이 무너지지 않게 하여 홀로 남아 두려움에 떨지 않기를 바란다네.

价人維藩(개인유번), 大師維垣(대사유원), 大邦維屏(대방유병), 大宗維翰(대종유한), 懷德維寧(회덕유녕), 宗子維城(종자유성). 無俾城壞(무비성괴), 無獨斯畏(무독사외).

하늘의 노여움을 공경하고 감히 희롱하거나 싫어하지 않아야 하며, 하늘의 변화를 공경하여 감히 함부로 날뛰지 말아야 한다네. 넓고 큰 하늘은 밝아 그대와 함께 나가 다니시며 넓고 큰 하늘은 환하시어 그대와 더불어 멀리멀리 노니신다네.

敬天之怒(경천지노), 無敢戲豫(무감희예). 敬天之渝(경천지투), 無敢馳驅(무감치구). 昊天曰明(호천왈명), 及爾出王(급이출왕). 昊天曰旦(호천왈단), 及爾游衍(급이유연).

관대하신 상제는 백성들의 임금이며, 악독하게 권세를 앞세운 상제는 그 명령이 다분히 편벽되었다네. 하늘이 백성을 내셨으나 그 명령이 참되지만은 않은 건, 처음엔 참됨이 있었지만 끝까지 참 됨을 유지한 이가 드물기 때문이라네.

蕩蕩上帝(탕탕상제), 下民之辟(하민지벽). 疾威上帝(질위상제), 其命 多辟(기명다벽). 天生烝民(천생증민), 其命匪諶(기명비심). 靡不有初(미 불유초), 鮮克有終(선극유종).

문왕께서 탄식하며 말씀하시길 '아아, 그대들 은나라 관리들이 여! 일찍이 억지로 다스리는 자와 가렴주구만을 일삼는 자들을 벼 슬자리에 앉혀 나쁜 일을 하고 있으니, 하늘이 벌을 내리는데도 그 대들은 힘써 나쁜 짓만을 일삼는구나'라고 하셨다네.

文王曰咨(문왕왈자), 咨汝殷商(자여은상). 曾是彊禦(증시강어), 曾是 掊克(증시부극), 曾是在位(증시재위), 曾是在服(증시재복), 天降滔德 (천강도덕), 女興是力(여흥시력).

문왕께서 탄식하며 말씀하시길 '아아, 그대들 은나라 관리들이 여! 의로운 부류를 등용해야 하거늘 억지로 다스리는 자와 원망 많 은 자들을 써서 유언비어만을 대하게 하니, 도적들이 궐내로 들어 와 속이고 저주하여 다툼이 끝이 없구나'라고 하셨다네.

文王曰咨(문왕왈자), 咨女殷商(자녀은상). 而秉義類(이병의류), 彊御 多懟(강어다대). 流言以對(유언이대), 寇攘式內(구양식내). 侯作侯祝(후

작후축), 靡屆靡究(미계미구).

문왕께서 탄식하며 말씀하시길 '아아, 그대들 은나라 관리들이
여! 그대들은 나라 안에서 활개 치며 백성의 원망을 덕으로 받아들
이는구나. 그대들의 덕이 밝지 않으니 뒤에서나 곁에서 돕는 이 없
으며 그대들의 덕 밝지 않으니 올바른 경대부들 아무도 없다네'라
고 하셨다네.

文王曰咨(문왕왈자), 咨女殷商(자녀은상). 女炰烋於中國(여포휴어중
국). 斂怨以爲德(염원이위덕). 不明爾德(불명이덕), 時無背無側(시무배
무측). 爾德不明(이덕불명), 以無陪無卿(이무배무경).

문왕께서 탄식하며 말씀하시길 '아아, 그대들 은나라 관리들이
여! 하늘은 그대들에게 술에 빠지지 말라 하였는데 의롭지 못한 일
만 좇는구나. 그대들의 행동거지에 허물이 많아 낮도 밤도 없이 호
통치고 소리쳐서 낮을 밤으로 삼았구나'라고 하셨다네.

文王曰咨(문왕왈자), 咨女殷商(자녀은상). 天不湎爾以酒(천불면이이
주), 不義從式(불의종식). 旣愆爾止(기건이지), 靡明靡晦(미명미회). 式
號式呼(식호식호), 俾晝作夜(비주작야).

문왕께서 탄식하며 말씀하시길 '아아, 그대들 은나라 관리들이
여! 쓰르라미나 매미 울 듯 시끄럽고 끓는 물이나 국이 끓듯 괴로
워하여, 낮은 사람이나 높은 사람 모두가 망해 가고 있거늘 안으로
는 온 나라가 성냄으로 들끓어 멀리 오랑캐 땅까지 뻗어가고 있구

나'라고 하셨다네.

文王曰咨(문왕왈자), 咨女殷商(자녀은상). 如蜩如螗(여조여당), 如沸如羹(여비여갱). 小大近喪(소대근상), 人尚乎由行(인상호유행). 內奰於中國(내비어중국), 覃及鬼方(담급귀방).

문왕께서 탄식하며 말씀하시길 '아아, 그대들 은나라 관리들이여! 상제가 잘못하는 게 아니라 은나라가 옛 법을 따르지 않아서라네. 비록 나이 많고 훌륭한 사람은 없으나 여전히 법도는 남아 있거늘, 아무도 귀기울여주지도 않으니 나라의 운명이 기울어진 것이라네'라고 하셨다네.

文王曰咨(문왕왈자), 咨女殷商(자녀은상). 匪上帝不時(비상제불시), 殷不用舊(은불용구). 雖無老成人(수무로성인), 尚有典刑(상유전형). 曾是莫聽(증시막청), 大命以傾(대명이경).

문왕께서 탄식하며 말씀하시길 '아아, 그대들 은나라 관리들이여! 옛사람 말에 나무가 쓰러져 뽑히면 가지나 잎사귀엔 아직 해가 없다지만 사실은 뿌리가 먼저 끊긴 거라네. 은나라의 거울 멀리 있지 않으니 바로 하나라 임금의 재임시절에 있다네'라고 하셨다네.

文王曰咨(문왕왈자), 咨女殷商(자녀은상). 人亦有言(인역유언), 顛沛之揭(전패지게). 枝葉未有害(지엽미유해), 本實先撥(본실선발). 殷鑒不遠(은감불원), 在夏后之世(재하후지세).

262 빈틈이 없음(억억)

빈틈이 없는 위엄과 거동을 지닌 사람은 그 덕이 네모진 듯 반듯하다네. 사람들이 말하길 밝고 슬기로운 사람은 어리석은 듯 산다네. 보통사람의 어리석음은 정말로 병폐라고 하겠지만 밝은 사람의 어리석음은 또한 어긋난 것이라네.

抑抑威儀(억억위의), 維德之隅(유덕지우). 人亦有言(인역유언), 靡哲不愚(미철불우). 庶人之愚(서인지우), 亦職維疾(역직유질). 哲人之愚(철인지우), 亦維斯戾(역유사려).

비길 데 없이 착한 사람이라면 온 천하가 그를 교훈으로 삼고, 덕행이 올바른 사람이라면 온 나라 사람이 그를 따른다네. 위대한 계책은 나라의 운명을 안정시키고 원대한 계획은 때에 알맞게 알려주며 위엄과 거동을 공경하고 삼가야만 백성들이 본받는다네.

無競維人(무경유인), 四方其訓之(사방기훈지). 有覺德行(유각덕행), 四國順之(사국순지). 訏謨定命(우모정명), 遠猶辰告(원유진고). 敬愼威儀(경신위의), 維民之則(유민지칙).

오늘에 이르러 모두가 정사에 어둡고 어지러워 그 덕이 뒤집히고 술독에 깊게도 빠져버렸구나. 그대 비록 술독에 빠져 즐거움만을 추구하고 이어받아 할 일은 생각지도 않고 있구나. 선왕의 도를 널리 구하여 삼가 밝은 법을 밝혀야 한다네.

其在於今(기재어금), 興迷亂於政(흥미란어정). 顚覆厥德(전복궐덕), 荒湛於酒(황담어주). 女雖湛樂從(여수담락종), 弗念厥紹(불념궐소). 罔

敷求先王(망부구선왕), 克共明刑(극공명형).

그래서 하늘은 그대를 돕지 않는 것이니 저 흐르는 샘물과 같이 모두 함께 망하지 않아야 한다네. 이른 아침 일어나고 밤늦게 자며 뜰 안을 쓸고 닦아 백성의 모범이 되어야 하리라. 그대의 수레와 말과 활과 화살과 무기를 닦아서 전쟁이 일어남에 대비하고 멀리 오랑캐 나라들을 다스려야 한다네.

肆皇天弗尙(사황천불상), 如彼泉流(여피천류), 無淪胥以亡(무륜서이망). 夙興夜寐(숙흥야매), 灑掃庭內(쇄소정내), 維民之章(유민지장). 修爾車馬(수이차마), 弓矢戎兵(궁시융병), 用戒戎作(용계융작), 用逿蠻方(용적만방).

그대의 백성들을 안정시키며 그대 제후로서의 법도를 삼가고 예기치 않은 일에 대비해야 한다네. 그대 입 밖으로 말하는 걸 삼가고 그대 위엄과 거동을 조심하여 좋지 않은 일 없도록 해야 한다네. 흰 서옥의 흠은 갈아 없앨 수 있지만 입 밖으로 나온 말의 흠은 어떻게 할 수 없다네.

質爾人民(질이인민), 謹爾侯度(근이후도), 用戒不虞(용계불우). 慎爾出話(신이출화), 敬爾威儀(경이위의), 無不柔嘉(무불유가). 白圭之玷(백규지점), 尙可磨也(상가마야), 斯言之玷(사언지점), 不可爲也(불가위야)!

가벼이 말하지 말고 구차스럽게 굴지 말아야 한다네. 내 혀는 아무도 건드리지 못하겠지만 이미 한 말은 쫓아가 잡을 수 없다네.

어떤 말에든 대답하지 않음이 없고 어떤 덕에든 보답하지 않음이 없다네. 벗과 백성과 어린이들을 사랑하면 자손들 계속 이어가 만민이 받들 거라네.

無易由言(무역유언), 無曰苟矣(무왈구의), 莫捫朕舌(막문짐설), 言不可逝矣(언불가서의). 無言不讎(무언불수), 無德不報(무덕불보). 惠於朋友(혜어붕우), 庶民小子(서민소자). 子孫繩繩(자손승승), 萬民靡不承(만민미불승).

그대가 군자를 사귐을 보건대 그대의 얼굴을 부드럽고 화기롭게 하여 어떤 허물도 있지 않게 해야 한다네. 그대가 거실에 있음을 보건대 항시 방 서북쪽 모퉁이(옥루)에도 부끄럽지 않게 해야 하지. 밝지 않다고 아무도 말하지 않아도 아무도 나를 보는 이 없다고 말하지 말라. 신께서 이르시는 건 헤아릴 수도 없거늘 하물며 싫어할 수야 있겠는가!

視爾友君子(시이우군자), 輯柔爾顔(집유이안), 不遐有愆(불하유건). 相在爾室(상재이실), 尙不愧於屋漏(상불괴어옥루). 無曰不顯(무왈불현), 莫予云覯(막여운구). 神之格思(신지격사), 不可度思(불가도사), 矧可射思(신가사사)!

그대 임금 무공을 본받아 덕을 행하게 하면 어질고 아름답게 될 것이니, 그대가 행동거지를 잘 삼가서 행위에 허물이 없길 바란다네. 어긋나지 않고 해치지 않는다면 드물지 않게 모두가 본받게 될 거라네. 내게 복숭아를 던져주면 이에 오얏으로 갚는다 하였다네.

저 어린 양에게 뿔이 돋는다는 말은 정말로 어린 그대를 속이려는
것이라네.

辟爾為德(벽이위덕), 俾臧俾嘉(비장비가). 淑慎爾止(숙신이지), 不愆
於儀(불건어의). 不僭不賊(불참부적), 鮮不為則(선불위칙). 投我以桃(투
아이도), 報之以李(보지이리). 彼童而角(피동이각), 實虹小子(실홍소자).

유연하고 부드러운 나무에 줄을 매어 활을 만든다네. 온순하고
공손한 사람은 덕의 터전이 되지. 오직 어진 사람만이 훌륭한 말을
하고 그 행동은 덕에 순응한다네. 어리석은 사람들은 오히려 우리
더러 속인다고 말하니 백성들의 마음은 모두가 제각각이라네.

荏染柔木(임염유목), 言緡之絲(언민지사). 溫溫恭人(온온공인), 維德
之基(유덕지기). 其維哲人(기유철인), 告之話言(고지화언), 順德之行(순
덕지행). 其維愚人(기유우인), 覆謂我僭(복위아참), 民各有心(민각유심).

아아! 젊은 사람들은 아직은 좋고 나쁨을 알지 못한다네. 손으로
이끌어서 사실을 들어 알려주고 얼굴을 대하여 직접 명령할 뿐만
아니라 그들의 귀를 잡아끌어야 한다네. 설령 내 아는 것 없다 해
도 나 또한 자식들 낳아 길렀다네. 백성들이 만족하지 못하고 있거
늘 누가 일찍이 알고서도 성공하지 못했던가?

於乎小子(어호소자), 未知臧否(미지장부). 匪手攜之(비수휴지), 言示
之事(언시지사). 匪面命之(비면명지), 言提其耳(언제기이). 借曰未知(차
왈미지), 亦旣抱子(역기포자). 民之靡盈(민지미영), 誰夙知而莫成(수숙
지이막성)?

넓은 하늘은 아주 밝은데 우리네 삶은 즐겁지가 않다네. 그대들 보아하니 흐리멍텅하여 내 마음이 아프기만 하구나. 그대들에게 간절하게 타일러도 내 말을 건성으로 듣고 만다네. 가르침을 따르지 않고 오히려 장난으로 여기는구나. 내 설령 아는 것 없다 해도 또한 나이는 많이 먹었다네.

昊天孔昭(호천공소), 我生靡樂(아생미락). 視爾夢夢(시이몽몽), 我心慘慘(아심참참). 誨爾諄諄(회이순순), 聽我藐藐(청아막막). 匪用為教(비용위교), 覆用為虐(복용위학). 借曰未知(차왈미지), 亦聿旣耄(역율기모).

아아! 젊은이들이여! 그대들에게 옛 법도를 알려주었다네. 나의 계책을 경청해 준다면 아마도 큰 후회는 없을 것이네. 하늘이 바야흐로 어려움을 내리고 계시니 나라를 잃어버릴 지경까지 이르렀구나. 내가 든 비유는 먼 데 있지 않거늘 넓은 하늘은 어긋남이 없다네. 그의 덕은 그릇되고 한쪽으로만 치우쳐 백성들을 위급하게 만드는구나.

於乎(어호), 小子(소자), 告爾舊止(고이구지). 聽用我謀(청용아모), 庶無大悔(서무대회). 天方艱難(천방간난), 曰喪厥國(왈상궐국). 取譬不遠(취비불원), 昊天不忒(호천불특). 回遹其德(회휼기덕), 俾民大棘(비민대극).

263 부드러운 뽕나무(상유桑柔)

무성한 저 부드러운 뽕나무 그 아래엔 두루두루 그늘져 있구나. 뽕나무 잎을 한 번에 훑어 버리니 그 아래의 백성들 병나겠구나.

마음의 근심 끊이질 않고 병나 가슴 아픈데, 크나큰 저 드넓은 하늘은 어찌하여 우리를 불쌍히 여기지도 않는단 말인가?

菀彼桑柔(울피상유), 其下侯旬(기하후순), 捋采其劉(랄채기류), 瘼此下民(막차하민). 不殄心憂(부진심우), 倉兄填今(창형전혜). 倬彼昊天(탁피호천), 寧不我矜(영불아긍)?

네 마리 숫말 늘름하고 갖가지 깃발들이 펄럭이는구나. 난리가 일어나 평화롭지 못하니 온 나라가 문란하고 백성들 많기는 하지만 모두가 화를 당하여 겨우겨우 살고 있다네. 아아! 서글퍼라. 나라의 행보가 너무도 위급하다네.

四牡騤騤(사모규규), 旟旐有翩(여조유편). 亂生不夷(난생불이), 靡國不泯(미국불민). 民靡有黎(민미유려), 具禍以燼(구화이신). 於乎有哀(어호유애), 國步斯頻(국보사빈).

나라엔 재물도 없고 하늘마저도 우릴 돌보지 않는구나. 머물러 의지할 곳도 없으니 어디로 가야만 한단 말인가? 군자께서 마음 쓰시고 마음 가지심이 비길 데 없다네. 누가 재앙받을 빌미를 더하여 지금 괴로움에 시달리게 하는가?

國步滅資(국보멸자), 天不我將(천불아장). 靡所止疑(미소지의), 云徂何往(운조하왕)? 君子實維(군자실유), 秉心無競(병심무경). 誰生厲階(수생려계), 至今為梗(지금위경)?

마음속 시름 하염없어도 우리나라만을 생각한다네. 우리의 삶

때를 잘못 만나 하늘의 큰 분노를 만났구나. 서쪽에서 동쪽까지 안정하여 살 곳 없으니 많고 많은 고생살이에 변방은 더없이 위급하다네.

憂心殷殷(우심은은), 念我土宇(염아토우). 我生不辰(아생부진), 逢天僤怒(봉천탄노). 自西徂東(자서조동), 靡所定處(미소정처). 多我覯痻(다아구민), 孔棘我圉(공극아어).

계책을 신중히 세우면 어지러운 형편 줄어든다네. 그대에게 근심 걱정을 알리고 그대에게 인재에 따라 관직의 서열을 일깨워 주리라. 그 누가 뜨거운 물건을 쥐고서 차가운 물에 손을 담그지 않겠는가? 그 누가 맑고 깨끗하단 말인가. 모두가 함께 물에 빠진 꼴이 되었는데.

為謀為毖(위모위비), 亂況斯削(난황사삭). 告爾憂恤(고이우휼), 誨爾序爵(회이서작). 誰能執熱(수능집열), 逝不以濯(서불이탁)? 其何能淑(기하능숙), 載胥及溺(재서급닉).

저 맞바람을 향해 선 듯하여 또한 심히 숨이 막힌다네. 백성들은 공경하려는 마음이 있으나 모두 다다를 수 없다고 말한다네. 농사짓는 걸 좋아한다며 힘쓴 백성들을 대신하여 먹어대기만 한다네. 농사지은 곡식 보배 같은데도 농민 대신 먹어대기만을 좋아하는구나.

如彼遡風(여피소풍), 亦孔之僾(역공지애). 民有肅心(민유숙심), 荓云不逮(병운불체). 好是稼穡(호시가색), 力民代食(역민대식). 稼穡維寶

(가색유보), 代食維好(대식유호)?

하늘이 내린 벌로 난리가 일어나 우리가 세운 왕을 멸하시고 벼멸구와 같은 해충을 내리시어 농사지은 곡식 모두가 병들었다네. 슬프고 가슴 아프게도 우리나라는 모두가 위급해지고 모두 황폐해졌으니 아무런 재간도 없어 푸르른 하늘에게만 염원하고 있다네.

天降喪亂(천강상란), 滅我立王(멸아립왕). 降此蟊賊(강차모적), 稼穡卒癢(가색졸양). 哀恫中國(애통중국), 具贅卒荒(구췌졸황). 靡有旅力(미유려력), 以念穹蒼(이념궁창).

은혜로운 임금은 백성들이 우러러본다네. 마음가짐 밝고 태연해서 신중하게 보좌할 신하를 찾는다네. 저 순리를 따르지 않는 임금은 자기 혼자만 좋은 일하며 자기 혼자만의 생각으로 백성들 모두 미쳐가게 한다네.

維此惠君(유차혜군), 民人所瞻(민인소첨). 秉心宣猶(병심선유), 考慎其相(고신기상). 維彼不順(유피불순), 自獨俾臧(자독비장). 自有肺腸(자유폐장), 俾民卒狂(비민졸광).

저 숲속을 바라보니 사슴들이 떼 지어 몰려다니는구나. 벗들끼리 서로가 속이면서 서로가 잘 지내지도 않는다네. 사람들이 또 말하되 나아가나 물러나나 모두가 골짜기라 하였다네.

瞻彼中林(첨피중림), 甡甡其鹿(신신기록). 朋友已譖(붕우이참), 不胥以穀(불서이곡). 人亦有言(인역유언), 進退維谷(진퇴유곡).

이 성스러운 사람은 보고 말하는 것이 백 리 밖을 내다보거늘 저 어리석은 사람은 도리어 경망스럽고 현혹되어 화가 미쳐도 기뻐하니, 내 말 못할 수 없는 것도 아닌데 어찌하여 이렇게 두렵고 꺼려지는 걸까?

維此聖人(유차성인), 瞻言百里(첨언백리). 維彼愚人(유피우인), 覆狂以喜(복광이희). 匪言不能(비언불능), 胡斯畏忌(호사외기)?

이리 선량한 사람을 찾지도 않고 등용하지도 않으면서 저 잔인한 마음 가진 자를 되돌아보고 다시 생각하니, 백성들이 혼란을 틈타 극심한 해독을 편안히 여기는구나.

維此良人(유차량인), 弗求弗迪(불구불적). 維彼忍心(유피인심), 是顧是復(시고시부). 民之貪亂(민지탐란), 寧為荼毒(영위도독).

큰 바람도 길이 있나니 텅 빈 큰 골짜기라네. 이리 선량한 사람은 좋은 일만 하려는데, 저 순리를 따르지 않는 사람은 때가 낀 더러움 속으로만 가는구나.

大風有隧(대풍유수), 有空大谷(유공대곡). 維此良人(유차량인), 作為式穀(작위식곡). 維彼不順(유피불순), 征以中垢(정이중구).

큰 바람도 길이 있나니 탐욕스런 자들이 착한 이들 해치는구나. 들어줄 만한 말이면 대답하고 경계하는 말에는 술에 취한 듯 건성으로 듣는구나. 선량한 사람을 등용하지도 않고 나에겐 도리에 어긋난 일만을 시키는구나.

大風有隧(대풍유수), 貪人敗類(탐인패류). 聽言則對(청언즉대), 誦言如醉(송언여취). 匪用其良(비용기량), 復俾我悖(부비아패).

아아! 벗들이여, 내 어찌 알지도 못하면서 일을 했겠는가. 저 날아가는 새들을 때로는 주살로 잡는 것과 같다네. 내 그대들을 감싸주려 하였는데도 도리어 나에게 와선 노여워하는구나.

嗟爾朋友(차이붕우), 予豈不知而作(여기부지이작). 如彼飛蟲(여피비충), 時亦弋獲(시역익획). 旣之陰女(기지음녀), 反予來赫(반여래혁).

백성들이 난을 그치지 않음은 깨끗하긴 하나 잘 배반하기 때문이라네. 백성들에게 불리한 짓을 하나 극복하진 못할 것 같다네. 백성들이 간사하고 비뚤어진 것은 오로지 다투어 힘을 쓰기 때문이라네.

民之罔極(민지망극), 職涼善背(직량선배). 為民不利(위민불리), 如云不克(여운불극). 民之回遹(민지회휼), 職競用力(직경용력).

백성들이 안정되지 않아 오로지 도적질에만 힘쓴다네. 진실로 옳지 않다고 말하면 등 돌려선 실컷 욕을 해대고, 비록 나 때문이 아니라고 말하지만 이미 그대를 위해 노래지었다네.

民之未戾(민지미려), 職盜為寇(직도위구). 涼曰不可(량왈불가), 覆背善詈(복배선리). 雖曰匪予(수왈비여), 旣作爾歌(기작이가)!

264 은하수(운한雲漢)

밝은 저 은하수는 하늘에서 환하게 돌고 있네. 왕께서 이르시길 '지금 사람 무슨 죄 지어서 하늘이 천재지변을 내려 기근이 거듭해서 닥치고 있단 말인가. 신께 제사 올리지 아니함이 없었고 희생의 제물 또한 아끼지 않았으며 옥으로 만든 규벽까지 모두 바쳤거늘 어찌하여 내 말을 들어주지 않는단 말인가?'라고 하였다네.

倬彼雲漢(탁피운한), 昭回於天(소회어천). 王曰於乎(왕왈어호)! 何辜今之人(하고금지인)? 天降喪亂(천강상란), 饑饉荐臻(기근천진). 靡神不舉(미신불거), 靡愛斯牲(미애사생). 圭璧旣卒(규벽기졸), 寧莫我聽(영막아청)?

가뭄이 너무나도 극심하여 푹푹 찌는 듯한 열기가 오른다네. 끊이지 않고 천제를 지냄에 하늘과 땅의 교제(郊祭)로부터 종묘에 가서 천지상하에 제사하며 예물을 올리고 묻으면서 신을 높이지 않음이 없었다네. 농업신인 후직이 극복하지 못했는지 상재께서 강림하시지도 않는구나. 이 땅의 큰 재앙을 어찌 내 한 몸으로 막아내겠는가!

旱旣大甚(한기대심), 蘊隆蟲蟲(온륭동동, 蟲: 찔 동). 不殄禋祀(부진인사), 自郊徂宮(자교조궁). 上下奠瘞(상하전예), 靡神不宗(미신부종). 后稷不克(후직불극), 上帝不臨(상제불림). 耗斁下土(모두하토), 寧丁我躬(영정아경).

가뭄이 너무나도 극심해지면 물리칠 수도 없다네. 항상 조심하고 삼가지만 천둥 울리고 벼락 치는 것 같아 주나라의 남은 백성들마저 얼마 남지도 않을 것 같다네. 넓은 하늘에 계신 상제께서는 우리를 남겨두지 않을 모양이라네. 어찌 두렵지 않겠나? 선조의 제사마저 끊길 것 같으니 말이라네.

旱旣大甚(한기대심), 則不可推(즉불가추). 兢兢業業(긍긍업업), 如霆如雷(여정여뢰). 周余黎民(주여려민), 靡有孑遺(미유혈유). 昊天上帝(호천상제), 則不我遺(즉불아유). 胡不相畏(호불상외)? 先祖於摧(선조어최).

가뭄이 너무나도 극심해지면 막아낼 수도 없다네. 땅은 메마르고 열기가 뜨거워 내 몸 둘 곳도 없다네. 나라 운명도 다해 가는 듯 우러러볼 곳도 없고 되돌아볼 곳마저 없다네. 여러 임금과 경대부들은 나를 돕지 못할망정 조상님과 부모님은 어찌 차마 날 그냥 두신단 말인가?

旱旣大甚(한기대심), 則不可沮(즉불가저). 赫赫炎炎(혁혁염염), 云我無所(운아무소). 大命近止(대명근지), 靡瞻靡顧(미첨미고). 群公先正(군공선정), 則不我助(즉불아조). 父母先祖(부모선조), 胡寧忍予(호녕인여)?

가뭄이 너무나도 극심해 산과 냇물이 씻어낸 듯 메말랐다네. 가뭄 귀신이 사나워서 마치 불을 놓아 태우는 듯해 무더위에 지친 내 마음 근심걱정으로 타들어 간다네. 여러 임금과 경대부들은 내 소망 듣지 못할망정 넓은 하늘에 계신 상제께서는 어찌하여 나를 도망치게 하시나요?

旱旣大甚(한기대심), 滌滌山川(척척산천). 旱魃為虐(한발위학), 如惔如

焚(여담여분). 我心憚暑(아심탄서), 憂心如熏(우심여훈). 群公先正(군공선정), 則不我聞(즉불아문). 昊天上帝(호천상제), 寧俾我遁(영비아둔)?

가뭄이 너무나도 극심해 힘써 노력해서라도 이 두려움에서 도망치려 한다네. 어찌하여 정녕 나를 가뭄으로 괴롭힐까? 애석하게도 그 까닭을 알지 못하겠네. 올해도 일찍이 풍년을 기원하며 갖가지 제사를 지내지 않은 것도 아니었지만 넓은 하늘에 계신 상제께서는 나를 도와주시지 않을 모양이로구나. 신명을 삼가고 존경하였으니 마땅히 후회하거나 화를 내진 않을 것이로다.

旱旣大甚(한기대심), 黽勉畏去(민면외거). 胡寧瘨我以旱(호녕전아이한)? 憯不知其故(참부지기고). 祈年孔夙(기년공숙), 方社不莫(방사불막). 昊天上帝(호천상제), 則不我虞(즉불아우). 敬恭明神(경공명신), 宜無悔怒(의무회노).

가뭄이 너무나도 극심하니 마음들이 산만해져 기강도 없어졌다네. 그러니 여러 관청의 대신들 궁지에 몰렸고 많은 고관들도 병이 났다네. 말 다스리는 관리와 임금 모시는 신하들, 음식을 맡은 선부와 그 밖의 여러 신하들, 사람마다 구제하지 않는 건 아니었으나 그 누구도 멈추게 할 수는 없었다네. 넓은 하늘을 우러러보지만 이 시름을 어찌할까나!

旱旣大甚(한기대심), 散無友紀(산무우기). 鞫哉庶正(국재서정), 疚哉冢宰(구재총재). 趣馬師氏(취마사씨), 膳夫左右(선부좌우), 靡人不周(미인부주). 無不能止(무불능지), 瞻卬昊天(첨앙호천), 云如何里(운여하리)!

넓은 하늘을 우러러보니 별들만이 반짝이고 있다네. 대부와 군자들이 지나침 없이 제사를 지낸다네. 나라의 운명이 다해 가지만 그대들이 이룬 걸 버리지는 말라. 어찌 나만을 위해 빌겠는가! 여러 대신들도 안정시키기 위해서라네. 넓은 하늘을 우러러보지만 언제쯤이나 그 편안함을 베풀어 주시려나.

瞻卬昊天(첨앙호천), 有嘒其星(유혜기성). 大夫君子(대부군자), 昭假無贏(소가무영). 大命近止(대명근지), 無棄爾成(무기이성). 何求爲我(하구위아). 以戾庶正(이려서정). 瞻卬昊天(첨앙호천), 曷惠其寧(갈혜기녕)?

265 우뚝 솟아 높은(숭고崧高)

우뚝 솟아 높은 산봉우리 굳세게도 치솟아 올라 하늘까지 닿겠네. 산봉우리에 신령님 내려와 제후인 보후와 신백을 낳았다네. 주나라 선왕 때의 재상들인 신백과 보후는 주나라의 기둥으로 사방 나라들의 울타리가 되고 온 세상의 담이 되었다네.

崧高維岳(숭고유악), 駿極於天(준극어천). 維岳降神(유악강신), 生甫及申(생보급신). 維申及甫(유신급보), 維周之翰(유주지한). 四國于蕃(사국우번), 四方于宣(사방우선).

부지런한 신백에게 임금님께선 일들을 계승케 하시니 사 땅에 도읍을 정하고 남쪽 나라들의 본보기가 되었다네. 임금님은 소백에게 명하여 신백의 거처를 정하게 하고 남쪽 나라에 등용하여 대대로 그 일을 맡게 하였다네.

亹亹申伯(미미신백), 王纘之事(왕찬지사). 於邑於謝(어읍어사), 南國
是式(남국시식). 王命召伯(왕명소백), 定申伯之宅(정신백지댁). 登是南
邦(등시남방), 世執其功(세집기공).

임금님께선 신백에게 명하여 남쪽 나라의 모범이 되게 하고 사
땅 사람들에게 그의 성을 쌓게 하였다네. 임금께선 소백에게 명하
여 신백의 토지와 농지의 세금을 정하게 하였고, 부어에게 명하여
그의 사가 사람들도 옮겨가도록 하였다네.

王命申伯(왕명신백), 式是南邦(식시남방). 因是謝人(인시사인), 以作
爾庸(이작이용). 王命召伯(왕명소백), 徹申伯土田(철신백토전). 王命傅
御(왕명부어), 遷其私人(천기사인).

신백의 일들은 소백에게 맡게 하였고 그곳에 성을 쌓기 시작하
여 궁전과 종묘를 갖추었다네. 이미 완성해 놓으니 아름답고 아름
다워 임금님께선 신백에게 하사하였다네. 네 필 말 늠름하고 가슴
께에 두른 고리가 선명하구나.

申伯之功(신백지공), 召伯是營(소백시영). 有俶其城(유숙기성), 寢廟
旣成(침묘기성). 旣成藐藐(기성막막), 王錫申伯(왕석신백). 四牡蹻蹻(사
모교교), 鉤膺濯濯(구응탁탁).

임금님이 신백을 보내 큰 수레와 네 필 말을 하사하며, '내 그대
의 거처를 물색해 보니 남쪽 땅만 한 곳이 없는 것 같소. 그대에게
큰 홀을 내리니 그대의 보배로 삼으시오. 측근인 외삼촌도 함께 가

시니 남쪽 땅을 잘 보존하도록 하시오'라고 하셨다네.

王遣申伯(왕견신백), 路車乘馬(노거승마). 我圖爾居(아도이거), 莫如南土(막여남토). 錫爾介圭(석이개규), 以作爾寶(이작이보). 往近王舅(왕근왕구), 南土是保(남토시보).

신백이 떠나가니 임금님께선 미 땅에서 전송하였다네. 신백이 남쪽으로 돌아가니 진정 사읍으로 되돌아간 거라네. 임금님께서 소백에게 명하여 신백의 강역에서 부세를 걷게 하여 양식을 갖추어두니 그 행차를 서둘렀다네.

申伯信邁(신백신매), 王餞於郿(왕전어미). 申伯還南(신백환남), 謝於誠歸(사어성귀). 王命召伯(왕명소백), 徹申伯土疆(철신백토강). 以峙其糧(이치기장), 式遄其行(식천기행).

신백이 늠름한 모습으로 사읍에 들어가 많은 부하들을 이끄니 주나라 사람 모두가 기뻐하며 나라의 훌륭한 기둥이라 하였다네. 드러나지 않을까만 신백은 임금님의 큰 외삼촌이며 문무백관의 모범이었다네.

申伯番番(신백번번), 旣入於謝(기입어사). 徒御嘽嘽(도어탄탄), 周邦咸喜(주방함희), 戎有良翰(융유량한). 不顯申伯(불현신백), 王之元舅(왕지원구), 文武是憲(문무시헌).

신백의 덕은 부드럽게 베풀면서도 올곧았다네. 온 세상을 바로잡으니 모든 나라에 명성 높았다네. 주 선왕 때의 대신 윤길보가 노래 지으니 그 시가 매우 훌륭하여 이 듣기 좋은 노래를 신백에게 바친다네.

申伯之德(신백지덕), 柔惠且直(유혜차직). 揉此萬邦(유차만방), 聞於 四國(문어사국). 吉甫作誦(길보작송), 其詩孔碩(기시공석). 其風肆好(기 풍사호), 以贈申伯(이증신백).

266 백성(증민烝民)

하늘이 백성을 내시고 만물과 더불어 법칙도 있게 하였다네. 백 성들의 떳떳한 성품은 좋은 덕행을 좋아한다네. 하늘은 주나라를 살펴보시고 밝고 아름답게 내려오시어 우리 천자를 보우하시고 주 나라의 어진 신하인 중산보를 낳게 하셨다네.

天生烝民(천생증민), 有物有則(유물유칙). 民之秉彝(민지병이), 好是 懿德(호시의덕). 天監有周(천감유주), 昭假於下(소가어하). 保茲天子(보 자천자), 生仲山甫(생중산보).

중산보의 덕행은 유연하면서도 아름다운 법도가 있었다네. 훌륭 한 거동과 훌륭한 모습에 조심하고 공경심도 높았다네. 옛 교훈을 본받으며 위엄과 거동에도 힘을 썼고 천자를 따르며 밝은 명령을 널리 펼쳤다네.

仲山甫之德(중산보지덕), 柔嘉維則(유가유칙). 令儀令色(영의령색), 小心翼翼(소심익익). 古訓是式(고훈시식), 威儀是力(위의시력). 天子是 若(천자시약), 明命使賦(명명사부).

임금님께선 중산보에게 명하시어 모든 제후가 본받게 하였으며, 자기의 조상을 이어서 왕 자신의 몸을 보우하라 하였다네. 왕의 명을 알리고 받아들이니 왕의 입인 셈이었다네. 외교적으로도 정책을 잘 펼치니 온 세상이 이에 호응하였다네.

王命仲山甫(왕명중산보), 式是百辟(식시백벽), 纘戎祖考(찬융조고), 王躬是保(왕궁시보). 出納王命(출납왕명), 王之喉舌(왕지후설). 賦政於外(부정어외), 四方爰發(사방원발).

엄숙하고 근엄한 왕명을 중산보가 도맡아서 나라의 좋고 나쁨을 밝히고 있다네. 밝고도 어질게 왕의 몸을 보호하며 밤낮으로 게으르지 않고 오직 한 사람만을 섬겼다네.

肅肅王命(숙숙왕명), 仲山甫將之(중산보장지). 邦國若否(방국약부), 仲山甫明之(중산보명지). 旣明且哲(기명차철), 以保其身(이보기신). 夙夜匪解(숙야비해), 以事一人(이사일인).

사람들 하는 말이 있는데, 부드러우면 삼키고 딱딱하면 뱉으라 하였다네. 그러나 중산보는 부드러워도 삼키지 않고 딱딱해도 내뱉지 않았다네. 홀아비와 과부를 업신여기지 않았으며 강하고 횡포한 자를 두려워하지 않았다네.

人亦有言(인역유언), 柔則茹之(유즉여지), 剛則吐之(강즉토지). 維仲山甫(유중산보), 柔亦不茹(유역불여), 剛亦不吐(강역불토). 不侮矜寡(불모관과, 矜: 홀아비 관) , 不畏強禦(불외강어).

사람들 하는 말이 있는데, 덕행은 터럭같이 가벼워도 백성들 중에 실행하는 자가 드물다 하였다네. 내가 헤아려보니 오직 중산보만은 그것을 실행하였는데 그를 도울 수 없으니 안타깝다네. 임금님 일에 결함이 있으면 중산보가 보충하였다네.

人亦有言(인역유언), 德輶如毛(덕유여모), 民鮮克擧之(민선극거지). 我儀圖之(아의도지), 維仲山甫擧之(유중산보거지), 愛莫助之(애막조지). 袞職有闕(곤직유궐), 維仲山甫補之(유중산보보지).

중산보가 출병을 위해 노제 지내니 네 필 말 건장하고 출정하는 군사들은 민첩하고 잽싸게 움직이면서도 매번 제때에 도착하지 못할까 걱정이라네. 네 필 말 늠름하게 말발굽 내딛으니 여덟 개의 방울소리 맑게 울려 퍼진다네. 왕은 중산보에게 명을 내려 저 동쪽 제나라에 성을 쌓으라 하였다네.

仲山甫出祖(중산보출조), 四牡業業(사모업업). 征夫捷捷(정부첩첩), 每懷靡及(매회미급). 四牡彭彭(사모팽팽), 八鸞鏘鏘(팔란장장). 王命仲山甫(왕명중산보), 城彼東方(성피동방).

네 필 말 강건하며 여덟 개의 방울소린 요란하다네. 중산보가 제나라로 출병하니 빨리 일마치고 돌아오길 빈다네. 길보가 시 지으니 조화롭기가 맑은 바람과도 같으니, 중산보가 늘 이 시를 가슴에 담아 그 마음 위로받길 빈다네.

四牡騤騤(사모규규), 八鸞喈喈(팔란개개). 仲山甫徂齊(중산보조제), 式遄其歸(식천기귀). 吉甫作誦(길보작송), 穆如淸風(목여청풍). 仲山甫

永懷(중산보영회), 以慰其心(이위기심).

267 제후 한혁(한혁韓奕)

크고 큰 양산 땅을 우임금이 다스렸다네. 도에 밝으시니 한나라 제후가 명을 받네. 임금님이 친히 명하시길 '그대 조상들을 계승하여 내 명을 저버리지 말고 밤낮으로 게으름 피우지 말며 그대의 지위를 공경하고 한결같이 한다면 나의 명은 바뀌지 않을 것이오. 조회에 참석치 않은 나라를 바로잡아 그대의 임금인 짐을 잘 보좌하시오'라고 하였다네.

奕奕梁山(혁혁양산), 維禹甸之(유우전지). 有倬其道(유탁기도), 韓侯受命(한후수명), 王親命之(왕친명지). 纘戎祖考(찬융조고), 無廢朕命(무폐짐명). 夙夜匪解(숙야비해), 虔共爾位(건공이위), 朕命不易(짐명불역). 榦不庭方(찬부정방), 以佐戎辟(이좌융벽).

네 필 말 크고도 크니 매우 길고도 기세가 좋구나. 한나라 제후가 임금님 뵈러 들어오니 그는 큰 홀을 들고서 들어와 임금님을 알현하네. 임금님은 한나라 제후에게 훌륭한 무늬가 있는 깃발과 대자리 수레가리개 무늬 새긴 멍에와 검은 용포, 붉은 신발, 고리 달린 가슴걸이, 조각한 당로, 가죽 붙인 수레앞턱나무, 얇은 덮개, 가죽을 덧댄 고삐, 황금으로 만든 멍에를 하사하였다네.

四牡奕奕(사모혁혁), 孔脩且張(공수차장). 韓侯入覲(한후입근), 以其介圭(이기개규), 入覲於王(입근어왕). 王錫韓侯(왕석한후), 淑旂綏章(숙

기수장), 簟茀錯衡(점불착형), 玄袞赤舃(현곤적석), 鉤膺鏤錫(구응루석),
鞹鞃淺幭(곽굉천멸), 鞗革金厄(조혁금액).

한나라 제후가 출정에 앞서 노제 지내고 도 땅으로 나아가 머무
르네. 현보가 전송하는데 맑은 술이 백 병이라네. 안주는 무엇인
가? 구운 자라와 생선이었지. 채소는 무엇인가? 죽순과 부들이었
지. 선물은 무엇이었는가? 네 필 말에 큰 수레였지. 음식 그릇들 많
고 많아 제후께서 기뻐하며 즐겼다네.

韓侯出祖(한후출조), 出宿於屠(출숙어도). 顯父餞之(현보전지), 淸酒
百壺(청주백호). 其殽維何(기효유하)? 炰鱉鮮魚(포별선어). 其蔌維何
(기속유하)? 維筍及蒲(유순급포). 其贈維何(기증유하)? 乘馬路車(승마
로거). 籩豆有且(변두유차), 侯氏燕胥(후씨연서).

한나라 제후가 장가드니 분왕의 조카요, 궤보의 따님이라네. 한
나라 제후가 맞아들이려 궤 씨의 마을까지 갔었지. 수레 백 대 많
고 많아 여덟 개의 방울들 울려대니 그 빛이 밝지 않겠는가. 여러
동생들도 따르니 구름처럼 많기도 하다네. 한나라 제후가 돌아보
니 찬란한 빛 문 안에 가득 찼다네.

韓侯取妻(한후취처), 汾王之甥(분왕지생), 蹶父之子(궤보지자, 蹶父:
사람 이름). 韓侯迎止(한후영지), 於蹶之里(어궤지리). 百兩彭彭(백량팽
팽), 八鸞鏘鏘(팔란장장), 不顯其光(불현기광). 諸娣從之(제제종지), 祁
祁如雲(기기여운). 韓侯顧之(한후고지), 爛其盈門(란기영문).

궤보는 매우 용감하여 가보지 않은 나라가 없었다네. 한나라로 시집가기 전에 길 씨의 혼처를 알아보았는데 한나라보다 좋은 곳은 없었다네. 매우 즐거운 한나라 땅은 냇물과 못물이 넘쳐흐르고 방어와 연어는 큼지막하고 암사슴과 수사슴들이 떼 지어 놀고 곰도 있고 큰 곰인 말곰도 있으며 살쾡이와 호랑이도 있다네. 경사롭게 여겨 출가시켰으니 한나라 길 씨도 편안하게 즐겼다네.

蹶父孔武(궤보공무), 靡國不到(미국불도). 爲韓姞相攸(위한길상유), 莫如韓樂(막여한낙). 孔樂韓土(공낙한토), 川澤訏訏(천택우우). 魴鱮甫甫(방서보보), 麀鹿噳噳(우록우우), 有熊有羆(유웅유비), 有貓有虎(유묘유호). 慶旣令居(경기령거), 韓姞燕譽(한길연예).

저 널따란 한나라 성은 연나라 군사들이 완성했다네. 조상의 명을 받아 남쪽 오랑캐를 다스리니 임금님께선 한나라 제후에게 추나라와 맥나라까지 맡기셨다네. 북쪽 나라도 도맡아 그곳의 제후가 되어 성을 쌓고 해자를 파 밭이랑을 일구고 세금을 정하면서 임금님껜 표범의 일종인 비휴와 붉은 표범과 누런 말곰 가죽을 바쳤다네.

溥彼韓城(보피한성, 溥: 넓을 보), 燕師所完(연사소완). 以先祖受命(이선조수명), 因時百蠻(인시백만). 王錫韓侯(왕석한후), 其追其貊(기추기맥). 奄受北國(엄수북국), 因以其伯(인이기백). 實墉實壑(실용실학), 實畝實藉(실무실차, 藉: 구실 차). 獻其貔皮(헌기비피), 赤豹黃羆(적표황비).

268 양자강과 한수(강한江漢)

양자강과 한수가 넘실거리고 병사들도 도도하게 물길을 따른다네. 즐기거나 놀려는 게 아니라 회 땅의 오랑캐 찾아 나선 거라네. 수레 내어 타고 이미 붉은 비단의 깃발 세우니 편안하게 쉬려는 게 아니라 회 땅의 오랑캐 정벌하기 위해서라네.

江漢浮浮(강한부부), 武夫滔滔(무부도도). 匪安匪游(비안비유), 淮夷來求(회이래구). 旣出我車(기출아거), 旣設我旟(기설아여). 匪安匪舒(비안비서), 淮夷來鋪(회이래포).

양자강과 한수 출렁거리고 병사들은 씩씩하구나. 온 세상을 평정하고 임금님께 성공한 걸 아뢴다네. 온 세상이 평정되니 나라도 안정되리라. 더 이상 전쟁이 없으니 임금님의 마음도 편안하시겠네.

江漢湯湯(강한탕탕), 武夫洸洸(무부광광). 經營四方(경영사방), 告成於王(고성어왕). 四方旣平(사방기평), 王國庶定(왕국서정). 時靡有爭(시미유쟁), 王心載寧(왕심재녕).

양자강과 한수의 물가에서 임금님이 소호에게 명을 내려 사방을 개척하여 나라의 땅 세금 걷게 하였다네. 어려움도 위급함도 없어졌으니 우리 왕국이 바로잡혔다네. 나라 땅 경계 정하고 바로 정리하길 남쪽 바다에까지 이르렀다네.

江漢之滸(강한지호), 王命召虎(왕명소호), 式辟四方(식벽사방), 徹我疆土(철아강토). 匪疚匪棘(비구비극), 王國來極(왕국래극). 於疆於理(어

강어리), 至於南海(지어남해).

　임금님께선 소호에게 명하시길 '널리 정사를 펼치고 문왕과 무왕이 명을 받을 땐 소공이 나라의 기둥이었나니, 나는 어리다 말하지 말고 소공과 같이 되라. 그대가 빨리 공을 세우면 그대에게 복을 주리라'고 하였다네.

　王命召虎(왕명소호), 來旬來宣(내순래선). 文武受命(문무수명), 召公維翰(소공유한). 無曰予小子(무왈여소자), 召公是似(소공시사). 肇敏戎公(조민융공), 用錫爾祉(용석이지).

　그대에게 옥과 은으로 만든 술잔과 검은 기장으로 빚은 술 한 통을 내리노니 조상님께 고하고, 산과 농토를 내리니 주나라의 명을 받들어 소공 할아버지의 명을 따르라네. 이에 소호가 엎드려 머리 조아리며 천자의 만수무강을 빌었다네.

　釐爾圭瓚(리이규찬), 秬鬯一卣(거창일유). 告於文人(고어문인), 錫山土田(석산토전). 於周受命(어주수명), 自召祖命(자소조명), 虎拜稽首(호배계수), 天子萬年(천자만년)!

　소호가 엎드려 머리 조아려서 임금님의 덕을 찬양하고 소공을 추모하며 천자의 만수무강을 빌었다네. 밝고 밝은 천자의 아름다운 명성 그치지 아니하니 널리 덕을 베풀어서 온 세상을 평화롭게 하신다네.

　虎拜稽首(호배계수), 對揚王休(대양왕휴). 作召公考(작소공고), 天子

萬壽(천자만수)! 明明天子(명명천자), 令聞不已(영문불이), 矢其文德(시기문덕), 洽此四國(흡차사국).

269 일정한 덕을 지닌 무용(상무常武)

빛나고 밝은지라 임금님께선 경사에게 명하여 남중을 태조로 삼고 황보를 태사로 삼으셨네. 주나라의 육군을 정비하고 병장기도 수리하여 공경하고 경계하면서도 남쪽 나라들을 순종케 하였다네.

赫赫明明(혁혁명명), 王命卿士(왕명경사), 南仲大祖(남중대조), 大師皇父(대사황보, 皇父: 사람 이름). 整我六師(정아육사), 以修我戎(이수아융). 旣敬旣戒(기경기계), 惠此南國(혜차남국).

임금님께서 인사를 담당하는 관리 윤 씨에게 말하여 정나라 제후 휴보에게 명하여 좌우로 진을 벌려 행진케 하였다네. 그러면서 '우리 군대 경계하며 회수 가를 따라 서주 땅을 살피어 머물러 살지 못하게 하라'고 하니 삼경이 모두 이에 따랐다네.

王謂尹氏(왕위윤씨), 命程伯休父(명정백휴보), 左右陳行(좌우진행). 戒我師旅(계아사려), 率彼淮浦(솔피회포), 省此徐土(성차서토). 不留不處(불류불처), 三事就緖(삼사취서).

빛나고 두려운지라 위엄을 갖춘 천자라네. 임금님은 보호대를 만들어 펼쳐나가니 돕거나 노니는 게 아니라네. 서주지방 번잡하고 요란해져 그곳 땅 오랑캐들 떨며 놀란다네. 우레가 치는 듯 천둥이 울리는 듯 서주의 땅 오랑캐들 떨면서 놀란다네.

赫赫業業(혁혁업업), 有嚴天子(유엄천자). 王舒保作(왕서보작), 匪紹
匪游(비소비유). 徐方繹騷(서방역소), 震驚徐方(진경서방). 如雷如霆(여
뢰여정), 徐方震驚(서방진경).

임금님이 무용을 떨치니 벼락같고 노하신 듯하다네. 호랑이 같
은 신하들 앞으로 나아가니 성난 호랑이가 울부짖는 것 같네. 회수
가에 진을 치고 포로들 잡아오니, 저 회수 가에 임금님의 군대가
머문다네.

王奮厥武(왕분궐무), 如震如怒(여진여노). 進厥虎臣(진궐호신), 闞如
虓虎(감여효호). 鋪敦淮濆(포돈회분), 仍執醜虜(잉집추로). 截彼淮浦
(절피회포), 王師之所(왕사지소).

임금님의 군대 많고 많아 새가 나는 듯 날개 치는 듯하다네. 양
자강 같고 한수 같고 꼼짝 않는 산과 같고 흐르는 냇물 같아 끊임
없이 정연하다네. 헤아릴 수도 당해낼 수도 없는 듯 서나라를 크게
정벌하였다네.

王旅嘽嘽(왕려탄탄), 如飛如翰(여비여한). 如江如漢(여강여한), 如山
之苞(여산지포). 如川之流(여천지류), 綿綿翼翼(면면익익). 不測不克(불
측불극), 濯征徐國(탁정서국).

임금님의 계책 정말 충실하여 서주의 땅 오랑캐들 항복해 왔다
네. 서주의 땅 오랑캐들 동화됨은 천자의 공이라네. 온 세상이 평

정되니 서나라도 조회에 온다네. 서나라가 약속 어기지 않자 임금
님께선 철군하여 되돌아가자고 하셨다네.

王猶允塞(왕유윤새), 徐方旣來(서방기래). 徐方旣同(서방기동), 天子
之功(천자지공). 四方旣平(사방기평), 徐方來庭(서방래정). 徐方不回(서
방불회), 王曰還歸(왕왈환귀).

270 우러러보다(瞻印첨앙)

넓은 하늘 우러러보니 나를 사랑하질 않는다네. 매우 괴롭고 편
치 않아 이와 같은 큰 재난 내리셨다네. 나라는 안정되지 못하여
관리나 백성들은 병들었고 해충이 들끓어서 그 고난 끝이 없으니
죄의 그물 거두지 않아 어려움 나을 수가 없다네.

瞻印昊天(첨앙호천), 則不我惠(즉불아혜). 孔塡不寧(공전불녕), 降此
大厲(강차대려). 邦靡有定(방미유정), 士民其瘵(사민기채). 蟊賊蟊疾(모
적모질), 靡有夷屆(미유이계). 罪罟不收(죄고불수), 靡有夷瘳(미유이추).

남이 가지고 있는 땅과 밭을 너는 도리어 빼앗아 갔고, 남의 백성
들을 너는 또 빼앗았지. 저 죄 없는 사람을 너는 되레 구속하였고,
저 죄 있는 사람을 너는 도리어 용서해 주었지.

人有土田(인유토전), 女反有之(여반유지). 人有民人(인유민인), 女覆
奪之(여복탈지). 此宜無罪(차의무죄), 女反收之(여반수지). 彼宜有罪(피
의유죄), 女覆說之(여복설지).

슬기로운 남자는 나라를 이루지만 똑똑하고 잘난 여자는 나라를 망친다네. 아아! 아는 게 많은 여자는 올빼미나 부엉이 같은 짓을 하는구나. 여자가 말이 많으면 재앙의 근원이라네. 화란(禍亂)은 하늘이 내린 것이 아니라 여자로부터 생겨난 것이라네. 가르치고 깨우쳐도 안 되는 건 여자와 내시라네.

哲夫成城(철부성성), 哲婦傾城(철부경성). 懿厥哲婦(의궐철부), 為梟為鴟(위효위치). 婦有長舌(부유장설), 維厲之階(유려지계). 亂匪降自天(난비강자천), 生自婦人(생자부인). 匪教匪誨(비교비회), 時維婦寺(시유부사).

남의 잘못 따질 때엔 사납고 악독해서 헐뜯음으로 시작해서 배반으로 맺는구나. 어찌 그 말이 옳지 않다 말하겠나? 그러면 오히려 넌 무슨 잘못이냐 하겠지. 마치 장사꾼이 세 배의 이익을 남기려는 건 군자가 아는 것과 같은지라, 여자는 공적인 일도 없거늘 누에치고 베 짜는 일도 하지 않으면서 엉뚱한 짓만 하고 있구나.

鞫人忮忒(국인기특), 譖始競背(참시경배). 豈曰不極(기왈불극)? 伊胡為慝(이호위특)? 如賈三倍(여가삼배), 君子是識(군자시식). 婦無公事(부무공사), 休其蠶織(휴기잠직).

하늘은 어찌하여 꾸짖기만 하는가? 신은 어찌하여 부유하게 하지 않는가? 저 큰 오랑캐를 내버려두고 오직 나만을 서로가 꺼린다네. 불행히도 상서롭지도 못하고 위엄이나 거동도 엉망이구나. 어진 사람 없으니 나라가 남김없이 없어지겠구나.

天何以刺(천하이랄)? 何神不富(하신불부)? 舍爾介狄(사이개적), 維
予胥忌(유여서기). 不弔不祥(부조불상), 威儀不類(위의불류). 人之云亡
(인지운망), 邦國殄瘁(방국진췌).

하늘이 이 세상에 내린 그물은 매우 크고도 넓은데도, 사람들은
이렇게 망해 가고 있으니 그 마음에는 근심걱정이라네. 하늘이 이
세상에 내린 그물이 위태롭게 다가오거늘 사람들은 이렇게 망해
가고 있으니 이내 마음 서글퍼진다네.
　天之降罔(천지강망), 維其優矣(유기우의). 人之云亡(인지운망), 心之
憂矣(심지우의). 天之降罔(천지강망), 維其幾矣(유기기의). 人之云亡(인
지운망), 心之悲矣(심지비의).

꽐꽐 솟아오르는 샘물은 깊기도 하구나. 마음의 근심걱정이 어찌
지금부터이겠는가? 나보다 먼저 시작된 것도 아니고 나보다 뒤에
시작된 것도 아니라네. 아득히 멀고 넓은 하늘은 튼실하지 않음이
없다네. 조상을 욕되게 하지 않는다면 그대 자손은 구원받으리라.
　觱沸檻泉(필비함천), 維其深矣(유기심의). 心之憂矣(심지우의), 寧自
今矣(영자금의)? 不自我先(부자아선), 不自我後(부자아후). 藐藐昊天(막
막호천), 無不克鞏(무불극공). 無忝皇祖(무첨황조), 式救爾後(식구이후).

271 하늘이시여(소민김룽)
하늘이 미워하고 벌하시려고 거듭해서 재난을 내린다네. 우릴

괴롭히려고 흉년기근을 내리니 백성들 모두 유랑하다 굶어죽는다
네. 그러니 우리가 사는 변방까지도 황폐해졌다네.

旻天疾威(민천질위), 天篤降喪(천독강상). 瘨我饑饉(전아기근), 民卒
流亡(민졸류망). 我居圉卒荒(아거어졸황).

하늘이 죄의 그물 내리시니 해충들이 들끓듯이 내란이 일어났다
네. 사회가 혼탁해져 공손함도 모르고 어지러이 나쁜 짓만 일삼는
데, 정말 우리나라를 멸망시키려는 걸까!

天降罪罟(천강죄고), 蟊賊內訌(모적내홍). 昏椓靡共(혼탁미공), 潰潰
回遹(궤궤회휼), 實靖夷我邦(실정이아방).

비방하고 헐뜯는 자는 자기의 결점을 알지 못한다네. 우린 항상
조심하고 삼가야만 하니 아주 오랫동안 편치 못하고 내 지위마저
위태롭다네.

皋皋訿訿(고고자자), 曾不知其玷(증부지기점). 兢兢業業(긍긍업업),
孔填不寧(공전불녕), 我位孔貶(아위공폄).

저 가뭄이 든 해엔 풀도 무성하게 자라지 못하듯 나무 위의 시든
풀 같다네. 이 나라 되어가는 꼴을 보니 어지러워서 망하지 않을
수 없겠구나.

如彼歲旱(여피세한), 草不潰茂(초불궤무), 如彼棲苴(여피서저). 我相
此邦(아상차방), 無不潰止(무불궤지).

예전 살림살이가 넉넉할 땐 지금 같지는 않았으며, 근래의 고난이라 하더라도 이렇지는 않았다네. 저건 거친 쌀이요, 이건 고운 쌀인데도 어찌 스스로 그만두지 못한단 말인가? 이러한 상황만을 끌고 가는구나.

維昔之富不如時(유석지부불여시), 維今之疚不如玆(유금지구불여자). 彼疏斯粺(피소사패), 胡不自替(호부자체)? 職兄(況)斯引(직형(황)사인).

연못이 마르는데 물가로부터라고 말하지 않고 샘물이 마르는데도 가운데부터라고 말하지 않는구나. 이 해로움 널리 퍼져 오로지 시름만 커지니 내 몸엔들 재앙이 미치지 않을까.

池之竭矣(지지갈의), 不云自頻(불운자빈). 泉之竭矣(천지갈의), 不云自中(불운자중). 溥斯害矣(부사해의), 職兄(況)斯弘(직형(황)사홍), 不裁我躬(부재아궁).

옛날 선왕들이 천명을 받을 땐 소공 같은 분이 계셔서 날마다 백 리씩 나라를 넓혔는데, 요즘엔 날마다 백 리씩 줄어드는구나. 아아! 슬프구나. 요즘 사람들 중엔 옛날처럼 숭상할 만한 이가 없다는 건가!

昔先王受命(석선왕수명), 有如召公(유여소공), 日辟國百里(일벽국백리), 今也日蹙國百里(금야일축국백리). 於乎哀哉(어호애재)! 維今之人(유금지인), 不尙有舊(불상유구)!

제3편

송
頌

272 청정한 사당(청묘淸廟)

아아! 아득하고 청정한 사당에서 제후들이 엄숙하게 제사 일을
돕는구나. 많고 많은 훌륭한 선비들이 문왕의 덕을 받들어 하늘에
계신 신령께 보답하고자 분주하게 묘당 안을 오가네. 밝고 아름다
운 계승해야 할 큰 덕이기에 사람들 이를 싫어하지 않는다네.

於穆淸廟(어목청묘), 肅雍顯相(숙옹현상). 濟濟多士(제제다사), 秉文
之德(병문지덕). 對越在天(대월재천), 駿奔走在廟(준분주재묘). 不顯不
承(불현불승), 無射於人斯(무사어인사).

273 하늘의 명(유천지명維天之命)

하늘의 명은 참으로 그윽하여 그침이 없구나. 아아! 크게 드러나네, 문왕의 순수한 덕이여! 크게 우리를 이롭게 하시네. 우린 그것을 받들어 뛰어나신 문왕의 덕을 따르리니, 후손들이 이를 돈독하게 받들길 빈다네.

維天之命(유천지명), 於穆不已(어목불이). 於乎不顯(어호불현), 文王之德之純(문왕지덕지순). 假以溢我(가이일아), 我其收之(아기수지). 駿惠我文王(준혜아문왕), 曾孫篤之(증손독지).

274 오직 맑게(유청維淸)

오직 맑게 이어 온 문왕의 법도라네. 처음 제사하여 지금까지 활용하여 정사 이루어 놓았으니, 오직 주나라의 상서로움이라네.

維淸緝熙(유청집희), 文王之典(문왕지전). 肇禋(조인), 迄用有成(흘용유성), 維周之禎(유주지정).

275 빛나고 밝은 조상(열문烈文)

빛나고 밝은 조상들께서 이 복을 내려 주셨으니 우리를 사랑하심이 끝이 없어 자손들에게 유업을 보전케 하셨네. 그대들은 봉해진 나라를 망치게 하지 말고 임금님은 이를 숭상해야만 한다네. 선인들의 큰 공을 생각하여 대를 이어서 더욱 빛나게 해야 한다네. 백성들 위해 애쓰신 그분을 온 세상이 본받아야 하며, 더 없이 밝은 그 덕을 모든 제후들이 법도로 삼나니. 아아! 어찌 선왕의 일을 잊을 수 있겠는가!

烈文辟公(열문벽공), 錫茲祉福(석자지복). 惠我無疆(혜아무강), 子孫保之(자손보지). 無封靡於爾邦(무봉미어이방), 維王其崇之(유왕기숭지). 念茲戎功(염자융공), 繼序其皇之(계서기황지). 無競維人(무경유인), 四方其訓之(사방기훈지). 不顯維德(불현유덕), 百辟其刑之(백벽기형지). 於乎(어호), 前王不忘(전왕불망)!

276 하늘이 만드심(천작天作)

하늘이 높은 산을 만드시고 태왕께선 그것을 다스렸다네. 태왕께서 일으킨 것을 문왕께선 편안하게 하셨고 태왕께서 가시니 험준한 기산으로 평탄한 길이 났다네. 이를 자손들이 잘 보전해야 한다네.

天作高山(천작고산), 大王荒之(대왕황지). 彼作矣(피작의), 文王康之(문왕강지). 彼徂矣(피조의), 岐有夷之行(기유이지행). 子孫保之(자손보지).

277 하늘이 정한 명(호천유성명昊天有成命)

넓은 하늘이 정한 명을 문왕과 무왕께서 받으셨다네. 성왕께선 편안히 있질 못하고 새벽부터 밤늦게까지 천명을 터전 삼아 넓히고 꼼꼼하게 다졌다네. 아아! 끊이지 않고 이어받아 그 마음을 다하시니 마침내 평온해졌다네.

昊天有成命(호천유성명), 二后受之(이후수지). 成王不敢康(성왕불감강), 夙夜基命宥密(숙야기명유밀). 於緝熙(어집희)! 單厥心(단궐심), 肆其靖之(사기정지).

278 받들어 올림(아장我將)

양과 소를 잡아 받들어 올려 제사지내니 하늘도 도우신다네. 문왕의 법도를 잘 본받아 날로 사방을 평온케 하면 문왕께서 큰 복을 내리고 도우려 흠향을 하시리라. 나는 밤낮으로 하늘의 위엄을 두려워하며 문왕의 유업을 보전하리라.

我將我享(아장아향), 維羊維牛(유양유우), 維天其右之(유천기우지). 儀式刑文王之典(의식형문왕지전), 日靖四方(일정사방). 伊嘏文王(이하문왕), 旣右饗之(기우향지). 我其夙夜(아기숙야), 畏天之威(외천지위), 於時保之(어시보지).

279 철 따른 순수(시매時邁)

철 따라 나라를 순수하시니 넓은 하늘도 그분을 자식처럼 여겨 실로 주나라를 도우시니 질서가 잡힌 거라네. 크게 위엄을 떨치시니 떨며 두려워하지 않는 이가 없었고 여러 신들을 달래려 황하와 높은 산인 태산에 이르니 참으로 왕께서는 임금님답다네. 밝고 밝은 주나라엔 질서에 따라 벼슬하고 방패와 창을 거두어들이고 활과 화살을 활집에 넣어 두게 하였다네. 오직 아름다운 덕을 구하여 온 나라에 펼치시니 진실로 임금님께선 나라를 잘 보전하시겠네.

時邁其邦(시매기방), 昊天其子之(호천기자지), 實右序有周(실우서유주). 薄言震之(박언진지), 莫不震疊(막부진첩). 懷柔百神(회유백신), 及河喬嶽(급하교악), 允王維后(윤왕유후). 明昭有周(명소유주), 式序在位(식서재위). 載戢干戈(재집간과), 載橐弓矢(재탁궁시). 我求懿德(아구의덕), 肆於時夏(사어시하), 允王保之(윤왕보지).

280 시월의 만남(집경執競)

굳세고 강하신 무왕은 비길 데 없이 공적이 많으시네. 밝은 덕을 지닌 성왕과 강왕은 상제께서도 어여삐 여기셨다네. 성왕과 강왕 때부터 사방을 소유하시니 그 덕이 더욱더 밝게 빛났네. 종과 북이 울려 퍼지고 경쇠와 피리소리 쟁쟁하니 내리시는 복도 풍성하다네. 내리시는 복도 아주 크고 위엄과 거동에 신중하시어, 이제 취하고 배부르니 복록이 거듭해서 오리라.

執競武王(집경무왕), 無競維烈(무경유렬). 不顯成康(불현성강), 上帝是皇(상제시황). 自彼成康(자피성강), 奄有四方(엄유사방), 斤斤其明(근근기명). 鐘鼓喤喤(종고황황), 磬莞將將(경완장장), 降福穰穰(강복양양). 降福簡簡(강복간간), 威儀反反(위의반반). 旣醉旣飽(기취기포), 福祿來反(복록래반).

281 문덕 있음(사문思文)

문덕 많으신 후직께서는 저 하늘의 짝이 되실 만하다네. 우리 백성들 안정됨이 그분의 지극한 덕이 아니겠는가. 우리에게 보리와 밀을 내리시니 상제께선 널리 기르시게 하셨다네. 이곳저곳의 경계를 없애시고 온 천하에 바른 도를 펼치셨다네.

思文後稷(사문후직), 克配彼天(극배피천). 立我烝民(입아증민), 莫菲爾極(막비이극). 貽我來牟(이아래모), 帝命率育(제명솔육), 無此疆爾界(무차강이계). 陳常於時夏(진상어시하).

282 대신들이여(신공臣工)

아아! 모든 대신들이여, 그대들이 맡고 있는 임무를 신중히 수행하시오. 임금님께서 그대들이 이룬 공적을 보리니, 와서 묻고 헤아리며 일해 주시오. 아아! 농사를 장려하는 관리인 보개들이여! 이 봄도 저물어 가고 있는데 또 무엇을 찾고 있는가? 새로 일궈놓은 밭들은 어찌하려는 거요? 아아! 아름다운 밀과 보리여! 하늘의 밝은 은혜를 받았구나. 밝고 밝으신 상제께서 마침내 풍년이 들게 하셨네. 우리 백성들에게 분부 내려 가래와 괭이를 갖추게 하시는 걸 보니 머지않아 낫으로 베어 거둘 날이 다가오리라.

嗟嗟臣工(차차신공), 敬爾在公(경이재공). 王釐爾成(왕리이성), 來咨來茹(내자래여). 嗟嗟保介(차차보개), 維莫之春(유모지춘), 亦又何求(역우하구)? 如何新畬(여하신여)? 於皇來牟(어황래모), 將受厥明(장수궐명). 明昭上帝(명소상제), 迄用康年(흘용강년). 命我衆人(명아중인), 庤

乃錢鎛(치내전박), 奄觀銍艾(엄관질애).

283 아아!(희희噫嘻)

아아! 무왕의 아드님이신 성왕이시여! 밝은 빛이 왕께 이르렀다
네. 이제 친히 농부들을 거느리고 온갖 곡식의 씨를 뿌리려 한다
네. 그대들 속히 밭을 갈아 30리 넓은 땅을 끝마치면, 또 그대들의
밭을 경작하는 데엔 많은 사람을 동원하리라.

噫嘻成王(희희성왕), 旣昭假爾(기소가이). 率時農夫(솔시농부), 播厥
百穀(파궐백곡). 駿發爾私(준발이사), 終三十里(종삼십리). 亦服爾耕(역
복이경), 十千維耦(십천유우).

284 떼 지어 나는 백로(진로振鷺)

떼 지어 나는 백로들이 저 서쪽 늪지로 날아가네. 우리 손님이 오
셔서 머무르시는데 또한 그 용모가 백로와 같다네. 저쪽에서도 미
움 받지 않고 여기에 있어도 싫어하지 않으니, 바라건대 밤낮으로
근신하여 길이길이 명예롭게 끝마치소서.

振鷺于飛(진로우비), 於彼西雝(어피서옹). 我客戾止(아객려지), 亦有
斯容(역유사용). 在彼無惡(재피무오), 在此無斁(재차무역, 斁: 싫어할 역).
庶幾夙夜(서기숙야), 以永終譽(이영종예).

285 풍년(豐年)

풍년이 들어 기장도 많고 벼도 많아 또한 높은 곳간도 있으니 한 없이 쌓여 있다네. 술 빚고 단술 걸러 조상님께 올리며 온갖 예를 갖추니 두루두루 복을 내리시겠네.

豐年多黍多稌(풍년다서다도), 亦有高廩(역유고름), 萬億及秭(만억급 자). 爲酒爲醴(위주위례), 烝畀祖妣(증비조비). 以洽百禮(이흡백례), 降 福孔皆(강복공개).

286 장님 악사(유고有瞽)

앞 못 보는 장님 악사들이 주나라 종묘의 뜰에 있네. 종 틀과 경 틀 세우고 악기의 장식인 숭아엔 오색 깃털을 꽂았다네. 큰북 작은 북 달아매고, 노도와 경쇠와 타악기 축과 어라는 악기를 갖추고 연 주하니 퉁소와 피리도 잘 어울린다네. 아름다운 그 소리 엄숙하게 조화되어 울려 퍼지니 조상의 신령들도 들으시고 우리 손님도 오 시어 머물며 그 연주 마칠 때까지 참관하소서.

有瞽有瞽(유고유고), 在周之庭(재주지정). 設業設虡(설업설거), 崇牙 樹羽(숭아수우). 應田縣鼓(응전현고), 鞉磬柷圉(도경축어). 旣備乃奏(기 비내주), 簫管備擧(소관비거). 喤喤厥聲(황황궐성), 肅雝和鳴(숙옹화명), 先祖是聽(선조시청). 我客戾止(아객려지), 永觀厥成(영관궐성).

287 물속(잠潛)

아아! 칠수와 저수의 깊은 곳에 물고기도 많구나. 전어와 유어가 있고 피라미와 자가사리와 메기와 잉어가 있으니, 이 물고기들을 잡아 사당에서 제사지내며 큰 복이 내려지길 빈다네.

猗與漆沮(의여칠저), 潛有多魚(잠유다어). 有鱣有鮪(유전유유), 鰷鱨鰋鯉(조상언리). 以享以祀(이향이사), 以介景福(이개경복).

288 온화함(옹雝)

오시는 모습들 온화하고 화락하게 이르시어 머무르실 땐 엄숙하고 조용하시네. 제사를 돕는 여러 제후들 사이에 계신 천자께선 온화하고 아름답다네. 아아! 큰 수소를 제물로 바치고 제후들은 나를 도와 마침내 제사를 올린다네. 너그러우셨던 돌아가신 부왕이시여! 이 아들을 편안케 하옵소서. 밝고 어진 인품이셨으며 문무를 겸비한 임금이셨으니 편안하게 황천에 이르시어 후손들 창성케 해주옵소서. 우리 자손들 장수하게 해주옵고 많은 복도 내려 주옵소서. 밝으신 아버님께서 도와주시고 또한 자애로운 어머님께서도 도와주시옵소서.

有來雝雝(유래옹옹), 至止肅肅(지지숙숙). 相維辟公(상유벽공), 天子穆穆(천자목목). 於薦廣牡(어천광모), 相予肆祀(상여사사). 假哉皇考(가재황고)! 綏予孝子(수여효자). 宣哲維人(선철유인), 文武維后(문무유후). 燕及皇天(연급황천), 克昌厥後(극창궐후). 綏我眉壽(수아미수), 介以繁祉(개이번지), 既右烈考(기우렬고), 亦右文母(역우문모).

289 처음 뵙다(재견載見)

임금님 처음 뵙고 그분의 법도에 대한 가르침 받으려 한다네. 청룡기는 펄럭이고 말방울소리 딸랑거리네. 가죽고삐는 금으로 장식하여 아름답게 광채가 난다네. 다 같이 선왕의 묘소를 참배하며 효심으로 제사 올리네. 장수하기를 빌며 길이 보존되기를 염원하고, 선왕을 생각하며 많은 복 주시길 빈다네. 공 많고 문덕 있는 선공들께서 편안하게 많은 복 내리셔서 자손들에게 큰 복락을 이어지게 하시네.

載見辟王(재견벽왕), 曰求厥章(왈구궐장). 龍旂陽陽(용기양양), 和鈴央央(화령앙앙). 鞗革有鶬(조혁유창), 休有烈光(휴유렬광). 率見昭考(솔견소고), 以孝以享(이효이향). 以介眉壽(이개미수), 永言保之(영언보지), 思皇多祜(사황다호). 烈文辟公(열문벽공), 綏以多福(수이다복), 俾緝熙於純嘏(비집희어순하).

290 손님(유객有客)

손님들 오시는데 그 말들이 희기만 하다네. 공손하고도 공경스러우니 그 일행들은 잘 가려 뽑은 사람들이라네. 손님들 오늘도 묵고 내일도 묵는다니 말고삐 주어 말들을 매어놓게 한다네. 손님들 떠나시니 쫓아가서 좌우 신하들이 편케 배웅한다네. 큰 위엄 있으시니 내리시는 복도 매우 크시리라.

有客有客(유객유객), 亦白其馬(역백기마). 有萋有且(유처유저, 且: 공경스러울 저), 敦琢其旅(돈탁기려). 有客宿宿(유객숙숙), 有客信信(유객

신신). 言授之縶(언수지집), 以縶其馬(이집기마). 薄言追之(박언추지),
左右綏之(좌우수지). 旣有淫威(기유음위), 降福孔夷(강복공이).

291 무왕(무武)

아아! 크고 위대하신 무왕이시여! 비길 데 없이 공덕 많다네. 진
실로 문덕 많으신 문왕께선 후손들에게 길 열어 주셨네. 무왕께서
이어받아 은나라를 물리치고 포악함을 막아 이러한 공덕 안정되게
이루셨다네.

於皇武王(어황무왕)! 無競維烈(무경유렬). 允文文王(윤문문왕), 克開
厥後(극개궐후). 嗣武受之(사무수지), 勝殷遏劉(승은알류), 耆定爾功(기
정이공).

292 가엾게 여기소서(민여소자閔予小子)

소자를 가엾게 여기소서. 집안에 불행을 만나 홀로 괴로워하고
있다네. 아아! 돌아가신 아버님이시여! 평생토록 효도를 다하게 하
옵소서. 돌아가신 할아버지를 생각하니 마치 뜰을 오르내리는 듯
하여 소자는 밤낮으로 공경하고 있사옵니다. 아아! 할아버님과 아
버님이시여! 그 유업을 잊지 않고 계승하겠나이다.

閔予小子(민여소자), 遭家不造(조가부조), 嬛嬛在疚(경경재구, 嬛: 홀
로 경). 於乎皇考(어호황고), 永世克孝(영세극효). 念玆皇祖(염자황조),
陟降庭止(척강정지). 維予小子(유여소자), 夙夜敬止(숙야경지). 於乎皇

王(어호황왕), 繼序思不忘(계서사불망).

293 처음 꾀함(방락訪落)

처음부터 나는 꾀하길 밝으신 아버님을 따르고자 하였으나, 아아 아득하여 아직도 나는 미치지 못하고 있다네. 내 나아가 힘써 가업을 이으려 하지만 잘리고 흩어지는구나. 나 소자는 아직 집안의 많은 어려움을 감당 못하겠네. 돌아가신 아버님의 혼령이 뜰 위 아래를 다니시며 집안을 오르내리시네. 아름답고 거룩하신 아버님이시여, 이 몸을 밝게 지켜주소서.

訪予落止(방여락지), 率時昭考(솔시소고). 於乎悠哉(어호유재), 朕未有艾(짐미유애). 將予就之(장여취지), 繼猶判渙(계유판환). 維予小子(유여소자), 未堪家多難(미감가다난). 紹庭上下(소정상하), 陟降厥家(척강궐가). 休矣皇考(휴의황고), 以保明其身(이보명기신).

294 공경하라(경지敬之)

공경하고 공경하라! 하늘은 참으로 밝고 밝으시고 하늘의 명은 간직하기 쉽지 않으나 높고 높은 위에만 계신다고 말하지 말라. 일이 생길 때마다 내려오셔서 날마다 살피고 계신다네. 이 소자는 아직은 미흡하여 공경을 다하지 못하고 있으나 날로 익히고 달로 나아가 배워 얻은 덕으로 세상을 밝게 비추리라. 중책을 맡은 나를 돕는다면 내가 밝은 덕으로 나아감을 보여주리라.

敬之敬之(경지경지), 天維顯思(천유현사), 命不易哉(명불역재). 無曰
高高在上(무왈고고재상), 陟降厥士(척강궐사), 日監在茲(일감재자). 維
予小子(유여소자), 不聰敬止(불총경지). 日就月將(일취월장), 學有緝熙
于光明(학유집희우광명). 佛時仔肩(불시자견), 示我顯德行(시아현덕행).

295 삼가라(소비小毖)

내가 경계하려는 건 후환을 삼가려는 것이라네. 나는 벌에게 스
스로 따끔하게 쏘이지는 않으려네. 처음엔 정말 저 뱁새 새끼 같았
으나 하늘 높이 날다 보면 큰 새가 되는 법이라네. 그러나 집안의
많은 어려움 감당치 못하여 나는 여전히 여뀌 풀에 앉아 있다네.

予其懲(여기징), 而毖後患(이비후환). 莫予荓蜂(막여병봉), 自求辛螫
(자구신석). 肇允彼桃蟲(조윤피도충), 拚飛維鳥(반비유조, 拚: 날 반). 未
堪家多難(미감가다난), 予又集于蓼(여우집우료).

296 풀을 베다(재삼載芟)

풀을 베고 나무뿌리를 뽑아 밭을 갈아 일구었다네. 많은 사람이
짝을 지어 김을 매고선 진펄로 가고 밭두둑으로 가네. 주인과 맏아
들과 둘째아들과 여러 자제들과 품앗이꾼과 일꾼들이 즐겁게 들밥
을 먹는다네. 들밥 내온 어여쁜 부인들은 그들의 남편을 위로해 준
다네. 저마다 날카로운 쟁기로 남쪽 밭을 갈기 시작하고 온갖 곡식
의 씨 파종하네. 종자들 싹이 돋아 나오고 드넓은 땅에서 쑥쑥 자

라 기운차게 자란다네. 가지런한 그 싹들이 다칠세라 구석구석 김 매 주네. 많은 일꾼들 나서서 추수하니 높게 쌓아 올린 노적가리 헤아릴 수 없이 많기도 하다네. 술을 빚고 단술을 만들어 조상님께 바치고 모든 예절을 다 갖춘다네. 향기로운 그 냄새 번져가듯이 나라의 영광 더욱 빛나고 은은한 향기는 돌아가신 아버님 편하게 해 드린다네. 여기서만 이런 게 아니며 올해에만 이랬던 게 아니라 예부터 이러했다네.

載芟載柞(재삼재책, 柞: 발매할 책), 其耕澤澤(기경택택). 千耦其耘(천우기운), 徂隰徂畛(조습조진). 侯主侯伯(후주후백), 侯亞侯旅(후아후려), 侯彊侯以(후강후이). 有嗿其饁(유탐기엽), 思媚其婦(사미기부), 有依其士(유의기사). 有略其耜(유략기사), 俶載南畝(숙재남무), 播厥百穀(파궐백곡). 實函斯活(실함사활), 驛驛其達(역역기달). 有厭其傑(유염기걸), 厭厭其苗(염염기묘), 綿綿其麃(면면기포). 載獲濟濟(재획제제), 有實其積(유실기적), 萬億及秭(만억급자). 爲酒爲醴(위주위례), 烝畀祖妣(증비조비), 不洽百禮(불흡백례). 有飶其香(유필기향). 邦家之光(방가지광). 有椒其馨(유초기형), 胡考之寧(호고지녕). 匪且有且(비차유차), 匪今斯今(비금사금), 振古如玆(진고여자).

297 좋은 보습(양사良耜)

날카로운 좋은 보습으로 남쪽 밭을 갈아엎고 온갖 곡식 씨 뿌리니 움이 터서 새싹이 돋아나네. 저기 걸어오는 여인을 바라보니 둥글고 모난 광주리를 머리에 이고 날라 오는 들밥은 기장밥이라네.

삿갓 머리 동여매고 호미로 밭이랑을 헤치며 씀바귀며 여뀌를 뽑아낸다네. 몹쓸 잡초들 시들게 하니 기장과 피가 무성하게 자라나네. 싹싹 재빠르게 낫질하여 수북이 쌓아 올리니 그 높이가 마치 성과도 같고 가지런한 모습이 빗살과도 같다네. 집집마다 광문을 열어젖히고 쌓으니 곳간마다 햇곡식이 가득 찼네. 처자식들 편안해하고 입술 검은 소를 잡고 보니 굽은 뿔이 아름답네. 자자손손 대를 이어 조상님께 제사 올리리라.

畟畟良耜(측측량사), 俶載南畝(숙재남무). 播厥百穀(파궐백곡), 實函斯活(실함사활). 或來瞻女(혹래첨녀), 載筐及筥(재광급거), 其饟伊黍(기양이서). 其笠伊糾(기립이규), 其鎛斯趙(기박사조), 以薅荼蓼(이호도료). 荼蓼朽止(도료후지), 黍稷茂止(서직무지). 獲之挃挃(획지질질), 積之栗栗(적지률률). 其崇如墉(기숭여용), 其比如櫛(기비여즐). 以開百室(이개백실), 百室盈止(백실영지), 婦子寧止(부자녕지). 殺時犉牡(살시순모), 有捄其角(유구기각). 以似以續(이사이속), 續古之人(속고지인).

298 제사 옷(사의絲衣)

제사 옷은 산뜻하고 공손하게 관을 썼다네. 묘당에서 문전으로 가서 잡은 양과 소를 살펴본 뒤에 크고 작은 솥에 담긴 음식을 살펴본다네. 구부정한 외뿔소 잔에 맛있는 술이 부드럽다네. 시끄럽지도 오만하지도 않으니 장수의 복을 받으리라.

絲衣其紑(사의기부), 載弁俅俅(재변구구). 自堂徂基(자당조기), 自羊徂牛(자양조우), 鼐鼎及鼒(내정급자), 兕觥其觩(시굉기구). 旨酒思柔(지

주사유). 不吳不敖(불오불오), 胡考之休(호고지휴).

299 술 권함(酌酌)

아아! 아름다워라, 임금님의 군사들이여! 양성했던 그 덕 깊이
감추었다가 때가 오자 큰 빛을 발하며 큰 갑옷 입고 용맹을 떨치
네. 우리 이 은혜 받았으니 씩씩하고 장하신 임금님의 업적이라네.
길이길이 이어가리라, 진실로 그분의 공적이여! 믿음직한 군사들
이여!

於鑠王師(어삭왕사), 遵養時晦(준양시회). 時純熙矣(시순희의), 是用
大介(시용대개). 我龍受之(아룡수지), 蹻蹻王之造(교교왕지조). 載用有
嗣(재용유사), 實維爾公允師(실유이공윤사).

300 굳셈(桓)

온 세상 평화롭게 하시니 풍년이 거듭된다네. 천명을 게을리 않
고 굳세고 용감하신 무왕께서 그의 신하들을 보호하시어 천하에
선정을 베풀며 주나라를 안정되게 하였다네. 아아! 하늘에까지 밝
게 알려져 은나라를 대신하는 빛이 되셨다네.

綏萬邦(수만방), 屢豐年(누풍년). 天命匪解(천명비해), 桓桓武王(환
환무왕). 保有厥士(보유궐사), 於以四方(어이사방), 克定厥家(극정궐가).
於昭于天(어소우천), 皇以間之(황이간지).

301 은덕 내림(뢰賚)

문왕께서 수고롭게 이룬 업적을 우리가 물려받았다네. 이 은덕 널리 펼치고 잘 궁리하여 우리가 안정됨을 추구하리라. 주나라의 운명이니 아아! 잘 궁리해야 한다네.

文王旣勤止(문왕기근지), 我應受之(아응수지). 敷時繹思(부시역사), 我徂維求定(아조유구정). 時周之命(시주지명), 於繹思(어역사).

302 즐거움(반般)

아아! 위대한 주나라여! 높은 산에 올라가니 좁고 길게 뻗은 산줄기에 높게 우뚝 솟아오른 산악들이 순조롭게 통하여 황하로 합해진다네. 넓은 하늘 모두 모여 마주 대하고 있으니 이것이 바로 주나라의 천명이라네.

於皇時周(어황시주)! 陟其高山(척기고산), 墮山喬嶽(타산교악), 允猶翕河(윤유흡하). 敷天之下(부천지하), 裒時之對(부시지대), 時周之(시주지).

303 살찌고 큼(경駉)

살찌고 훤칠한 수말이 먼 들판에서 뛰놀고 있다네. 그 건장한 말들은 다리가 희고 누런 바탕에 흰털이 섞인 말인 황부루라네. 수레를 끌면 달리는 모습 씩씩하니 생각할수록 한없이 훌륭한 말이라네.

駉駉牡馬(경경모마), 在坰之野(재경지야). 薄言駉者(박언경자), 有驈有皇(유율유황), 有驪有黃(유려유황), 以車彭彭(이거팽팽). 思無疆(사무강), 思馬斯臧(사마사장).

　살찌고 흰칠한 수말이 먼 들판에서 뛰놀고 있다네. 그 건장한 말
들은 검푸른 털에 흰 털이 섞인 오추마와 누런 바탕에 흰빛이 섞인
황부루이며, 붉은 말과 검푸른 말이라네. 수레를 끌며 달리는 힘찬
그 모습은 생각할수록 씩씩하고 재주 많은 말들이라네.
　駉駉牡馬(경경모마), 在坰之野(재경지야). 薄言駉者(박언경자), 有騅
有駓(유추유비), 有騂有騏(유성유기), 以車伾伾(이거비비). 思無期(사무
기), 思馬斯才(사마사재).

　살찌고 흰칠한 수말이 먼 들판에서 뛰놀고 있다네. 그 건장한 말
들은 돈점박이 말과 갈기가 검은 흰 말이며, 월따말과 갈기가 흰
검은 말이라네. 수레를 끌며 쏜살같이 달리는데 싫증나지 않은 건
말이 잘 번창하기 때문이라네.
　駉駉牡馬(경경모마), 在坰之野(재경지야). 薄言駉者(부언경자), 有驒
有駱(유탄유락), 有駵有雒(유류유락), 以車繹繹(이거역역). 思無斁(사무
역), 思馬斯作(사마사작).

　살찌고 흰칠한 수말이 먼 들판에서 뛰놀고 있다네. 그 건장한 말
들은 흰 털 섞인 거무스름한 말과 얼룩말이며, 정강이 흰 말과 눈
자위가 흰 말이라네. 수레를 끌며 꿋꿋하게 달리는데 생각할수록
그릇됨이 없고 딴생각 없이 그저 달리기만 하는 말이라네.
　駉駉牡馬(경경모마), 在坰之野(재경지야). 薄言駉者(박언경자), 有駰

有駰(유인유하), 有驔有魚(유담유어), 以車祛祛(이거거거). 思無邪(사무사), 思馬斯徂(사마사조).

304 살찌고 건장함(유필有駜)

살찌고 건장한 저 네 필 누런 말이 달려간다네. 밤낮으로 공관에 있으니 공관 일에 밝고 밝다네. 백로가 떼를 지어 날아올랐다간 땅에 내려앉네. 북소리 둥둥 울리고 술에 취해 덩실덩실 춤을 추며 모두가 즐거워하네.

有駜有駜(유필유필), 駜彼乘黃(필피승황). 夙夜在公(숙야재공), 在公明明(재공명명). 振振鷺(진진로), 鷺于下(로우하). 鼓咽咽(고인인), 醉言舞(취언무), 於胥樂兮(어서락혜)!

살찌고 건장한 저 네 필 수말이 달려간다네. 밤낮으로 공관에 있으니 공관에서 술을 마신다네. 백로가 떼를 지어 하늘 높이 날아가네. 북소리 둥둥 울리고 술에 취해 돌아가니 모두가 즐거워한다네.

有駜有駜(유필유필), 駜彼乘牡(필피승모). 夙夜在公(숙야재공), 在公飲酒(재공음주). 振振鷺(진진로), 鷺于飛(노우비). 鼓咽咽(고인인), 醉言歸(취언귀). 於胥樂兮(어서락혜)!

살찌고 건장한 저 네 필 검푸른 말들이 달려간다네. 밤낮으로 공관에 있으니 공관에서 잔치하네. 지금부터 시작하여 해마다 풍년이 들리라. 군자에게 복록이 있어 그걸 자손에게 물려주니 서로들 즐거워하는구나.

有駜有駜(유필유필), 駜彼乘黃(필피승황). 夙夜在公(숙야재공), 在公
載燕(재공재연). 自今以始(자금이시), 歲其有(세기유). 君子有穀(군자유
곡), 詒孫子(이손자). 於胥樂兮(어서락혜)!

305 반궁의 물(반수泮水)

즐거운 마음으로 반수의 기슭에서 미나리를 캔다네. 노나라 임
금님이 오셔서 머무르시니 그 깃발들이 보인다네. 깃발들은 펄럭
이고 방울소린 딸랑딸랑 울린다네. 애어른 할 것 없이 모두가 임금
님을 뒤따른다네.

思樂泮水(사락반수), 薄采其芹(박채기근). 魯侯戾止(노후려지), 言觀
其旂(언관기기). 其旂茷茷(기기패패), 鸞聲噦噦(난성홰홰). 無小無大(무
소무대), 從公於邁(종공어매).

즐거운 마음으로 반수의 기슭에서 미나리를 캔다네. 노나라 임
금님이 오셔서 머무르시니 그 말들 늠름하기도 하다네. 말들은 늠
름하고 그분의 음성은 밝고도 밝네. 얼굴에 미소 지으며 성냄도 없
이도 잘 가르치시네.

思樂泮水(사락반수), 薄采其藻(박채기조). 魯侯戾止(노후려지), 其馬
蹻蹻(기마교교). 其馬蹻蹻(기마교교), 其音昭昭(기음소소). 載色載笑(재
색재소), 匪怒伊教(비노이교).

즐거운 마음으로 반수의 기슭에서 순채를 뜯는다네. 노나라 임금님이 오셔서 머무르시며 반수에서 술을 마신다네. 맛있는 술 드시니 오래도록 늙진 않으시겠네. 저 먼 길 따라서 나쁜 무리들이 굴복해 온다네.

思樂泮水(사락반수), 薄采其茆(박채기묘). 魯侯戾止(노후려지), 在泮飲酒(재반음주). 旣飲旨酒(기음지주), 永錫難老(영석난로). 順彼長道(순피장도), 屈此群醜(굴차군추).

화목하고 온화하신 노나라 임금님께선 그 덕망이 존경스럽고 밝다네. 위엄과 거동을 존경하고 삼가시니 백성들의 본보기다 된다네. 진실로 문덕과 무용을 갖추셨으니 조상님들이 밝게 이르신다네. 효에 어긋남이 있지 않으니 스스로 복을 구하신 거라네.

穆穆魯侯(목목로후), 敬明其德(경명기덕). 敬愼威儀(경신위의), 維民之則(유민지칙). 允文允武(윤문윤무), 昭假烈祖(소가렬조). 靡有不孝(미유불효), 自求伊祜(자구이호).

밝고 밝으신 노나라 임금님께선 그 덕을 빛내시어 반수의 기슭에 궁전을 짓고 회 땅의 오랑캐들을 굴복시켰다네. 씩씩한 범 같은 용사들이 반궁에서 적의 귀를 베어 바치고, 순임금 신하인 고요와 같이 신문을 잘하는 이는 반궁에서 포로들을 잡아 바쳤다네.

明明魯侯(명명로후), 克明其德(극명기덕). 旣作泮宮(기작반궁), 淮夷攸服(회이유복). 矯矯虎臣(교교호신), 在泮獻馘(재반헌괵). 淑問如皋陶(숙문여고도), 在泮獻囚(재반헌수).

많고 많은 무사들이 덕의 마음을 널리 펼치기 위하여 용감하게 정벌에 나서 저 동남쪽 오랑캐들을 무찔렀다네. 군사들 사기충천하였으나 떠들거나 들뜨는 일도 없었다네. 소란스럽게 다투는 일도 없이 반궁으로 돌아와 공적을 아뢰었다네.

濟濟多士(제제다사), 克廣德心(극광덕심). 桓桓于徵(환환우징), 狄彼東南(적피동남). 烝烝皇皇(증증황황), 不吳不揚(불오불양). 不告于訩(불고우흉), 在泮獻功(재반헌공).

뿔을 덧대 만든 활은 굽어져 있고 묶인 화살을 고른다네. 병거는 매우 많고 보병과 기병은 싫어함도 없이 이미 회 땅의 오랑캐들 무찌르니 매우 얌전하게도 거역하지도 않네. 그대의 계략 확고하여 회 땅의 오랑캐들 모두 포획했다네.

角弓其觸(각궁기구), 束矢其搜(속시기수). 戎車孔博(융거공박), 徒御無斁(도어무역). 旣克淮夷(기극회이), 孔淑不逆(공숙불역). 式固爾猶(식고이유), 淮夷卒獲(회이졸획).

저 훨훨 나는 부엉이가 반궁 숲에 내려앉네. 우리 뽕나무에 열린 검은 오디 따먹고 우리의 호의를 마음에 새긴다네. 잘못을 깨달은 회 땅의 오랑캐들 찾아와선 진귀한 보물을 바치네. 큰 거북과 상아에 보다 큰 선물은 남쪽지방에서 나는 황금이라네.

翩彼飛鴞(편피비효), 集于泮林(집우반림). 食我桑黮(식아상심, 黮: 오디 심), 懷我好音(회아호음). 憬彼淮夷(경피회이), 來獻其琛(내헌기침). 元龜象齒(원구상치), 大賂南金(대뢰남금).

306 묘당인 비궁(비궁閟宮)

후직의 어머니 강원의 묘당인 비궁은 고요하고도 넓고 크면서도 짜임새가 있다네. 밝고 밝으셨던 강원께서는 그 덕에 어긋남이 없으시어 상제께서 도움을 주셔서인지 재난도 해로움도 당하지 않으셨다네. 열 달을 채워 더디지도 않게 주나라의 시조 후직을 낳게 하시고 온갖 복을 내리시니 메기장과 찰기장에 이른 곡식과 늦은 곡식, 올벼와 늦벼, 콩과 보리라네. 천하를 소유하며 우임금의 유업을 계승하였다네.

閟宮有侐(비궁유혁), 實實枚枚(실실매매). 赫赫姜嫄(혁혁강원), 其德不回(기덕불회). 上帝是依(상제시의), 無災無害(무재무해). 彌月不遲(미월불지), 是生后稷(시생후직). 降之百福(강지백복), 黍稷重穋(서직중륙), 稙稚菽麥(직치숙맥). 奄有下國(엄유하국), 俾民稼穡(비민가색). 有稷有黍(유직유서), 有稻有秬(유도유거). 奄有下土(엄유하토), 纘禹之緖(찬우지서).

후직의 손자가 바로 주나라의 태왕이시라네. 기산의 남쪽에 계실 때부터 실은 상나라(은나라)를 치기 시작한 것이라네. 문왕과 무왕 때에 이르러 태왕의 유업을 계승하시어 하늘의 경계를 이루신 것은 목 땅의 들판이었다네. 의심하지 말고 근심하지 말라는 건 상제께서 그대에게 임하시기 때문이라네. 상나라의 무리들을 다스려 큰 공적을 세우셨다네. 그래서 성왕께서 숙부인 주공에 이르길 '그대의 장자를 세워서 노나라의 제후로 책봉하니 그대의 나라를 크게 열어 주나라 왕실을 보좌하시오'라고 하였다네.

后稷之孫(후직지손), 實維大王(실유대왕). 居岐之陽(거기지양), 實始剪商(실시전상). 至於文武(지어문무), 纘大王之緒(찬대왕지서), 致天之屆(치천지계), 於牧之野(어목지야). 無貳無虞(무이무우), 上帝臨女(상제림녀). 敦商之旅(퇴상지려, 敦: 다스릴 퇴), 克咸厥功(극함궐공). 王曰叔父(왕왈숙부), 建爾元子(건이원자), 俾侯於魯(비후어로). 大啟爾宇(대계이우), 為周室輔(위주실보).

이에 노공에게 명하여 동쪽 땅의 제후로 삼고 산천과 토지와 주변의 작은 나라들인 부용국을 내려주었다네. 주공의 손자요, 장곡의 아들인 희공이 용 깃발을 세우고 제사를 지내니 여섯 줄 말고삐 성대하네. 봄과 가을 제사 게을리하지 않고 어김없이 제사 지냈으니 빛나고 거룩하신 상제와 빛나는 할아버지인 후직에게 붉은 소 잡아 바친 걸 기꺼이 흠향하시고 많은 복을 내리시네. 위대한 할아버지인 주공께서도 또한 복을 주셨다네.

乃命魯公(내명노공), 俾侯於東(비후어동). 錫之山川(석지산천), 土田附庸(토전부용). 周公之孫(주공지손), 庄公之子(장공지자). 龍旂承祀(용기승사), 六轡耳耳(육비이이). 春秋匪解(춘추비해), 享祀不忒(향사불특). 皇皇后帝(황황후제)! 皇祖后稷(황조후직)! 享以騂犧(향이성희), 是饗是宜(시향시의). 降福既多(강복기다), 周公皇祖(주공황조), 亦其福女(역기복녀).

가을철에 가을제사 지내기 위하여 소뿔이 바르도록 복형을 대놓은 흰 수소와 붉은 황소며 희생의 술잔도 아름답구나. 희생의 고기를 통째로 굽기도 하고 고기 썰어 국도 끓여서 대그릇 나무그릇 제기에 담아놓았다네. 온갖 춤인 만무를 추니 효손인 희공께서 복 받겠네. 그대를 더욱더 번창하게 하여 장수의 복까지 내려 주셨으니, 저 동쪽 나라 대대로 보전하여 노나라 영원하리라. 기울지 않고 무너지지 않으며 흔들리지 않고 이지러지는 일이 없도록 장수하는 이 벗 삼아서 산과 언덕과 같이 영원하리라.

秋而載嘗(추이재상), 夏而楅衡(하이복형), 白牡騂剛(백모성강). 犧尊將將(희준장장), 毛炰胾羹(모포자갱). 籩豆大房(변두대방), 萬舞洋洋(만무양양). 孝孫有慶(효손유경), 俾爾熾而昌(비이치이창), 俾爾壽而臧(비이수이장). 保彼東方(보피동방), 魯邦是常(노방시상). 不虧不崩(불휴불붕), 不震不騰(부진부등). 三壽作朋(삼수작붕), 如岡如陵(여강여릉).

희공의 수레는 천 승(대)이었는데 창에는 붉은 수실을 매달고 활에는 녹색 수실을 매달았으며 두 자루의 창에다 활을 겹쳐서 들었고 뒤따르는 병사는 3만 명이었다네. 자개 장식한 투구에 붉은 수실 드리우니 군사들의 사기 드높았다네. 서쪽과 북쪽 오랑캐 무찌르고 남쪽의 형서를 응징하였으니 감히 우리에 맞서는 자가 없었다네. 그대 창성하고 치성하면서 장수하고 부유하여서 누런 모발과 복어등처럼 생긴 사람과도 장수를 서로 견준다네. 그대로 하여금 창성하고 크게 하매 오래오래 살게 하여 만세 천세토록 장수하심에 아무런 폐해 없으리라.

公車千乘(공거천승), 朱英綠縢(주영록등). 二矛重弓(이모중궁), 公徒三萬(공도삼만), 貝冑朱綅(패주주침). 烝徒增增(증도증증), 戎狄是膺(융

적시옹), 荊舒是懲(형서시징), 則莫我敢承(즉막아감승)! 俾爾昌而熾(비이창이치), 俾爾壽而富(비이수이부). 黃髮台背(황발태배), 壽胥與試(수서여시). 俾爾昌而大(비이창이대), 俾爾耆而艾(비이기이애). 萬有千歲(만유천세), 眉壽無有害(미수무유해).

태산은 우뚝 솟아올라 노나라 어디에서든 우러러본다네. 구산과 몽산까지 영토로 편입하고 마침내는 거칠고 머나먼 동쪽까지 소유하며 바닷가에까지 이르렀다네. 회 땅의 오랑캐들 동쪽으로 몰려와서 복종하고 따르지 않음이 없으니 노나라 임금님의 공적이라네.

泰山岩岩(태산암암), 魯邦所詹(노방소첨). 奄有龜蒙(엄유구몽), 遂荒大東(수황대동). 至於海邦(지어해방), 淮夷來同(회이래동). 莫不率從(막불솔종), 魯侯之功(노후지공).

부산과 역산을 보유하여 마침내는 거친 서나라 땅까지 평정하며 바닷가에까지 이르렀으니, 회 땅의 오랑캐는 물론 남쪽 오랑캐인 남만과 북쪽 오랑캐인 북적과 저 남쪽 오랑캐에 이르기까지 복종하고 따르지 않는 나라가 없었으며, 감히 명을 받지 않는 나라가 없었으니 모두가 노나라 임금님을 따르게 되었다네.

保有鳧繹(보유부역), 遂荒徐宅(수황서댁). 至於海邦(지어해방), 淮夷蠻貊(회이만맥). 及彼南夷(급피남이), 莫不率從(막불솔종). 莫敢不諾(막감불낙), 魯侯是若(노후시약).

하늘이 희공께 큰 복을 내리시니 오래도록 노나라를 보전하시어

상 땅과 허 땅을 차지하니 주공의 옛 경계를 회복하셨다네. 노나라 임금님께서 잔치를 하며 즐기고 기뻐하시니 정숙한 부인과 장수하신 어머니도 계셨다네. 대부들과 여러 관리들을 거느리어 나라를 잘 다스리니 이 나라는 길이 보전되리라. 이미 많은 복을 받으시어 늙으셨어도 아이들과 같은 튼튼한 이빨 가지셨다네.

天錫公純嘏(천석공순하), 眉壽保魯(미수보로). 居常與許(거상여허), 復周公之宇(복주공지우). 魯侯燕喜(노후연희), 令妻壽母(영처수모). 宜大夫庶士(의대부서사), 邦國是有(방국시유). 旣多受祉(기다수지), 黃髮兒齒(황발아치).

조래산의 소나무와 신보산의 잣나무를 자르고 베어서 치수를 재고 마름질하여 아름드리 큰 소나무 서까래 삼아서 크고 넓은 침전을 지으셨네. 새로운 묘당 찬란하고 아름다우니 이것은 해사가 지은 것이라네. 이다지도 길고도 큰 것은 만민의 뜻이 그랬기 때문이라네.

徂徠之松(조래지송), 新甫之柏(신보지백). 是斷是度(시단시탁), 是尋是尺(시심시척). 松桷有舃(송각유석), 路寢孔碩(노침공석), 新廟奕奕(신묘혁혁). 奚斯所作(해사소작), 孔曼且碩(공만차석), 萬民是若(만민시약).

307 많기도 하여라(나那)

아아! 많기도 하여라. 작은북 큰북 설치하여 둥둥 북을 울리니 우리 공적 많으신 조상님들 즐거워하시리. 탕임금의 손자 양공이

풍악으로 아뢰니 우리 뜻을 편안히 이루게 하소서. 소고와 큰 북소리 은은하게 울려 퍼지고 피리소리 은은하게 어울리네. 조화롭고 평화롭게 경쇠소리 우리와도 잘 어울린다네.

猗與那與(의여나여)! 置我鞉鼓(치아도고). 奏鼓簡簡(주고간간), 衎我烈祖(간아렬조). 湯孫奏假(탕손주가), 綏我思成(수아사성). 鞉鼓淵淵(도고연연), 嘒嘒管聲(혜혜관성). 旣和且平(기화차평), 依我磬聲(의아경성).

아아! 빛나는 탕왕의 손자여! 그 음악이 아름답구나. 큰 종소리 큰북소리 울려 퍼지니 아름답게 만무 춤을 추노니 우리 제사를 도우려고 오신 손님들도 진심으로 즐거워한다네. 아주 먼 옛적부터 조상님들이 정하신 규범을 따라 아침저녁으로 따스하게 공경하며 일을 함에도 삼갔다네. 우리가 올리는 가을제사와 겨울제사를 돌아보소서! 탕임금의 손자가 올리나이다.

於赫湯孫(어혁탕손)! 穆穆厥聲(목목궐성). 庸鼓有斁(용고유두), 萬舞有奕(만무유혁). 我有嘉客(아유가객), 亦不夷懌(역불이역). 自古在昔(자고재석), 先民有作(선민유작). 溫恭朝夕(온공조석), 執事有恪(집사유각), 顧予烝嘗(고여증상), 湯孫之將(탕손지장).

308 빛나는 조상님이시여(열조烈祖)

아아! 빛나는 조상님이시여! 언제나 변함없이 큰 복을 내려 주신다네. 거듭하여 다함없이 내리시니 이곳까지 미치신다네. 맑은 술을 바치오니 우리 생각 이루도록 해주소서. 또한 맛있는 탕국 올리며 재계하고 늘어서니 말없이 이르시어 다투는 일 없게 하시고, 이 몸에 오랜 수명 내리시어 편안하게 해주시어 끝없이 장수하게 해주시옵소서. 가죽으로 묶은 바퀴통과 무늬 새긴 멍에 달린 수레 타고 오는데, 여덟 개의 말방울 딸랑거리네. 이르러서 제사하니 받은 천명이 넓고 커서 하늘에서 편안함을 내리시니 풍성한 풍년이 든다네. 신령께서도 강림하시어 흠향하시고 한없이 큰 복 내리소서. 저의 증제사와 상제사를 돌아보시옵소서. 탕왕의 손자가 바치옵니다.

嗟嗟烈祖(차차렬조)! 有秩斯祜(유질사호). 申錫無疆(신석무강), 及爾斯所(급이사소). 旣載淸酤(기재청고), 賚我思成(뢰아사성). 亦有和羹(역유화갱), 旣戒旣平(기계기평). 鬷假無言(종가무언), 時靡有爭(시미유쟁). 綏我眉壽(수아미수), 黃耈無疆(황구무강). 約軧錯衡(약저착형), 八鸞鶬鶬(팔란창창). 以假以享(이가이향), 我受命溥將(아수명부장). 自天降康(자천강강), 豐年穰穰(풍년양양). 來假來饗(내가래향), 降福無疆(강복무강). 顧予烝嘗(고여증상), 湯孫之將(탕손지장).

309 제비(현조玄鳥)

하늘이 제비에게 명하니 지상으로 내려와 상나라 조상을 낳게 하곤 크고 넓은 은나라 땅을 다스리게 했다네. 옛날 상제께서 용맹하신 탕임금에게 명하시어 온 세상을 바로잡게 하셨다네. 그리고 여러 나라 제후들에게 명하여 구주를 다스리게 하니, 상나라의 선왕들은 받으신 명을 위태롭지 않게 하여 손자 무정에게까지 이르게 하였다네. 무정의 손자인 무왕은 승리하지 않는 곳이 없었으니, 용 그린 깃발 꽂은 열 채의 수레로 많은 술과 밥을 받쳤다네. 천리 넓이의 왕의 땅 백성들이 머물러 사는 곳이라 저 사해를 개척하셨다네. 사해에서 모두 복속해 오니 복속해 오는 이들 많기도 했다네. 광대한 영토는 황하에 닿고 은나라가 받은 명은 모두가 합당하여 온갖 복록을 받았다네.

天命玄鳥(천명현조), 降而生商(강이생상), 宅殷土芒芒(댁은토망망). 古帝命武湯(고제명무탕), 正域彼四方(정역피사방). 方命厥后(방명궐후), 奄有九有(엄유구유). 商之先后(상지선후), 受命不殆(수명불태), 在武丁孫子(재무정손자). 武丁孫子(무정손자), 武王靡不勝(무왕미불승). 龍旂十乘(용기십승), 大糦是承(대치시승). 邦畿千里(방기천리), 維民所止(유민소지), 肇域彼四海(조역피사해). 四海來假(사해래가), 來假祁祁(내가기기). 景員維河(경원유하), 殷受命咸宜(은수명함의), 百祿是何(백록시하).

310 오래 두고 나타남(장발長發)

지혜롭고 밝은 상나라엔 오래 두고 상서로운 기운이 나타났다네. 홍수로 온통 물난리가 났을 때 우임금이 온 나라 땅을 다스리어 밖의 큰 나라들을 경계로 하니 강토는 넓고도 넓어졌다네. 유융씨가 성장함에 따라 상제께서 아들을 옹립하여 상나라를 탄생시켰다네.

濬哲維商(준철유상), 長發其祥(장발기상). 洪水芒芒(홍수망망), 禹敷下土方(우부하토방). 外大國是疆(외대국시강), 幅隕旣長(폭원기장). 有

娀方將(유융방장), 帝立子生商(제립자생상).

상나라의 시조 현왕인 설은 굳세고 용맹스러워 작은 나라를 맡아도 정사에 통달하였고 큰 나라를 맡아도 잘 다스렸다네. 예법에 따라 도를 넘지 않고서도 백성들에게 모범을 보여 잘 발휘하셨다네. 그의 손자 상토도 아주 맹렬하였으니 사해 밖의 세상도 적절하게 다스렸다네.

玄王桓撥(현왕환발), 受小國是達(수소국시달), 受大國是達(수대국시달). 率履不越(솔리불월), 遂視旣發(수시기발). 相士烈烈(상사열렬), 海外有截(해외유절).

상제의 명은 어김없이 제 탕왕 대에 이르러 성취되었다네. 탕왕은 늦지 않게 나오시어 성스럽고 공경스러운 덕을 날로 높이셨다네. 밝게 하여 오래도록 다가서니 상제께서는 이를 미덥게 여기시고 구주의 모범이 되도록 명을 내리셨네.

帝命不違(제명불위), 至於湯齊(지어탕제). 湯降不遲(탕강부지), 聖敬日躋(성경일제). 昭假遲遲(소가지지), 上帝是祗(상제시지), 帝命式於九圍(제명식어구위).

작은 구슬과 큰 구슬을 함께 받아 제후국의 본보기가 되시고 하늘이 내린 복을 누리셨다네. 앞다투지도 않고 서두르지도 않으며 강하지도 약하지도 않게 정사를 넉넉하고 너그럽게 펼치시니 온갖 복록이 모여들었다네.

受小球大球(수소구대구), 爲下國綴旒(위하국철류), 何天之休(하천지
휴). 不競不絿(불경불구), 不剛不柔(불강불유). 敷政優優(부정우우). 百
祿是遒(백록시주).

작은 공물 큰 공물을 받아 제후국을 위해 뛰어나고 큰 나라 되니
얼마나 큰 하늘의 은총을 받았겠는가. 그 용맹을 널리 떨치니 두렵
거나 흔들리지도 않고 겁나거나 떨지도 않으셨으니 온갖 복록이
모여들리라.

受小共大共(수소공대공), 爲下國駿厖(위하국준방). 何天之龍(하천지
룡), 敷奏其勇(부주기용). 不震不動(부진부동), 不戁不竦(불난불송), 百
祿是總(백록시총).

용맹하신 탕임금께선 깃대를 세우시곤 굳세게 도끼를 잡으니 그
위용은 타오르는 불길 같아 감히 누구도 우리를 막아서지 못했다
네. 하나의 뿌리에 난 세 개의 싹은 자라거나 크게 되지 못한다네.
구주를 다스리며 위나라와 고나라를 이미 정벌하였고, 이어 곤오
와 하나라 걸왕을 치셨다네.

武王載斾(무왕재패), 有虔秉鉞(유건병월). 如火烈烈(여화렬렬), 則莫
我敢曷(즉막아감갈). 苞有三蘖(포유삼얼), 莫遂莫達(막수막달). 九有有
截(구유유절), 韋顧旣伐(위고기벌), 昆吾夏桀(곤오하걸).

옛날 상나라 중엽에는 두렵고도 위태로웠는데 참으로 천자께서
훌륭한 신하를 내려 주셨으니 바로 아형 이윤이니 진실로 상나라

임금님을 측근에서 보좌해 주었다네.

昔在中葉(석재중엽), 有震且業(유진차업). 允也天子(윤야천자), 降予卿士(강여경사). 實維阿衡(실유아형), 實左右商王(실좌우상왕).

311 은나라의 무용(은무殷武)

날랜 은나라는 떨쳐 일어나 형초를 정벌하고 그 험한 땅 깊숙이 들어가 형 땅의 무리들을 포로로 붙잡아 그곳을 다스리니 탕임금 후손들의 공적이라네.

撻彼殷武(달피은무), 奮伐荊楚(분벌형초). 深入其阻(심입기조), 袞荊之旅(부형지려). 有截其所(유절기소), 湯孫之緒(탕손지서).

그대들 형초가 우리 남쪽 지방을 차지하고 있으나 그 옛날 탕임금 때에는 저 저족과 강족까지도 감히 찾아와 왕으로 섬기지 않음이 없었으니, 상나라만의 떳떳함이라 말한다네.

維女荊楚(유녀형초), 居國南鄕(거국남향). 昔有成湯(석유성탕), 自彼氐羌(자피저강), 莫敢不來享(막감불래향), 莫敢不來王(막감불래왕). 曰商是常(왈상시상).

하늘이 여러 제후들에게 명하시어 우임금이 다스렸던 곳에 도읍을 세우게 하시니 해마다 찾아와 임금님을 섬긴다면서 '저희의 허물을 꾸짖지 마십시오. 농사짓는 일을 게을리하지 않겠습니다'라고 하였다네.

天命多辟(천명다벽), 設都於禹之績(설도어우지적). 歲事來辟(세사래벽), 勿予禍適(물여화적), 稼穡匪解(가색비해).

천명의 내려 보심은 백성들에게 위엄이 있으니 지나치거나 함부로 벌을 내리지 않고 감히 게을리하거나 그렇다고 허둥거리지도 않는다네. 제후국에 명하여 그 복을 봉토로써 보상하는구나.

天命降監(천명강감), 下民有嚴(하민유엄). 不僭不濫(불참불람), 不敢怠遑(불감태황). 命於下國(명어하국), 封建厥福(봉건궐복).

상나라의 도읍은 익익의 진형으로 온 세상의 표준이라네. 빛나고 빛나는 명성에 밝고 깨끗한 신령이니 오래도록 장수하시고 편안하시어 우리 후손들을 보호한다네.

商邑翼翼(상읍익익), 四方之極(사방지극). 赫赫厥聲(혁혁궐성), 濯濯厥靈(탁탁궐령). 壽考且寧(수고차녕), 以保我後生(이보아후생).

저 경산에 올라가니 소나무와 잣나무가 높고 곧게 뻗어 있다네. 이를 자르고 옮겨서 깎아내고 단정하게 다듬으니 소나무 서까래가 길기도 하며 여러 기둥들 품위가 있으니 침전이 매우 안정적으로 완성되었다네.

陟彼景山(척피경산), 松伯丸丸(송백환환). 是斷是遷(시단시천), 方斵是虔(방착시건). 松桷有梴(송각유천), 旅楹有閑(여영유한), 寢成孔安(침성공안).

한자어원풀이

한자어원풀이

他山之石(타산지석) 이란 '다른 산의 돌멩이'라는 뜻으로, 다른 산에서 나는 거칠고 나쁜 돌일지라도 자신의 옥을 아름답게 갈 수 있는 숫돌로 쓰일 수 있으므로 다른 사람의 하찮은 언행일지라도 자신의 지혜와 덕을 쌓는 데 도움이 됨을 비유적으로 이르는 말입니다. 『시경(詩經)』「소아(小雅)」의 "아름다운 저 동산에는 박달나무가 있고, 그 아래에는 밧줄을 만들 닥나무도 있다네. 다른 산의 돌멩이일지라도 이로써 옥을 갈 수 있다네"라고 한 구절에서 유래했답니다. 즉 학식이 뛰어난 군자라 할지라도 소인을 통해 학덕을 쌓을 수 있음을 말한 것이죠.

다를 他(타) 는 서 있는 사람의 옆모습을 상형한 사람 인(亻)과 어조사 야(也)로 이루어졌습니다. 也(야)는 새로운 생명을 탄생시키는 여성의 자궁을 상형한 것이었으나 지금은 본뜻을 잃고 문장 끝에 놓여 어조사로써의 기능을 하고 있답니다. 也(야)의 본뜻을 지닌 글자로는 만물을 탄생시키는 '땅 地(지)'와 물을 가두어 두는 '못 池(지)' 그리고 '他(타)'가 있습니다. 이 한자의 기원은 모계사회까지 거슬러 올라갈 만큼 오래되었지만 많은 글자들이 남성 중심의 사고에서 만들어졌습니다. 한자 중에 '사람 人(인)' 자가 들어가면 대부분 남성을 의미하며, 여자 관련 뜻에서는 반드시 '여자 女(여)'를 부수로 활용했답니다. 따라서 他(타)의 전체적인 의미는 남자(亻)의 입장에서 볼 때 다른 생식구조를 가진 여자(也)는 자신들과는 다르다는 데서 '다르다', '다른 사람'을 뜻하게 되었습니다.

뫼 山(산) 은 세 개의 산봉우리를 본뜬 상형글자로 산봉우리들이 길게 늘어선 '산'을 뜻하게 되었습니다. 한자에서 셋일 때는 단지 새 개만을 뜻하는 게 아니라 많은 수를 함축하여 줄인 경우가 많답니다.

갈 之(지) 는 발 모양을 상형한 지(止) 아래에 출발선을 뜻하는 '一' 모양을 더한 글자가 '之'의 갑골문과 금문에 나타난 자형인데, 어디론가 '가다'는 의미를 담았습니다. 특히 발 모양을 본뜬 止(지)의 갑골문을 보면 자형 우측의 옆으로 뻗는 모양(-)은 앞으로 향한 엄지발가락이며, 중앙의 세로(ㅣ)와 좌측의 작은 세로(ㅣ)는 각각 발등과 나머지 발가락을, 자형 하부의 가로(一)는 발뒤꿈치를 나타내며 앞으로 향한 좌측 발의 모습을 그려내고 있답니다. 여기서는 '-의'라는 뜻으로 쓰인 어조사이죠.

돌 石(석) 은 낭떠러지와 험한 산기슭을 뜻한 산기슭 엄(厂)과 돌덩이를 뜻하는 口(구)의 모양으로 이루어졌습니다. 즉 언덕이나 산기슭(厂) 아래에 굴러다니는 돌덩이(口)의 모양을 본떠 '돌'을 그려냈답니다.

弄瓦之慶(농와지경) 이란 '진흙을 구워 만든 실패를 가지고 노는 경사스러운 일'이란 뜻으로, 『시경(詩經)』 「소아(小雅)」에서 유래한 것으로 딸을 낳은 기쁨을 비유적으로 이르는 말입니다. 고대인들이 딸을 낳으면 사기로 만든 실패를 장난감으로 주었다는 데서 유래했죠. 요즘에는 국내입양도 늘고 있다는데, 아들은 신청만 하면 바로 입양할 수 있지만 딸은 수개월을 기다려야 된다고 합니다. 남아선호가 여아선호로 바뀐 것이죠. 수백여 년 동안 동양 사람들의 의식을 지배해 왔던 남아선호사상이 요즘에는 퇴색되고 있습니다. 그래서인지 아들 가진 집에서는 장가보낸 아들이 처갓집은 수시로 드나들면서도 본가에는 뜸한 것을 한탄하며 며느리를 얻었다기보다는 아들을 빼앗겼다고 여기는 것 같습니다.

희롱할 弄(농, 롱) 은 구슬 옥(玉)과 두 손으로 받들 공(廾)으로 이루어졌습니다. 玉(옥)은 옥구슬 세 개(三)를 실에 꿰어(丨) 놓은 모양을 본뜬 상형글자인데, 글자를 만드는 원칙 중 하나가 아무리 많은 숫자라 할지라도 보통 3으로 축약해 버린다는 겁니다. 玉(옥) 자뿐만 아니라 대부분의 글자에 이 법칙이 적용되고 있죠. 물건을 뜻하는 품(品) 자나 별빛을 받아 형성된다는 수정을 뜻하는 정(晶) 자 등이 그 용례랍니다. 또한 왕(王) 자와 구분하기 위해 점(ㆍ)을 하나 추가하였지만 다른 글자와 만날 때는 산호(珊瑚), 진주(珍珠)처럼 점을 생략한 채 王(왕) 자로 쓰지만 '구슬'이란 뜻을 갖는답니다. 廾(공)은 두 손으로 뭔가를 받들어 올리는 모양을 본뜬 상형글자이지만, 여기서는 두 손으로 가지고 놀다는 뜻을 지니게 되었답니다. 즉 옥

(玉)으로 만든 구슬을 두 손(廾)으로 만지작거리며 노는 모양을 그려내 '희롱하다', '즐기다'라는 뜻을 지니게 되었습니다.

기와 瓦(와) 는 비가 새지 않도록 지붕을 덮은 포개진 기와를 본뜬 상형글자입니다. 瓦(와)에 대해 『설문(說文)』에서는 "瓦는 흙으로 만든 그릇 가운데 불에 구워진 것의 총칭이다. 상형글자다"라고 하였답니다. 지붕에 인 기와를 뜻하는 瓦(와)는 갑골문이나 금문에는 보이지 않으며, 단옥재는 주석에서 "흙으로 만들었지만 아직 굽지 않은 것은 坏(배)라 하고, 구워진 것은 瓦(와)라 한다"라고 하였답니다. 후대로 오면서 실을 감는 실패 역시 진흙을 구워 만들었다는 데서 '실패'라는 뜻도 지니게 되었습니다.

갈 之(지) 는 발 모양을 상형한 지(止) 아래에 출발선을 뜻하는 '一' 모양을 더한 글자가 '之'의 갑골문과 금문에 나타난 자형인데, 어디론가 '가다'는 의미를 담았습니다. 특히 발 모양을 본뜬 止(지)의 갑골문을 보면 자형 우측의 옆으로 뻗는 모양(-)은 앞으로 향한 엄지발가락이며, 중앙의 세로(ㅣ)와 좌측의 작은 세로(ㅣ)는 각각 발등과 나머지 발가락을, 자형 하부의 가로(一)는 발뒤꿈치를 나타내며 앞으로 향한 좌측 발의 모습을 그려내고 있답니다.

경사 慶(경) 은 사슴 녹(鹿)의 생략형과 한 일(一) 그리고 마음 심(心)과 뒤져서 올 치(夂)로 이루어져 있습니다. 鹿(녹)은 수사슴의 아름다운 뿔과 머리 그리고 몸통과 네 발의 모양을 그려낸 상형글자랍니다. 心(심)은 우리 몸 가운데의 마음이 머무는 곳으로 생각했던 심장을 본떠 만든 상형글자인데, 여기서는 생각을 하는 주체로서의 마음을 뜻하죠. 夂(치)는 발의 모양을 상형한 발 止(지)를 뒤집어 놓은 것으로 갑골문에서는 천천히 걸을 쇠(夊)와 뒤져서 올 치(夂)가 구분되지는 않으나 대체적으로 '뒤처져 온다'는 뜻을 담고 있답니다. 이에 따라 慶(경)에는 옛사람들의 선물풍속이 담겨 있습니다. 요즘처럼 옷감이 흔한 시절에는 큰 선물이 아니겠지만, 옷감이 귀한 옛날에는 사슴가죽이 아주 귀한 물건이었죠. 그래서 경사스러운 날에 사슴(鹿)가죽을 선물할 때는 한결(一)같고 진실한 마음(心)을 담아 정중한 발걸음으로 다가가(夂) 건네주었다는 데서 '경사', '하례하다'는 뜻을 지니게 되었답니다.

如履薄氷(여리박빙) 이란 '엷은 살얼음을 밟는 것같이 하라'는 뜻으로, 몹시 위험하고 아슬아슬한 일을 비유적으로 이르는 말입니다. 『시경(詩經)』 「소아(小雅)」의 "깊은 연못에 임하는 것같이 하며, 엷은 살얼음을 밟는 것같이 하라(如臨深淵 如履薄氷)"는 구절에서 유래했죠. 어떠한 일을 할 때는 신중에 신중을 기할 필요가 있습니다. 앞날은 누구도 장담할 수 없기 때문이죠.

같을 如(여) 는 여자 여(女)와 사람의 입 모양을 상형한 입 구(口)로 구성되었습니다. 女(여)는 무릎을 꿇고서 두 손을 모아 신에게 기도하는 사람을 그려낸 상형글자랍니다. 모계사회 때 만들어진 글자로 당시에는 남자보다는 여자가 중심이 되어 제사를 주도하였는데, 이후 부계사회로 넘어오면서 여자를 지칭하는 대명사로 남게 되었습니다. 이에 따라 如(여)의 의미는 시대적인 변천에 따라 다른 뜻이 파생되었죠. 갑골문에 새겨진 최초의 의미는 무릎을 꿇고서 두 손을 모아 신에게 기도하는 사람(女)이 소원하는 말(口)과 '같이' 이루어 달라는 데서 '같다'는 뜻이 발생했습니다. 이후에 모계사회가 무너지고 남자 중심의 유교가 널리 유행하면서 여자(女)는 삼종지도(三從之道)에 따라 부모, 남편, 자식의 말(口)에 따라야 한다는 데서 '따르다'는 뜻도 파생하였답니다.

밟을 履(이, 리) 는 주검 시(尸)와 다시 부(復, 되돌아올 복)로 이루어졌습니다. 尸(시)에 대해 허신은 『설문(說文)』에서 "尸는 늘어져 있다는 뜻이다. 엎드려 있는 모양을 본떴다"라고 하였답니다. 갑골문에 표현된 자형은 사람의 옆모양을 그려 놓았지만 다리 부분이 구부러져 있어, 무릎을 굽히고 웅크리고 있는 모양이죠. 죽은 사람을 뜻해 '주검'이라는 의미를 부여했답니다. 여기에서는 허리를 굽히고 신발을 신으려는 사람을 나타냅니다. 復(복, 다시 부)은 조금 걸을 척(彳)과 돌아올 복(㚆=复)으로 짜여 있습니다. 彳(척)은 여기서는 사람들이 분주히 오가는 '네 거리'를 본뜬 行(행)의 생략형으로 보아야 그 의미가 살아납니다. 复(복)은 갑골문에 나타난 자형을 참조하면 대장간에서 불을 지피는 도구인 '풀무'와 발을 뜻하는 止(지)가 더해진 모양이었으나 현재 자형에서는 알아볼 수 없을 만큼 변해 버렸답니다. 여기서 말한 풀무는 발을 사용하여 바람을 일으키는 것으로, 발로 밟을 때마다 통 속의 칸막이가 왕복으로 오가며 바람을 일으켰습니다. 따라서 復(복)의 전체적인 의미는 풀무(复)와 같이 오가다(行)가 본뜻이었으나 '돌아오다'는 의미로 더 쓰였고, 또한 '회복하다', '다시'라는 뜻으로도 확장되었습니다. 따라서 履(이)의 전체적인 의미는 사람이 허리를 굽히고(尸) 길을 오가기(復) 위해 신발을 신는 모습을 그려내 '신', '신다', '밟다'라는 뜻을 지니게 되었답니다.

얇을 薄(박)은 풀 모양을 상형한 풀 초(艹)와 넓을 부(溥)로 이루어졌습니다. 溥(부)는 물줄기가 갈라지고 모이는 강을 본뜬 물 수(水)의 간략형인 수(氵)와 펼 부(尃)로 구성되었는데, 尃(부)는 클 보(甫)와 사람의 손을 뜻하는 마디 촌(寸)으로 이루어졌습니다. 甫(보)는 갑골문을 참조하면 초목의 새싹을 틔워 자라나는 모양을 상형한 싹 날 철(屮)과 밭 전(田)이 새겨진 모양인데, 소전으로 오면서 현재 자형의 모양을 갖추었답니다. 막 새싹(屮)이 자라날 때의 밭(田)은 상대적으로 크게 보인다는 데서 '크다'의 뜻을 지니게 되었죠. 또한 밭(田)을 일구고 농사(屮)를 짓는 사람은 남자라는 데서 이름(字) 뒤에 미칭(美稱)으로 활용하기도 하였는데, 그래서 '사나이'라는 뜻도 지니게 되었답니다. 이에 따라 尃(부)는 밭(田)에 뿌린 곡식의 모(屮)가 잘 자라도록 일일이 손(寸)으로 넓게 옮겨 심는다는 데서 '펼치다'는 뜻을 지니게 되었답니다. 따라서 薄(박)의 전체적인 의미는 땅 위에 넓게(溥) 퍼져서 자라는 풀(艹)은 땅에 비해 상대적으로 얇다는 데서 '얇다', '가볍다'는 뜻을 지니게 되었습니다.

얼음 氷(빙) 의 본래 자형은 冰(빙)으로 처마에 매달린 고드름을 상형한 얼음 빙(冫)과 물 수(水)로 이루어졌습니다. 水(수)는 강물이 한데 모아지고 나누어지는 물줄기를 본뜬 상형글자죠. 다른 자형에 더해질 때는 간략히 세 개의 물방울(氵)로 표시하거나 氺(수)로 쓰이기도 합니다. 따라서 氷(빙)은 물(水)이 고드름(冫)처럼 얼어붙었다는 데서 '얼다', '얼음'을 뜻하게 되었습니다.

鳶飛魚躍(연비어약) 이란 『시경(詩經)』 「대아(大雅)」의 "솔개는 하늘로 날아오르고 물고기는 연못에서 뛰논다네"라는 데서 유래한 것으로, 솔개와 물고기가 저마다 타고난 대로 살아가는 것이 곧 천지와 더불어 조화를 이룸을 말하고 있습니다.

솔개 鳶(연) 은 주살 익(弋)과 새 조(鳥)로 이루어졌습니다. 弋(익)은 화살의 꽁지 부위에 줄을 묶어 쏘아도 잃지 않도록 한 '주살'을 뜻하며, 줄을 묶는다 하여 '표시', '푯말'이란 의미도 지니고 있습니다. 鳥(조)에 대해 『설문(說文)』에서는 "鳥는 꼬리가 긴 새를 아울러 부르는 명칭이며, 상형글자이다"라고 하였습니다. 고문에 그려진 것은 새의 발이 匕(비)처럼 생겼기 때문에 匕(비)로 구성되었다고 했죠. 현재의 자형 중간 부위를 말하며, 하부의 네 개의 점은 꼬리를 그려내고 있습니다. 鳥(조)에 소리 요소를 더해 형성글자가 만들어졌는데, 닭 鷄(계), 비둘기 鳩(구), 해오라기 鵁(교) 등이 그 예랍니다. 따라서 鳶(연)의 전체적인 의미는 쏜살같이 하늘을 나는 주살(弋)과 같이 날아다니는 새(鳥)라는 데서 '솔개'와 놀이기구인

'연'을 뜻하게 되었답니다.

날 飛(비) 는 새가 날개를 펼치며 날아오르는 모양을 본뜬 것이랍니다. 飛(비)에 대해 『설문(說文)』에서는 "飛는 새가 날아오르는 것이다. 상형글자다"라고 하였습니다. 새가 양 날개를 펼치고 하늘을 나는 모양을 본뜬 글자인데, 갑골문과 금문에는 보이지 않으며 소전에서 볼 수 있는 것으로 보아 후대에 만들어진 글자로 보입니다. 즉 갑골문에도 보이는, 양 날개를 펼친 모양의 非(비)가 '아니다'는 부정의 뜻으로 쓰이자 새가 나는 모양을 보다 구체적으로 묘사해 만든 글자가 바로 飛(비)라는 글자랍니다.

물고기 魚(어) 는 물고기의 모양을 본뜬 상형글자입니다. 즉 자형 상부의 '勹' 모양은 물고기의 머리를, 중간의 '田' 모양은 몸통을 그리고 하변의 'ㅆ'는 지느러미를 나타낸 것이랍니다. 일반적으로 물속에 사는 물고기의 총칭(總稱)으로 쓰이고 있죠. 글자의 초기 형태인 갑골문의 자형이 비교적 잘 유지되고 있습니다.

뛸 躍(약) 은 발 족(足)과 꿩 적(翟)으로 이루어졌습니다. 足(족)은 사람의 다리를 본뜬 상형글자랍니다. 足(족)에 대해 『설문(說文)』에서는 "足은 사람의 발을 뜻하며 몸의 아래쪽에 위치해 있다. 口(구)와 止(지)로 짜여 있다"라고 하였습니다. 발 모양을 본뜬 止(지)의 갑골문을 보면 자형 우측의 옆으로 뻗는 모양(-)은 앞으로 향한 엄지발가락이며, 중앙의 세로(ㅣ)와 좌측의 작은 세로(ㅣ)는 각각 발등과 나머지 발가락을, 자형 하부의 가로(一)는 발뒤꿈치를 나타내며 앞으로 향한 좌측 발의 모습을 그려내고 있습니다. 대부분은 자형 상부의 口(구)를 허벅지라고 규정하고 있으나 『설문(說文)』에서는 몸 전체를 비유한 것이라고 보고 있답니다. 翟(적)은 깃 우(羽)와 새 추(隹)로 이루어져 있는데, 羽(우)에 대해 허신은 『설문(說文)』에서 "羽는 새의 기다란 깃털을 뜻하며, 상형글자이다"라고 하였습니다. 따라서 羽(우)는 다른 부수에 더해져 주로 '날개'나 '난다'는 의미로 쓰이고 있다. 隹(추)에 대해 허신은 『설문(說文)』에서 "隹는 꽁지가 짧은 새들을 아우른 명칭이며, 상형글자이다"라고 하였습니다. 꼬리가 긴 새는 鳥(조)라 하며, 비교적 짧은 꽁지를 가진 참새나 도요새 등을 지칭하는 글자를 나타낼 때는 隹(추)에 다른 부수를 더해 참새 雀(작)이나 도요새 雓(금)처럼 활용됩니다. 따라서 躍(약)의 전체적인 의미는 발(足)을 재빨리 움직여 날아오르는 꿩(翟)을 그려내 '뛰다', '뛰어오르다'를 뜻하게 되었습니다.

輾轉反側(전전반측)이란 '잠을 이루지 못하고 이리저리 뒤척인다'는 뜻으로, 아름다운 여인을 사모하여 잠을 이루지 못함을 이르는 말입니다. 『시경(詩經)』 「주남(周南)」의 관관저구(關關雎鳩)라는 시구에서 유래했죠. 즉 "꾸르륵 꾸르륵 물수리는 황하의 모래톱에서 노닐고, 그걸 지켜보는 곱고 아리따운 아가씨는 군자의 좋은 배필이로구나! 들쭉날쭉 마름 풀은 이리저리 흘러들고, 군자는 곱고 아리따운 아가씨를 자나 깨나 찾고 있다네. 찾아도 찾지 못한 채 자나 깨나 마음속엔 그리움만 가득하여, 이리 뒤척이고 저리 뒤척이고 잠 못 이룬다네"라는 구절에서 유래하였습니다.

구를 輾(전) 은 수레 거(車)와 펼 전(展)으로 이루어졌습니다. 車(거)는 우마차의 모양을 본뜬 상형글자입니다. 갑골문을 보면 현재의 자형보다 훨씬 자세하게 그려져 있답니다. 현재 자형에서는 하나의 바퀴(日)만을 그려놓았는데, 중앙의 'ㅣ'은 굴대를 나타냈고, 아래위의 '二'는 바퀴가 빠지지 않도록 고정시킨 굴대의 빗장입니다. 展(전)은 주검 시(尸)와 펼 전(丑)의 간략형 그리고 옷 의(衣)의 생략형으로 구성되었습니다. 尸(시)는 사람이 웅크리고 있는 자세로 죽음을 뜻하기도 하지만 '진열하여 늘어놓다'라는 의미도 있습니다. 또한 工(공)은 장인이 정교하게 만든 물건을 의미하는데 네 개(丑)를 겹쳐놓았으니, 여러 사람이 볼 수 있도록 '펼쳐놓다'라는 뜻도 함축하고 있죠. 그 의미는 잘 만들어진 상품(丑)을 옷자락(衣)을 펼치듯이 진열하여 늘여놓다(尸)라는 뜻이 담겨 있습니다. 따라서 輾(전)의 전체적인 의미는 수레(車)의 바퀴가 뭔가를 펼치듯(展) 구른다는 데서 '구르다', '돌아눕다'는 뜻을 지니게 되었답니다.

구를 轉(전) 은 수레 모양을 상형한 수레 거(車)와 오로지 전(專)으로 이루어져 있습니다. 專(전)은 자형 상부의 실을 잣아 감아두는 실패 모양(叀)과 손을 뜻하는 마디 촌(寸)으로 구성되었습니다. 실패(叀)를 손(寸)으로 잡고서 물레에 잣아 둔 실을 감을 때 다른 생각 없이 오로지 마음을 집중(專心)하여야만 실이 꼬이지 않는다는 점에서 '오로지'라는 뜻을 지니게 되었죠. 따라서 轉(전)의 의미는 수레(車)의 바퀴가 굴러가듯 손으로 잡은 실패(專)를 돌려 실을 감는다는 데서 '구르다', '옮기다'라는 뜻이 발생했습니다.

되돌릴 反(반) 은 기슭 엄(厂)과 또 우(又)로 이루어져 있습니다. 厂(엄)은 산기슭이나 낭떠러지를 의미하죠. 또한 又(우)는 오른손을 뜻하지만 여기서는 양손의 사용을 의미합니다. 따라서 전체적인 의미는 두 손(又)을 사용하여 낭떠러지(厂)를 거슬러 올라간다는 뜻이 담겨 있습니다. 또한 如反掌(여반장)의 '손바닥 뒤집듯이'처럼 '뒤집다'는 뜻도 담고 있답니다.

곁 側(측) 은 사람의 모양을 상형한 사람 인(亻)과 법칙 칙(則)으로 이루어졌습니다. 則(칙)은 솥 鼎(정)의 간략형인 조개 패(貝)와 칼 도(刀)로 구성되었습니다. 則(칙)이라는 글자는 금문에서 볼 수 있는데, 솥을 뜻하는 鼎(정)의 그림문자와 칼 刀(도)가 새겨져 있죠. 금문(金文)이란 은나라시대의 종정문(鐘鼎文), 즉 제기(祭器)·무기(武器)·악기(樂器) 등에 새긴 명문(銘文)으로 주로 틀에 글자를 써서 새기고 금속을 녹여 부어서 주조(鑄造)한 것이므로 필사체(筆寫體)인 경우가 많습니다. 주조하는 경우도 있지만 때에 따라서는 청동제품인 솥(鼎)에 법으로 삼을 만한 글귀를 날카로운 칼(刂=刀)을 이용하여 새겨 넣기도 하였답니다. 이에 따라 則(칙)의 의미는 제사용으로 쓰이는 청동 솥(鼎=貝)에 조각 칼(刂)을 이용해 본받을 만한 글귀를 새겨 넣었음을 그려낸 것으로, 청동제품에 새겨진 내용은 사람이 지켜야 될 도덕적인 내용에서부터 법령 등과 같은 '법칙'이

주된 것이었답니다. 따라서 側(측)의 전체적인 의미는 어떤 사람 (亻)이 주조된 커다란 솥의 측면에 본받을 만한 글귀를 새긴다(則) 는 데서 '곁', '옆'이라는 뜻을 지니게 되었습니다.

일상과 이상을 이어주는 책 _____
일상이상

인생에 한 번은 읽어야 할
시경 詩經

ⓒ 2021, 최상용

초판 1쇄 펴낸날 · 2021년 10월 29일
초판 3쇄 펴낸날 · 2022년 10월 7일
펴낸이 · 김종필 l 펴낸곳 · 일상과 이상 l 출판등록 · 제300-2009-112호
주소 · 경기도 고양시 일산서구 킨텍스로 456 108-904
전화 · 070-7787-7931 l 팩스 · 031-911-7931
이메일 · fkafka98@gmail.com
ISBN 978-89-98453-82-4 (03140)